Ernst von Salomon

Die Kette der tausend Kraniche

Rowohlt

Schutzumschlag- und Einbandentwurf
von Werner Rebhuhn

1.–10. Tausend Oktober 1972

Gesamtherstellung Clausen & Bosse, Leck/Schleswig
Printed in Germany
ISBN 3 498 06099 6

Die Kette der tausend Kraniche

In der Familie der Ginkgobäume gibt es nur eine Gattung. Die einzige Art dieser Gattung ist der Ginkgo (GINKGO BILOBA), eine einzige überlebende von vielen ausgestorbenen Arten, die bereits im Perm auftauchten, als es noch keine Vögel und Säugetiere gab und große Reptilien auf der Erde lebten. Für den Ginkgo hat man die Bezeichnung «lebendes Fossil» geprägt; er ist der älteste der heute lebenden Bäume, wächst aber nicht mehr wild, nicht einmal in China und Japan, wo er seit urdenklichen Zeiten in den Tempelhöfen und in Palästen gezüchtet wird. Er ist ein sehr schöner Baum, dessen Blätter eine absonderliche Form aufweisen; sie sind drei Finger breit und drei Finger lang und haben das Aussehen eines dreieckigen Fächers, der in der Längsrichtung ungefähr bis zur Mitte gespalten ist. Ihre Blattnerven verlaufen ebenfalls fächerartig, so daß sie im Ganzen an bestimmte Farne erinnern, zum Beispiel an das Frauenhaar. Die Blätter sind zweihäusig. Auf den weiblichen Exemplaren reifen im Herbst stumpfgelbe, fleischige Früchte, die die Form und Größe von Kirschen haben und einen harten, süß und harzig schmeckenden Samen enthalten. Die Chinesen und Japaner essen diesen Samen, und die Chinesen sammeln ihn auch in Amerika in Parks, wo der Ginkgo wächst.

Der erste Ginkgo kam ungefähr 1750 nach Europa in den Botanischen Garten von Utrecht; 1787 kam er nach Italien, und er ist auch in deutschen Parkanlagen zu finden. Die Japaner nennen ihn «Yinkuo», eine Bezeichnung, die die Botaniker in Ginkgo latinisierten, wobei jedoch Schreibweise und Aussprache strittig blieben

Japanische Gelehrte betrachten den Ginkgo als den Übergang des Nadelbaums in den Laubbaum.

I

Alter ego

Als die Passagiere im Warteraum des Frankfurter Flughafens aufgerufen wurden, sich am bezeichneten Ausgang einzufinden, drängte sich sogleich die Masse und ballte sich dort. Die Leute standen dicht an dicht, geradezu in körperlicher Berührung miteinander, ohne daß jedoch einer von dem anderen Notiz zu nehmen schien, ein jeder schien ganz mit sich selbst beschäftigt, mit dem vollen Recht des Individuums, die eigenen Interessen wahrzunehmen. Es galt, zu warten, also warteten sie, offenbar mit einer Intensität, die ihre Gesichter entleerte.

Auch ich wartete, aber daß ich mich außerhalb der Masse stellte, lag daran, daß meine Intensität geladen war mit Betrachten, der eigentlichen Basis meines Berufes. Ich war also, schlicht gesagt, einfach neugierig, und so mußte es mir eben doch besonders auffallen, daß da in dem weiten Warteraum, an dessen Ausgang sich die Menge staute, in einer Ecke in einem bequemen Sessel ein Herr saß und ohne aufzublicken in einem dicken Buch las, ein Mann, der sich nicht nur durch sein Gebaren, sondern auch durch sein überaus gepflegtes Äußere deutlich genug von jeder Art von Masse unterschied. Er war sicherlich bedeutend jünger als ich, sein blondes Haar sorgfältig geschnitten, wenngleich sich schon die silbrige Schläfe abzeichnete, die zum Bilde eines soignierten Mannes gehörte, und meine Handtasche aus wohlfeilem Kunststoff in der für die Mitnahme in der Touristenklasse genehmigten Größe begann, sich geradezu zu genieren angesichts des ziemlich geräumigen, aus kostbarem, weichem und hellem Leder gefertigten Gepäckstückes eines sichtlich weltbefahrenen Kavaliers. Jetzt kamen die Stewardessen des Flughafens, sie eilten zum Ausgang, aber keine ließ es sich nehmen, den Herrn mit freudigem Erkennen zu begrüßen, und er dankte mit einem Lächeln, das nicht anders als «gewinnend» zu bezeichnen war. Nun klappte er sein Buch zu, ich konnte erkennen, daß es sich um ein Werk über Ostasien handelte, es war der Aufmachung nach amerikanischer Herkunft, eines von jener Sorte, die, über die ganze westliche Welt verbreitet, wohltätig mitzuteilen wußte, was man über die östliche Welt zu denken habe. Kein Zweifel, dieser Mann, weitgereist und welterfahren, mußte ein Diplomat sein, mit bedeutendem Erfolg aus der anspruchsvollen Schule der Frau Pappritz entlassen und befähigt, als Sauerteig der hohen und höchsten Politik an unser aller Schicksal mitzuwirken.

Er ging als Vorletzter durch die Sperre, ich als Letzter, und ich konnte einem kurzen und freundlichen Gespräch zwischen ihm und der Lufthafenstewardess entnehmen, daß er seinen Urlaub bei seiner Familie in Köln verlebt habe und nun wieder «in die Mühle» nach Tokyo zurückkehre – wobei ihm sogleich ein Dienstbeflissener des Flughafens seine Handtaschen abnahm und zur Maschine trug – meine nahm mir niemand ab. Wir schlenderten also genießerisch und in gebührendem Abstand allerseits über das Feld der Maschine zu – vor uns die geschlossene Masse der Passagiere, die, im schnellsten Gehschritt, der langgestreckten, riesigen Boeing der Lufthansa zustrebten: tatsächlich, niemand traute sich, im Laufschritt voranzueilen.

Auch die blonde Stewardess in der Einstiegluke begrüßte den eindrucksvollen Mann herzlich, der ein so erfrischendes Fluidum ausstrahlte, blickte aber sogleich sorgenvoll mir entgegen, der ich nun zu ihr hinaufkeuchte. Es war ein besonders heißer und schwüler Tag, und ich schwitzte unmäßig, sie nahm mir sogleich die Handtasche ab und bat mich, die Luke hinter mir schließend, meinen Platz zu suchen.

Vor mir aber schloß eine brünette Stewardess die Tür zur I. Klasse hinter dem interessanten Mann. Die Brünette war zierlich von Figur und reizend von Gesicht. Sie hatte ein spöttisches Lächeln um die dunklen Augen, und sie sagte: «Bitte, Ihr Platz ist hier!»

Die Maschine war, was man so «ausgebucht» nennen mochte. Ein einziger Platz war noch frei. Am Fenster mühte sich ein dicker Mann, den Gurt um den Bauch zu schnallen, er schwitzte und stöhnte. Ich sah mich um. Da stand schon die blonde Stewardess, sie hatte noch meine Handtasche in der Hand, sie wechselte einen kleinen Blick des Einverständnisses mit der brünetten Kollegin, dann sagte sie lächelnd und mit apodiktischer Sicherheit: «Dies ist Ihr erster Flug, nicht wahr?»

Es war klar, sie sah in mir zu ihrem Entzücken den einen, den besonderen Fall, für den sie im Rahmen ihrer dienstlichen Obliegenheiten eigens exerziert worden war, den sicherlich seltenen, vielleicht sogar ersten Fall in ihrer Praxis: Den besseren älteren Herrn, den in das kolossale Erlebnis unserer modernen Welt in fürsorgender Barmherzigkeit einführen zu können geradezu beglücken mußte. Nun, das war ein kleines Mißverständnis, aber sollte ich es entwerten, indem ich es brutal aufklärte? Ich war nie ein Spielverderber – und Frauen gegenüber, die mir gefielen, schon gar nicht. Diese Stewardess gefiel mir, und sie war ausgesucht von der vorsorglichen Lufthansa, den männlichen Passagieren zu gefallen und dennoch spielend die Distanz zu wahren, die den Stolz ihres Berufes darstellte. So murmelte ich ganz im Sinn meiner Rolle etwas Betuliches wie «nun denn, freilich wohl», und es klappte sofort. Das reizende Wesen geleitete mich «zum besten Platz», ganz hinten am Fenster, direkt vor der Pantry, verstaute mein «Gepäck» und erklärte, es sei eigentlich ihr Platz, denn bei Start und Landung müßte sich auch die «Besatzung» festschnallen, aber dann könne sie sich neben mich setzen, und sie umgab mich mit vielen, sachkundigen Erläuterungen sowie mit dem scheußlichen Gurt, der auch in seiner äußersten Weite mich doch recht prall umschnürte, ohne eine Bemerkung darüber zu machen.

Die Maschine war zu ihrem Kontrollpunkt gerollt. Ich hatte mich bei allen Flügen immer auf die Sekunde konzentriert, in welcher sich die Maschine vom Erdboden abhob, jenen mich wirklich beglückenden Moment, in dem ich körperlich spürte, daß ich der Schwere des Erdbodens enthoben war. Nun flog ich allerdings zum erstenmal in einer Düsenmaschine, ich starrte zum Fenster hinaus und wurde betrogen: ich sah, ohne besonders erschüttert zu sein, statt des Erdbodens schon den Himmel, ich flog nicht, sondern war in eine schlanke Tube gedrückt wie eine weiche Masse und wurde wie eine Rakete in die Luft geschossen. So war das also. Die Stewardess löste schließlich meinen Gurt, wünschte mir eine gute Reise und verschwand in der Pantry. Die Sonne bestrahlte mit einem sonderbar giftigen Glanz ein unendliches Meer von schneeweißer Watte.

Auf meiner Liste der Genüsse, die ich im Lauf der Jahre öfter revidierte, stand das Reisen immer an zweitoberster Stelle – an erster Stelle – nun, das versteht sich von selbst. Ich liebte das Abenteuer der Reise und hatte es mit Eifer geübt. Und es steckte in jeder Reise ein wenig weniger Abenteuer, nun reiste ich nach einem gescheiten Wort von Theodor Heuss, um anzukommen, nicht mehr, um unterwegs zu sein. Ich hatte mein Leben lang von einer Reise um die Welt geträumt, nun, in meinem 60. Lebensjahr, hatte ich ein Ticket in der Tasche, das mir erlaubte, einmal um die Welt zu fliegen. «Sie sehen, die Maschine fliegt wie ein Brett», sagte die blonde Stewardess, als sie mir auf einem Tablett das Essen servierte und ein Glas Bier, bis an den Rand gefüllt, dazu stellte, ohne daß es überschwappte. Ich reiste wie ein Brett, das Abenteuer war glattgehobelt, und die große Welt war bereichert, indem sie immer kleiner wurde. Verblüfft begriff ich, daß jenes steile weiße Segel auf dem Wattemeer, das so intensiv in der Sonne gleißte, die Spitze des Gotthard sein mußte, wir hatten die Alpen überquert, ohne sie gesehen zu haben, und was ich gleich darauf sah, als das Bierglas gerade leer geworden war, das war eine starre und flächige Landkarte: die Lombardei.

Landkarten hatten mich immer sehr interessiert, schon in früher Jugend hockte ich über ihnen, und das Abenteuer, das sie mir vermittelten, das waren die Schlachtfelder, die berühmten Schlachtfelder der Geschichte. Ich liebte die Abenteuer der Schlachtfelder, ich war von Kindheit an daran gewöhnt, die Namen der großen Krieger zu achten, welche die Wendepunkte der Geschichte bestimmten, und die Schlachten zu studieren, in denen sich die Historie entschied. Die lombardische

Ebene, da lag sie, die Landschaft, die Landkarte einer Landschaft, bunt und exakt, wie aus einem guten Atlas geschnitten, und dieser Nebelfleck, schmutzig und die Konturen verschleiernd, das mußte Mailand sein, die stolze Stadt, an deren zähem Willen der Kaiser Barbarossa scheitern mußte. Dicht daneben, das mußte Magenta sein, das Schlachtfeld von Magenta, da lag es, wo die Franzosen, vereinigt mit den Piemontesen, um die Brücken des Ticino kämpften, am 4. Juni 1859, und überrascht waren, als sie siegten, weil die Österreicher aufhörten, zu glauben, daß sie siegen könnten – der erste Akt im großen Drama der Einigung Italiens.

Und dann bis Rom ein Schlachtfeld nach dem anderen, da lagen sie, die stolzen Städte der oberitalienischen Liga, an denen der andere Staufer zugrunde ging, der letzte, Kaiser Friedrich II. . . .

Rom aus der Vogelperspektive, angeschnallt, eine Postkartenansicht, aber da, am Tiber die Engelsburg, in welcher einst Gregor VII., von seinem Gegner Heinrich IV. eingeschlossen und belagert, unentwegt seine Bannflüche schleuderte, wie Heinrich seine Reichsacht, der Vatikan, die Peterskirche, der Flughafen. Internationales Niemandsland, ganz auf den Zweck gestellt, also leer. Aber von hier aus war Geiserich vorgedrungen und hatte in Rom gehaust, wie eben die Vandalen hausten, ganz auf den Zweck der Plünderung gestellt.

Hinweg, hinweg . . .! aber da, schon Nettuno, und da es den Amerikanern gelang, dort zu landen und sich zu behaupten, mußte Monte Cassino aufgegeben werden . . . Die Maschine, stur wie ein Brett, rast an der Küste entlang nach Süden. Da hinten muß Monte Cassino liegen, Monte Cassino ging mich an, dort hatte ich vor zehn Jahren gefilmt, wir hatten die Kriegerfriedhöfe gefilmt, den Friedhof der zehntausend Kanadier und Inder, das Kloster, noch halb zerstört, war schon im Aufbau, dem heiligen Benedikt war nichts geschehen, nur die Nase war ihm abgeschlagen, der fromme Bruder, der sie reparierte, hatte mit der Statue seines Heiligen das Bombardement überlebt, er zeigte uns eine neue schwere Bronzetür mit den sechs Reliefdarstellungen der Zerstörungen des Klosters, das letzte Relief zeigte einen britischen Stahlhelm mit einer Bombe, und ich entzifferte die lateinische Inschrift: «Der Wahrheit die Ehre» – es waren die Engländer. Sie waren davon überzeugt, daß im Kloster SS-Soldaten gelebt hatten; als der Berg geräumt werden mußte, gruben sie achthundert Frauen und Kinder aus den Trümmern. Wenn ich den Staub des Berges durch die Finger rieseln ließ, blieben mir eine Handvoll Granat- und Bombensplitter. Und am steilen Hang des Ortes, der sich zum Berge hinanzog, da war das einzige, einzige gebliebene zweistöckige Haus, in welchem unten eine britische Nachrichtenstelle eingerichtet war, und oben hauste ein deutscher Stoßtrupp, und sie taten sich gegenseitig nichts, so waren sie sicher, daß keine der Parteien es durch Artilleriefeuer zerstörte. In den Höhlen der Ziegenhirten die Serpentine hinauf nisteten die deutschen Soldaten, immer nur dreißig an der Zahl, jeweilig, mehr hatten in den Höhlen nicht Platz, sie wurden nächtlings abgelöst, und zwei Maschinengewehre bestrichen die Todesschlucht, durch welche die polnische Brigade Anders hinausgejagt wurde, jene Brigade, die sich aus der Katastrophe des Polenfeldzuges zu retten vermocht hatte und nun hier vernichtet wurde – und nach ihnen die Gurkha-Regimenter –, und droben, gegenüber dem Kloster auf dem sanft geneigten Hang war der polnische Friedhof in der Form eines die Flügel weit ausbreitenden Adlers, und ich hatte auf dem Kriegerdenkmal der Elisabether, jenes preußischen Garderegimentes, das sich aus den Westpreußen und Oberschlesiern rekrutierte, die gleichen polnischen Namen gefunden, die gleichen Namen wie auf dem Kriegerdenkmal des 19. Infanterie-Regimentes ««Courbière»». Als der Kriegerfriedhof vom Monte Cassino feierlich eingeweiht wurde, sprach der General Anders nur die Worte: «Sie starben für ihr verlorenes Vaterland.»

Wir überflogen die Bucht von Neapel, da gruppierten sich die Inseln Ischia und Capri, und da reckte sich der Vesuv, an dessen Fuß kämpfte und starb der letzte König der Ostgoten, Teja – von Narses gejagt, 552 –, und mit ihm starb sein ganzes

Heer, die letzten Goten wurden durch ganz Italien gejagt, und wer in die Hände der Italiker fiel, wurde erschlagen wie ein toller Hund – so beliebt waren sie, die Goten, und für was starben sie? Hinweg, hinweg ...! Nun überquerte die Maschine Italien, das Brett hatte keinen Augenblick gebebt, und so schmal war der italienische Stiefel, daß ich für Sekunden beide Meere sehen konnte aus zwölftausend Meter Höhe, das Tyrrhenische und die Adria ... Und da muß das Schlachtfeld von Cannae liegen, dicht am Meer, das Feld der klassischen Schlacht, jener der völligen Umklammerung und Vernichtung des Gegners, geschlagen von Hannibal, dem größten Feldherrn seiner Epoche, «Hannibal ad portas», vor den Toren Roms aber kehrte er um, zufolge heimischer Ränke in Karthago, und starb durch Gift, um nicht in die Hände seiner Feinde zu fallen ... das offne Meer ... nichts mehr als die Oberfläche des Wassers und die Oberfläche der Erde über Italien, die hatte ich gesehen, nichts als die Oberfläche, die keine Narben mehr trug von all dem, was sie erduldete in ihrer Kriegsgeschichte, in der Geschichte unserer Welt, die sich mir faßlich nur in ihrer Kriegsgeschichte darstellte und die starre Landkarte beweglich machte.

Nichts als die Oberfläche des Wassers. Ich lehnte mich zurück, ich war müde, ich sah von meinen Mitpassagieren nur die nichtssagenden Hinterköpfe, aber alle waren leicht zurückgeneigt, es war kein Laut zu hören in der Maschine als leises Geklirr von Geschirr in der Pantry.

Mich weckte eine laute, etwas heisere Stimme aus dem Lautsprecher: «Wir überfliegen gleich die Insel Kreta in neuntausend Meter Höhe!»

Das ging mich an. Einer meiner Vorfahren war einst Gouverneur von Kreta, im 16. Jahrhundert, zu einer Zeit, als Kreta noch zu Venedig gehörte und Candia hieß.

Ich spähte aus dem betrüblich kleinen Fenster, aber ich sah wiederum nichts als die Oberfläche des Wassers, und die war blau, mehr war über sie nichts zu betrachten. Aber auf der Fensterreihe der anderen Seite hatten sich alle Köpfe geneigt – am letzten Fenster stand die blonde Stewardess gebückt und starrte nach unten. Ich erhob mich und ging zu ihr. Die Stewardess hatte mein Kommen nicht bemerkt. Ich fragte: «Kreta?»

Sie fuhr hoch, unsere Köpfe stießen aneinander. Sie sagte: «Oh, Verzeihung ...! ja, Kreta!! Entschuldigen Sie bitte!» und trat beiseite. Ich drängte mich an ihr vorbei und beugte mich zum Fenster.

Ja, da lag Kreta! Ein zum Felsengebirg erstarrtes Flammenmeer, nur durch Licht und Schatten lebensvoll, ragend, stolzes Urgestein emporgestoßen, durchgebrochen durch die Erdkruste und das Meer. So steinig-trotzig hatte ich mir Kreta nicht vorgestellt, eine ragende Burg, majestätisch und souverän, unbezwinglich, wie es schien.

«Da ist der Berg Ida!» sagte die Stewardess, «2480 Meter hoch!» Der Traum war aus. Ich richtete mich auf. Die Stewardess war hinter mir stehen geblieben.

Ich sagte: «Ach, gibt es diesen Berg wirklich? Ich habe diese drei Buchstaben immer für eine Erfindung der Kreuzworträtselmacher gehalten wie etwa auch ‹Ern – fränkischer Hausflur!›»

Die Stewardess lachte, warf aber einen besorgten Blick auf die Passagiere. Sie sagte: «Doch, den Berg Ida gibt es wirklich. Aber die Sache mit dem fränkischen Hausflur – ich bin aus Franken, habe aber bei mir zu Hause diese Bezeichnung nie gehört. Und in unseren Kreuzworträtseln steht: ‹Ern – niedersächsischer Hausflur!›»

Ich erwiderte: «Ich bin aus Niedersachsen. Ern nie gehört.»

Und da sie immer noch ein wenig besorgt auf die eventuell zuhörenden Passagiere achtete, sagte ich leise: «Kommen Sie, wir sehen uns Kreta zusammen an.»

Wir beugten uns nun beide zum wirklich angenehmen Fenster, ihre Haare kitzelten mich ein wenig. «Was haben Sie sonst noch über Kreta auswendig Gelerntes zu berichten?»

Sie war keineswegs eingeschnappt, sie sagte leise: «Ich überfliege auf dieser Route die Insel viermal in der Woche, aber es ist jedesmal für mich der Höhepunkt der Reise.»

Ich glaubte zu verstehen: «Aha! Dädalus und Ikarus natürlich! Urältester Traum der Menschheit, fliegen zu können!»

Sie erwiderte: «Ja! Aber für mich ist dieser Traum böse ... wie ein Albdruck! Wie soll ich das erklären ...?» Und nach einer kleinen Weile: «Sind Sie abergläubisch? Ich meine, glauben Sie an Horoskope?»

Diese Frage schien mir nicht mehr im Rahmen unseres Spiels. Ich versuchte ihr zu erklären, ich wüßte natürlich, daß nach den Forschungsresultaten der Astronomie die Sterne der Sternbilder gar keinen räumlichen oder substantiellen Zusammenhang hätten, aber seit zweitausend Jahren und früher schon hätten die Volker und zwar aller Kulturen, nicht nur die Ägypter, die Sternbilder beobachtet, die einzigen ewig gleichbleibenden Zeichen am Himmel, und sie zugleich mit den wandelbaren Zeichen der Menschengeschicke in Zusammenhang zu bringen versucht. Ich meinte, die Summe ihrer Erfahrungen könne zumindest ebensoviel Sicherheit der Deutung beanspruchen wie etwa die Resultate der Forschung demoskopischer Institute... «Aber bitte, was hat das mit Dädalus und Ikarus zu tun?»

Immer noch schauten wir Kopf an Kopf auf die Insel Kreta. Die Stewardess sagte: «Ich bin kurz vor dem Krieg geboren und habe zu Hause nicht viel von dem erlebt, was der Krieg uns auferlegte. Aber ich hatte einen sehr viel älteren Bruder. Wir jüngeren Kinder haben viel über ihn gelacht. In seinem Geburtshoroskop stand, er solle sich vor dem Wasser hüten – wirklich, er war wasserscheu und weigerte sich trotz unseres Spottes, schwimmen zu lernen. Und als er gemustert wurde, sollte er ausgerechnet zur Marine eingezogen werden. Mein Vater, der gar nicht abergläubisch war, versuchte alles, damit mein Bruder zu einer anderen Truppe eingezogen werde, es gelang ihm schließlich, aber er mußte zu einer Elitetruppe, er kam zu den Fallschirmjägern ... er mußte mit dem Fallschirm über Kreta abspringen...!»

Da lag Kreta, einsam und stolz, mitten im blauen Meer, fern am Horizont dämmerten die Schatten kleiner Inseln.

Ich sagte: «Ikarus kam der Sonne zu nahe, das Wachs, mit dem seine Flügel befestigt waren, schmolz, und er stürzte in das Meer.»

Sie erwiderte leise: «So war es, und seit tausend Jahren wußten die Menschen, daß er der Sonne zu nahe kam, weil ihn die starken Aufwinde vom Berge Ida hoch und dann von der Insel weggetrieben hatten. Jeder, der sich mit Kreta beschäftigte, wußte das mit diesen tödlichen Aufwinden – nur die Menschen, die diesen schrecklichen Krieg führten, wußten es nicht. Sie schickten meinen Bruder in den Tod und mit ihm so viele, viele – die Elitetruppe...!»

Nach einer kleinen Pause setzte sie hinzu: «Ich hätte Ihnen das gar nicht erzählen sollen, von Unfällen dürfen wir den Passagieren nicht sprechen – aber Sie können ganz beruhigt sein, in neuntausend Meter Höhe haben die Aufwinde keine Kraft mehr!»

Nun war Kreta unter mir vorbeigeflossen, ich setzte mich wieder auf meinen Platz, nun war nichts mehr zu sehen als die Oberfläche des Wassers. Das Meer war blau und sonst nichts. Und für dies bemerkenswerte Mädchen, das ich nun in der Pantry mit dem Geschirr klappern hörte, hatte es sich gefügt, daß sie jedesmal, wenn sie dies Meer überflog, mehr sah, als die Oberfläche, viermal in der Woche.

Nun kam sie aus der Pantry, klappte von der Lehne des Vordersitzes das Tablett und stellte eine bis an den Rand gefüllte Tasse mit Kaffee darauf, ohne daß auch nur ein Tropfen überschwappte – daneben aber legte sie eine Illustrierte, lächelte mir mit plötzlich erscheinendem Grübchen auf der Wange zu und verschwand. Die Seite mit dem Kreuzworträtsel war aufgeschlagen: sie hatte mit Rotstift zwei Worte ausgefüllt: Ida und Ern. Gegenüber der Rätselseite waren die Horoskope der Woche, ich las mit Respekt von der zweitausendjährigen Erfahrung über den Waage-Menschen: «Vor Abenteuern und Mißverständnissen wird gewarnt! Eine etwas unruhige Zeit durch eine neue Liebelei. Sie müssen sich strenger kontrollieren.»

So ähnlich war es wohl mit den Orakeln von Delphi. Die erfüllten sich immer nur in ihrem Hintersinn. Hinter den kam ich nicht und begann, mich in den Schwachsinn der Kreuzworträtselei zu vertiefen. Es fehlte mir nur ein Wort, als die Stewardess erschien, um abzuräumen.

Ich sagte: «Was heißt das? ‹Behandlungsverfahren für Magenleiden›? Sieben Buchstaben, fängt an mit R und endet mit R.?»

Sie erwiderte sofort: «Ganz einfach: ‹Rollkur!›»

So reichte ich ihr das Horoskop und sagte: «Das konnte ich nicht wissen, mein Magen ist völlig in Ordnung. Aber lesen Sie das!»

Sie nahm und las und fragte überrascht: «Woher wissen Sie, daß ich Waage bin?»

Jetzt war ich überrascht. Ein herrliches Spiel. «Das dachte ich mir. Weil Sie mir von Anfang an so sympathisch waren.»

Sie blickte in das Horoskop und sagte: «Sie müssen sich strenger kontrollieren!»

«Aber wie macht man das?»

«Ganz einfach! Immer wenn ich sozusagen außer mir bin, schwankt die Waage heftig, und dann hilft nur eins, man muß ganz aus sich heraustreten und sich beobachten wie ein fremder Mensch», und sie setzte nach einer winzigen Pause fort: «Dann findet man sich selber unsympathisch, und das ist der erste Schritt zur Besserung!» Sie nickte mir zu und ging.

Da hatte ich es. Ich kontrollierte mich, und ich war mir unsympathisch.

Das Meer war nicht mehr blau, es war blaß und gleißend wie der Himmel, die scharfe Grenzlinie war verschwunden, Luft und Wasser schieden sich nicht mehr. Die Elemente schienen unversehens zur Einheit geworden zu sein. Wenn schwarz und weiß sich mischen, dann ergibt es grau. Und grau war jede Theorie. An den Grenzen präzisieren sich die Probleme, die es zu bewältigen gilt, besonders die inneren Grenzen, die in der eigenen Brust unüberwindlich waren.

Jetzt aber schob sich ein riesiges Dreieck in das Grauglasige,

– mit der Basis voran, ein Dreieck von intensivem Grün, durch das sich viele silbern glänzende Fäden zogen, welche alle der Basis zustrebten, um sich dort hübsch verästelt zu verteilen. Die rauhe Stimme aus dem Lautsprecher sagte: «Wir überfliegen das Nildelta. Rechts am Rande der Wüste Alexandria!»

Aber ich blickte nicht aus dem Fenster, es schien mir bekömmlicher, die blonde Stewardess zu betrachten, die mit Geschirr beladen hinter ihrer brünetten Kollegin der Pantry zustrebte.

«Was haben Sie zu Alexandria zu sagen?»

Sie war nicht böse, daß ich sie störte, sie verhielt nur einen Augenblick, um schnell zu erwidern: «Gegründet von Alexander dem Großen, 331 vor Christus, sein größtes Verdienst war, daß er schon früh verstarb, sonst hätte er vermutlich noch mehr völlig überflüssige Reiche gegründet!» und setzte eilig hinzu: «Er starb, weil er sich überfressen hatte, mit 33 Jahren!»

Wir flogen über dem grünen Streifen des Nildeltas entlang, hinter dem sich bis zum Horizont die mattgelbe Wüste dehnte. Jetzt mußten wir das Schlachtfeld nördlich der Pyramiden passieren, wo Napoleon Bonaparte die Mamelucken schlug. Es erschien mir untunlich, die in ihrer Beurteilung von Kriegshelden offenbar etwas kratzbürstige junge Dame nach ihrer Meinung über Napoleon zu fragen, es bestand die Gefahr, daß ich über ihre Antwort außer mir geriet und demzufolge mir noch unsympathischer wurde.

«Wir landen gleich in Kairo, bitte, das Rauchen einzustellen und sich anzuschnallen!» – aber ich konnte noch über Gizeh einen Blick durch das Fenster auf die Pyramiden senden, kleine, enttäuschend kleine Dreikantwürfel in der gelben Wüste dicht neben der grünen Nachbarschaft.

«Die erscheinen mir aber sehr klein, die Pyramiden», sagte ich, während die Stewardess mir die Gurte ein wenig zu stramm über den Bauch zog.

«Ja, von oben», sagte sie. «Von unten nach oben sieht alles ein wenig anders aus.»

Die Maschine kurvte. Die hübsche brünette Kollegin meiner

erstaunlichen Nachbarin saß angeschnallt auf der anderen Seite des Ganges und blickte mit einem leicht spöttischen Lächeln zu uns hinüber, die wir miteinander flüsterten.

«Kairo!» sagte sie. «Unser Flugkapitän gibt immer eine Runde über der Stadt zu, bevor er landet, damit die Passagiere auch was haben für ihr Geld.»

«Es sieht ein bißchen aus wie die Gegend um den Kurfürstendamm vor dem Kriege», nur die vielen Moscheen stören... «Kennen Sie Kairo?»

«Nein, vor fünf Jahren hätte ich die Gelegenheit gehabt, aber da bekamen wir keine Landeerlaubnis!»

«Vor fünf Jahren wollte ich in Kairo filmen, wurde aber zurückgewiesen, weil die Franzosen und Engländer und Israelis gerade über die Stadt herfielen...»

«Mein Vater sagte während des Krieges immer: ‹Wir Deutschen sind verrückt geworden!› aber damals, vor fünf Jahren, war mir klar, daß die ganze Welt verrückt geworden war...»

Der Flughafen von Kairo lag außerhalb der Stadt, in der Wüste, der Mann auf der Piste, der die Maschine einwinkte, trug zu seinem weißen Overall einen roten Fes und glich dem Mann von Rom und von Frankfurt sonst in allen Details. Die Hitze trieb mir den Schweiß aus allen Poren, auf dem Wege zum Transitraum, in welchem ich die brünette Stewardess mit einem jungen Ägypter verhandeln sah, der seine Waren ausgebreitet hatte, Badesachen, runde Sitzpolster und Handtaschen in maurischem Stil, Lederarbeiten, welche die Touristen als Souvenir nach Hause mitzubringen pflegten. Eine Art Lederbeutel mit steifen Seiten und breiten Bändern zum Umhängen schien ihr zu gefallen – wer es mag, der mag es ja wohl mögen. Sie gestikulierte eifrig mit dem Araberjungen, die beiden schienen sich nicht einigen zu können. Da war auf einmal der eindrucksvolle Diplomat vom Frankfurter Flughafen da, das dicke Buch über Ostasien unter dem Arm, nahm der Brünetten die Tasche aus der Hand und begann, mit dem Knaben in dessen Sprache zu verhandeln, was diesen sichtlich durch alle Phasen seines Geschäftes jagen mochte – dann gab der gewiegte Politiker der Stewardess die Tasche zurück, lächelte gewinnend und sagte: «Er verlangt hundert Mark für die Tasche, geben Sie ihm 35 Mark, wenn Sie wollen, das ist sie wirklich wert.» Und wandte sich und ging, um sich in einen Stuhl zu setzen und in seinem dicken Buch zu schmökern. Die Stewardess ließ ihren Dank hinter ihm herflattern, kaufte die Tasche und wandte sich ebenfalls zum Gehen. Ich hielt sie aber auf und fragte: «Bitte, sagen Sie mir, wer ist dieser Mann – er ist mir schon in Frankfurt aufgefallen.»

Sie erwiderte mit einem Lächeln: «Es ist uns nicht gestattet, über einen Passagier Auskunft zu geben. Aber er fliegt öfter auf dieser Route und ist bei uns sehr beliebt, immer so höflich und aufmerksam, und weil er so gut aussieht und so dezent duftet, haben wir ihn Mr. L. genannt ...» Sie nickte, Abschied nehmend und strich ganz unauffällig an Mr. L. vorbei, der kurz von seinem Buch aufsah. Hinter ihr herblickend mußte ich denn aber doch feststellen, daß sie bei ihrem Gang an Mr. L. vorbei, die Ledertasche umgehängt, ein ganz klein wenig mit ihrem hübschen kleinen Hintern wackelte.

Natürlich war diese Art der Betrachtung einfach unfair. Auch dieses Mädchen fixierte genau den scharfen Grat, auf dem sie wie die Heerschar der sorgfältig ausgesuchten jungen Damen der Luftfahrt überhaupt zu wandeln angehalten waren – jedenfalls gegenüber der Heerschar der auf eine Reise losgelassenen Männer, deren Reaktion offenbar typisch war angesichts dieser zu ihren menschenfreundlichen Diensten bereiten Geschöpfe unserer Zivilisation, so frisch und appetitlich wie weiland die Bolle-Milchflaschen oder die Zigaretten des Hauses Neuerburg. Typen werden bekanntlich in Serien hergestellt, und so beeilte ich mich, um nicht als solch ein Serienprodukt vom laufenden Band der Automation zu gelten, mich ohne die blonde Hilfe vor dem Start selber anzuschnallen.

Sie schien beim Start nichts bemerken zu wollen, als wir uns abschnallten und ich wiederum ohne ihre Hilfe, sagte sie nur, indem sie sich erhob und nach unten wies: «Suez ...!»

Wir überflogen den Golf vor dem schmalen Kanal – eine Menge Schiffe drängte sich vor der Einfahrt. Hier, wo der Kanal begann, muß sich in einem trockenen Sommer das Rote Meer geteilt haben, als Moses sein flüchtendes Volk zurückführen wollte in das Gelobte Land – und da ist der Berg Sinai, wo er die zehn Gebote empfing und verkündete, derweil das Volk den Tanz um das Goldene Kalb schon begonnen hatte – und dieser Tanz und die zehn Gebote regieren heute noch die Welt in ihrer Doppelpoligkeit.

In zwei Weltkriegen fochten die miteinander verfeindeten Staaten um das strategische Ziel des Suez-Kanals.

«Ich sehe nichts als Kriegsschauplätze!» sagte ich zur Stewardess.

Sie erwiderte: «Wir fliegen nun quer über Saudi-Arabien, da werden Sie nichts sehen als schaurige Wüste.»

Sie war schaurig, diese Wüste, von einer schrecklichen Eintönigkeit, ganz anders als die Sahara, diese Wüste war nicht gelb und hügelig und vom fließenden Sand geprägt, sie war rotbraun und steinig, und ihre Wadis waren zerrissen und zerklüftet. Nicht eine einzige Spur von Leben war zu erblicken, kein Baum, kein Strauch, kein Gras, keine Wasserstelle und keine Oase – wir flogen Stunde um Stunde über die einsamste Landschaft der vorderasiatischen Welt. Die sinkende Sonne ließ die Höhen und Felsen rötlich aufflammen – schwarz prägte sie die Schatten, und es schien kaum möglich, daß hier, wo kein Leben war, sich die schreckliche Bewegung eines Krieges hätte entfalten können: hier aber hatte der «Aufstand in der Wüste» seinen Anfang genommen, hier hatte der «Lawrence von Arabien» die Wüstenstämme von Mekka und Medina bewegen können, gegen die Türken aufzubrechen. Der große Abenteurer, der kein Abenteurer war, hineingeschleudert von der Geschichte in eine Entscheidung, in der sich nichts entschied: Das war mein Kriegsheld, Lawrence von Arabien, ich hatte sein Buch gelesen, «Die Sieben Säulen der Weisheit», ein Buch, größer noch, als es das Abenteuer war. Dieser Mann hatte mich fasziniert wie keiner der großen Kriegshelden des Ersten Weltkrieges und wie keiner vor und nach ihm. Durch diese Schluchten und über diese Kämme war er geritten, allein und doch an der Spitze der wilden, ewig aufrührerischen und ungebändigten, in sich zerstrittenen Stämme dieser Wüste wie ein Sagenheld von antiker Größe und war dabei ein engbrüstiger, gebrechlicher, überaus sensibler Mann, der zu schreiben und bekennen wußte, daß Töten auch eine verderbliche Lust sein konnte, und zu berichten von seiner inneren Zerrissenheit und Verzweiflung, von der hetzenden Meute der Zweifel und der steten Frage nach dem Telos, nach dem Sinn seines Tuns, und, als sich ihm die Antwort verweigerte, daran zerbrach, ein Mann, der so von sich zu schreiben vermochte, auch im peinlichsten Geständnis, daß die tragische Umwitterung Zeugnis wurde seines Geistes, des Geistes eines Schizophrenen, geschlagen von jener Krankheit, die alle großen Kriegshelden zu ergreifen drohte, welche die Tragik ihres Tuns und ihres Schicksals begriffen und in solcher Gestalt eigentümlich zur Basis des Genialischen wird, ein Mann, so voll des wachsten Bewußtseins, daß dieses getrost gespalten sein konnte – er kam aus der Flucht vor sich selbst und ging in die Flucht zu sich selbst. Nacht wurde es um ihn, und Nacht lag nun über der Wüste.

Jetzt tönte die Stimme des Piloten aus dem Lautsprecher. Sie bat, das Rauchen einzustellen und sich anzuschnallen. Und dann verkündete sie, wir landeten in Bahrain, dort herrsche nach den soeben eingeholten Informationen eine Hitze von 52 Grad. Die Lufthansa habe mit dem Flughafen von Bahrain ein Übereinkommen geschlossen, wonach unter diesen Umständen es den Passagieren erlaubt sei, während des Auftankens an Bord der Maschine zu bleiben. Arzt und Zoll kämen an Bord. Da aber während des Aufenthaltes auch die Klimaanlage außer Betrieb bleiben müsse, werden die Passagiere gebeten, während des Aufenthaltes auf dem Flughafen sich still zu verhalten und sich so wenig wie möglich zu bewegen – tunlichst also auch nach der Landung angeschnallt zu bleiben.

Als die Maschine schon ausrollte und stand, konnte ich, angeschnallt, keinen Blick durch das Fenster werfen, ich rührte mich nicht, aber kaum war die Klimaanlage ausgeschaltet, überfiel mich die Hitze, mir rann der Schweiß von der Stirn in die Augen, und ich wagte kaum zu atmen. Aber die Stewardess erhob sich und verschwand in der Pantry. Gleich darauf flammte das Licht auf, die Maschine war hell erleuchtet.

Und dann öffnete sich die Tür zur I. Klasse, und herein kam das Abenteuer, das große Abenteuer aus 1001 Nacht, Harun al-Raschid persönlich, so schön und edel. Die schlanke Gestalt war umwallt von einem schneeweißen Haik aus glänzender Seide, schneeweiß und gestärkt wanden sich die Hosen um die Waden, die seidenen Schnabelschuhe waren bestickt mit Perlen, und das krumme Schwert aus blitzendem Damaszener Stahl glühte von Diamanten und Rubinen. Kühn und braun stach das Antlitz mit dem kleinen, die schmale aristokratische Oberlippe schmückenden Bärtchen aus der seidenen Umrahmung, nun lächelte er mit 64 Blendax-weißen Zähnen – dann schritt, von allen Wohlgerüchen Arabiens umbrandet, der Prinz durch die Reihen, huldvoll nach allen Seiten grüßend mit der schmalen, edlen, braunen, von tausendjähriger Kultur zeugenden Hand ...

Tunlichst keine Bewegung war empfohlen, aber alle Blicke folgten der sagen- und fabelhaften Erscheinung – ich wischte mir den Schweiß von den brennenden Augen und hielt den Atem an.

Und nun war nur noch sein Schatten an der Seitenwand der Pantry zu sehen, und es erklang die Stimme meiner Stewardess.

«Selam aleikum, mein hoher Herr und Pascha! Allah in seiner großen Güte hat's heute recht heiß gemacht!»

Ich hörte ein wohlbekanntes Klicken von Glas und Eis – und nun hob der Schatten die Hand und eine wohllautende Stimme erwiderte in gepflegtestem Deutsch mit leichtem bayrischem Nachklang:

«Allah in seiner großen Weisheit hat den Wein verboten, aber vom Whisky hat er nichts gesagt! Prost!»

Melodisch klirrte das Eis im Glas, das Phantom nahm die

Erquickung zu sich und schritt hoheitsvoll den Gang zurück.

Die Stewardess setzte sich mit einem kleinen Seufzer der Erschöpfung und sagte laut: «Das war der Zoll!»

Der sympathische Knabe, Sohn eines küsten-arabischen Teppichwirkers, hatte in München vermutlich «echte Kelims» angeboten und dabei vortrefflich im Gespräch mit unwilligen Hausfrauen Deutsch gelernt – um an der Sorbonne zu studieren. Nun verdiente er sich das Geld zur Einrichtung einer Arztpraxis in Bagdad, indem er den überaus gut bezahlten Job eines Zollbeamten in Bahrain absolvierte – für ein Jahr, länger hatte es noch keiner in der Höllenhitze dieser Ölinsel ausgehalten.

«So, das ist der Abschied vom Orient», sagte die Stewardess, sie legte meinen Sitz schräge: «Nun müssen Sie schlafen!»

Ich sagte: «Danke – ja, Opa ist müde, Opa wird gut schlafen . . .!»

Ich mußte Karatschi verschlafen haben. Als ich erwachte, mit dumpfem Schädel und schweißbedeckt, lag ich, sorgsam angeschnallt, auf dem schrägen Sitz und fand mich nur mühsam zurecht. In der Pantry klapperte Geschirr, und es roch nach Kaffee wie zu Hause. Ein Blick aus dem Fenster: Dunkelgrüner wolliger Urwald – wir mußten gerade Indien überfliegen, Zentral-Indien dem Bewuchs nach. Aus 12000 m Höhe mußte ich am Horizont im Nordosten den Himalaja sehen, aber ich sah bis an den Horizont nichts als Urwald.

Ich erwachte erst völlig, als sich die Tür zur I. Klasse, der Wundertüte dieses perfekten Beförderungsmittels, öffnete.

Japan betrat die Szene, – und es war wahrhaft ein Auftritt ersten Ranges.

Es war eine Japanerin. Sie war jung und schön. Sie war atemberaubend schön, sie war der Traum von Japan, von der ganzen Welt geträumt. Madame Butterfly war in einen kostbaren Kimono gehüllt, einem Gewand aus Brokat mit Goldfäden durchwirkt und mit einem schmetterlingsflügelartigen Obi, der die kleine, schlanke Figur zärtlich umspielte, sie war gekrönt von lackschwarzem Haar, von dem sich keine Strähne zu lösen wagte. Sie lächelte, ohne die Zähne zu zeigen, leicht geneigten Hauptes mit geschwungenen roten Lippen in der weißen Maquillaga des lieblichen Gesichts. Und sie lächelte auch mit den blanken, großen, dunklen Augen, die nur leicht schräge standen, als seien sie dahin kosmetisiert. Sie bewegte in ihren schlanken Fingern einen bunten Fächer, mit dem sie ihr Lächeln unterstrich – so schritt sie, das Haupt bescheiden senkend, durch die Reihen der Sitze – sie war makellos, sie war ein Traum von Glück und Liebe.

In der Pantry mußten die beiden deutschen Stewardessen ihrer strahlenden, wie die Sonne Japans aufgehenden Kollegin entgegenblicken. Ich hörte eine Stewardess raunen:

«Ist sie nicht wunderschön? So fragil und elegant und dabei so freundlich und sooo intelligent? . . .» und nach einem kleinen Seufzer: «Da kommt keine von uns mit!»

Kein Sterblicher wird mich verdammen, wenn ich bekenne, daß mir bei diesen Worten das Herz warm wurde, es entbrannte freilich nicht sosehr für den Zauber der japanischen Stewardess der I. Klasse – sondern eindeutig für dies sonderbare Wesen in der Pantry. Wo gab es denn das noch in dieser bösen und harten Welt, daß eine Frau so aufrichtig und alle Grenzen menschlicher Einengung sprengend von einer anderen Frau sprach, von einer Kollegin, einer Konkurrentin, von einer Frau anderer Rasse noch dazu?

Nun betrat Madame Butterfly die Pantry, und ich hörte leises, aber lebhaftes Geplauder, welches keinen Zweifel ließ, daß diese Frauen einander sympathisch waren. Es schien mir höchste Zeit, mich zu restaurieren, mein Waschzeug war natürlich ganz unten in der Handtasche verpackt – und da schwebte Japan, ganz Sonne, lächelnd und ihre Strahlen großmütig nach allen Seiten spendend, schon wieder der I. Klasse zu, der gegenüber ich plötzlich unziemliche soziale Ressentiments empfand.

In der Pantry waren die beiden Stewardessen in einer dunklen Abseite beschäftigt, ich drückte mich an ihnen vorbei in den

Waschraum, restaurierte und rasierte mich und hoffte, unbemerkt an meinen Platz zurückkehren zu können. – Aber da hörte ich ein fröhliches «Guten Morgen, Opa!», und das war ja wohl ein Stichwort. Es war klar, hier wurde ein Spiel mit dem Spiel getrieben, und da kannte ich die neuen Regeln noch nicht.

Ich blieb stehen und sagte: «Guten Morgen, irre ich mich, oder sollte nicht in Karatschi die Besatzung wechseln?»

Nun trat das blonde Mädchen in die Pantry: «Hat sie auch! Sie haben so schön und so fest geschlafen, und Sie waren so gut festgeschnallt – Sie der rauhen Wirklichkeit auszuliefern, hätte uns allen das Herz gebrochen. Besonders mir!»

«Wirklich? Besonders Ihnen?»

«Ja, denn Sie wurden mir ja auch besonders an das Herz gelegt. Zum Frühstück Kaffee oder Tee oder Kakao?»

«Nichts dergleichen – bitte eine Lady Curzon ...!»

Aber das Mädchen war nicht zu erschüttern: «Bitte sehr, bitte gleich. Die Lufthansa ist stolz darauf, auch dem absonderlichsten Begehren gewachsen zu sein!»

Sie brachte das Frühstück in unglaublich kurzer Zeit, es war das übliche Kontinental-Breakfast, nur eben: statt des Getränkes wirklich eine große Tasse Lady Curzon, die ich mit dem vertroddelten «Nun denn, freilich wohl ...» zu mir nahm. Sie nahm diese Floskel genauso ernsthaft entgegen wie ihre Vorgängerin. «Ihre Vorgängerin», sagte ich, «konnte außer sich geraten, wenn sie der Anmaßung besonders schwieriger Passagiere ausgeliefert war, aber sie zeigte es ebensowenig wie Sie. Sind Sie Schwestern?»

«Aber nein – wir werden oft miteinander verwechselt.»

«Und wie kann man Sie voneinander unterscheiden?»

«Wenn wir lächeln!»

«Lächeln Sie mal!»

Sie lächelte.

«Sie haben beide ein Grübchen!»

Jetzt lachte sie: «Natürlich, aber sie hat es rechts und ich links, wo das Herz sitzt.»

«An das ich besonders warmgelegt wurde?»

«Natürlich! Sie stehen doch auf der Passagierliste mit einem roten Strich! Sie sind V.I.P....»

«Was ist denn das?»

«Na – very important person... Das haben wir von den Amerikanern übernommen. Aber untereinander lassen wir gern das r fort. Weil nämlich die Anweisungen für beide Kategorien gleich sind!»

«Auch mit einem roten Strich?»

«Aber nein, meine Kollegin wußte doch sogleich, wer Sie sind, sie hat Sie schon mal im Fernsehen gesehen, und sie behauptete sogar, sie habe mal auch was von Ihnen gelesen!»

Also, das Mißverständnis war keins.

«Mein Fräulein – ich danke Ihnen für das Gespräch!»

«Keine Ursache, es hat mich sehr amüsiert!»

Sie blickte durch das Fenster, sie sagte: «Bengalen! In Kalkutta kann das Interview fortgesetzt werden!» Sie räumte das Geschirr ab und verschwand in der Pantry.

Bengalen – ja, das war eine andere Landschaft, die Grünkohldecke des Urwaldes hatte sich abgelöst durch eine hellgrüne, offenbar dicht angebaute Kulturlandschaft.

Auf der Landepiste von Kalkutta winkte die Maschine ein bärtiger Mann mit Turban und in der Khaki-Uniform des indischen Heeres ein, genauso wie sich die Welt angewöhnt hatte, einen tapferen Gurkha zu sehen. – Und dann sollte es ja wohl auch die Sikhs geben, eine ganz besonders gefährliche Rasse mit geheimbündlerischem Charakter, erfahren im Umgang mit Dolch und Giften und so – das Bild, das England von Indien verbreitete, ist einigermaßen verwirrend, hoffnungsvoll vielleicht aus dem Aspekt eines Rudyard Kipling und im Hinblick auf die Filmindustrie – völlig hoffnungslos aber im Aspekt der heutigen Wirklichkeit. Was nun meinen eigenen Aspekt betraf, so mochte ich mich wohl beschimpfen über meine Naivität der Betrachtung, wo es nichts zu betrachten gab, über mein Banausentum, das geneigt war, Indien einfach abzutun wie einen blinden Fleck auf dem Auge und auf der Landkarte wie einen leeren Fleck – den asiatischen Subkontinent Vorder- und Hinterindien mit 500 Millionen Menschen – und mich zu trösten über meine Unwissenheit, da ich dies Los mit so vielen teilte: auch mit diesen 500 Millionen, die es offenbar vollständig verabsäumt hatten, sich selber ein Gesicht zu geben.

Auf dem Flugplatz von Kalkutta war es drückend heiß und schwül, kein Lufthauch. Aber ein Omnibus stand da, der die Passagiere zu den Transiträumen beförderte. Sie standen dicht an dicht gedrängt, und wir stießen bei jedem Rumpeln des Fahrzeuges zusammen, was meine Laune nicht verbessern konnte.

Als Teil der Masse und von ihr getrieben, sah ich sie zum erstenmal auf eine andere Weise. Sie reagierte verschieden, aber das mochte daran liegen, daß in Rom, in Kairo und Karatschi die Passagiere gewechselt hatten, in ihren Typen zumindest. Nun waren viele Exoten unter ihnen, Orientalen und Asiaten, die Frauen zum Teil in ihren heimischen Trachten, die Männer freilich alle im gleichen Schnitt der westlichen Zivilisation, die es wahrhaftig verstanden hat, die wohl häßlichste und unpraktischste Kleidung überall den Völkern mit einer viel ausgeprägteren Kultur aufzuzwingen. Da waren aber doch einige Burschen, welche vernünftigerweise ihre Jacken in der Maschine gelassen hatten und nun in kleinen Trupps herumwuselten und an der Bar im Transitraum mit lauten Stimmen ihr Anrecht auf ein kühles Bier kundgaben, während sich die Masse der Exoten wie von ihnen gescheucht beieinanderhielt. Aber da war natürlich auch Mister L., er saß im weitaus bequemsten Sessel des Raumes und las in seinem dicken Buch, wahrscheinlich betreut und wohl auch heimlich bewundert von der schönen Japanerin, die von Zeit zu Zeit an ihm vorüberschwebte.

Die blonde Stewardess, die ich der Einfachheit halber «das doppelte Lottchen» zu nennen beschlossen hatte, mühte sich um einige ihrer Passagiere, zusammen mit einem Chefsteward, der plötzlich aufgetaucht war – aber, als sie mich sah, bot sie mir sofort einen von zwei Stühlen an und ließ sich mit einem kleinen Seufzer dicht neben mir auf den anderen nieder. Sie sagte:

«Also bitte, ich bin berechtigt und angewiesen, Ihnen jede Auskunft zu geben, die im Rahmen meiner Befugnisse zutunlich erscheint.»

Ich erwiderte: «Ich mache Sie darauf aufmerksam, daß alles, was Sie nun sagen, gegen Sie verwandt werden kann!»

«Ich verstehe! Sie sind vom ‹Spiegel›!»

«Das werde ich nie zugeben!»

«Genau das ist die Masche. Nun weiß ich Bescheid!»

«Sie fliegen auf dieser Route von Karatschi nach Tokyo. Wie oft?»

«Zweimal in der Woche, hin und zurück.»

«Werden Sie Ihres Dienstes nicht überdrüssig? Immer die gleiche Route!»

«Doch, manchmal, aber das liegt nicht an den Passagieren, die sind auf dieser Route besonders angenehm – ich meine die Exoten, immer höflich und bescheiden – und so zurückhaltend!»

«Welche Passagiere sind Ihnen die liebsten – unter den Exoten ...»

«Die Artisten! Manchmal fliegen ganze Truppen von Engagement zu Engagement. Das sind stille, brave Leute, diszipliniert, ohne Angeberei, bescheiden und jederzeit bereit, uns in unserer Arbeit zu unterstützen. Kurz: Keine Stars ...!»

«Keine very important persons ...»

«Sie verstehen, was ich meine!»

«Wer sind die Leute, die da in Hemdsärmeln herumlaufen ...?»

«Das sind deutsche Monteure, die arbeiten in Asien an irgendwelchen Großunternehmen, Kraftwerken und Stahlkochereien und so – die sind – ja, sagen wir mal: sehr kameradschaftlich, sie kloppen einem anerkennend auf die Schulter, aber das ist ihr Verständnis für meine Arbeit ...!»

«Ist das auf anderen Routen anders?»

«Ja, am schlimmsten auf der von Nordamerika nach Europa!»

«Aha, die Amerikaner!»

«Eben nicht, sondern die Deutschen, die es drüben zu was gebracht haben und nun die alte Heimat besuchen, die geben fürchterlich an, so als wollten sie gleich zeigen, wieviel Dollars sie wert sind und wissen es nicht besser, als uns armen Verwandten zu imponieren, indem sie uns schikanieren.»

«Wie ist das Leben in Karatschi?»

«Das kenne ich so gut wie gar nicht. Der Flughafen liegt außerhalb und dicht dabei das Hotel, in dem wir untergebracht sind und alles finden, was wir brauchen! Kein Grund, um sich in Karatschi herumzutun.»

«Was treiben Sie an Ihren freien Tagen in Karatschi?»

«Oh, wir wohnen dicht am Strand, wir baden – mein Hobby ist Tauchen und Unterwasserjagd, wundervoll, Wasserski und so, richtig Erholung!»

«Kennen Sie Kalkutta?»

«Nein, wir kennen die Stationen der Route nur von oben – ausgenommen, wenn wir mal Urlaub nehmen, aber dann wäre Kalkutta das letzte ...»

«Bitte präzisieren Sie!»

«Ich weiß nur, was man wissen muß, darüber hinaus erfahren wir natürlich von den Passagieren, was für eine Stadt das ist: Die größte Stadt Indiens und zugleich die ärmste und die häßlichste, am größten Fluß des Landes gelegen, dem Ganges, und der ist auch der schmutzigste – und, also was die Hygiene betrifft, hier soll der Herd der Pest in allen Formen sein. Nur wer Kalkutta kennt, weiß, wie arm und elend und verworren Indien ist ...»

«Endstation Japan. Wie ist es da?»

«Phantastisch! In jeder Beziehung! Interessant – und die Japaner sind so deutschfreundlich. Wenn ich nicht ein so schönes Zuhause hätte – in Japan würde ich gern leben, man kann soviel lernen – nur ...»

«Nur ...?»

«Vielleicht ist das, was ich sage, ganz dumm. Alle Welt sagt, die Japaner seien so schwer zu verstehen, und die Japaner pflegen dies auch noch – sie mögen es gar nicht, sagt man, wenn man so leben will wie sie, aber ich glaube, das hat ganz andere Gründe: sie sind sich selber gar nicht so interessant, sie wollen Menschen sein wie alle anderen Menschen, und, also nach meinem Empfinden, sie sind es auch, nur eben bescheidener ...»

«Gut, und wie lange noch wollen Sie die Stewardess spielen?»

«Es ist kein Spiel! Mein Beruf. Nur, ich habe so wenig Aussicht, in meinem Beruf weiterzukommen: Stewardess I. Klasse und Chefstewardess, das ist schon das höchste der Gefühle. Dann ist es bald mit dem Fliegen aus und mit den Reisen, und was bleibt, ist, zum Leben verurteilt am Flughafenschalter.»

«Und wird Ihnen durch die erfreuliche Gegenwart Ihre trübe Zukunft überstrahlt ...?»

«Doch! Doch ...!! Sie meinen, ich sehe die Welt nur von oben, und das lohne sich nicht recht? Aber für mich gibt es bei jedem Flug unvergeßliche Momente, sozusagen himmlische Erlebnisse, und je nach dem Wetter jedesmal andere ... gerade jetzt, von Kalkutta nach Bangkok. Ich glaube, auch Sie werden etwas erleben, etwas sehen, was Sie noch nie gesehen haben, und Sie werden es nicht vergessen!»

Wir sahen Kalkutta doch noch von oben. Da lag die Riesenstadt wie ein grauer Platschen an einem dunkelgelben Fluß, dem Ganges, und wie dieser auseinanderfließend, weich im Weichbilde, wie es schien ganz unorganisch zueinandergefügt. Das doppelte Lottchen, das keinerlei Versuche unternommen hatte, mich beim Start anzuschnallen, sagte verächtlich: «Als dieser Columbus den scheinbar nächsten Weg nach Indien suchte – weshalb wohl? Das galt wohl als ein unermeßlich reiches Land, und mochte es wohl auch gewesen sein – ein Traumland voll von Gold und Edelgestein, aber bitte: wo ist das geblieben? Es kann doch nicht nur Ausbeutung durch die Ostindische Kompanie gewesen sein, 500 Millionen Menschen müssen doch so viel innere und äußere Reserven besitzen, um sich wieder hochzurappeln – ich kann es mir nicht anders denken, als daß die Handvoll Engländer in Indien es einfach verstanden haben, das ganze Volk zu entmannen. Und was die äußeren Reserven betrifft: bitte, wir überfliegen jetzt das Gangesdelta – Sie können sich nun wieder losschnallen und sehen –, und was Sie sehen, ist das ganze Delta unter Wasser. Und unter der Oberfläche des Wassers, da wächst der Reis, das Hauptnahrungsmittel Indiens – und es muß noch importiert werden ...»

Das war freilich ganz anders als das dunkelgrüne Dreieck des Nildeltas, in welchem die Erde über das Wasser triumphierte und aus ihm die Nahrung sog für das ganze weite Wüstenland. Im Gangesdelta triumphierte das Wasser über die Erde. Es mochte wieder einmal wie so oft zu den Zeiten des Monsuns der Strom über seine Ufer getreten sein – da war wirklich nichts zu sehen als die Oberfläche des Wassers, eines merkwürdig vielgetönten Wassers, gelb in breiten Feldern, schmutzigbraun in deutlichen Zügen und dann in einem eigentümlich hellgrünen Schimmer, von dunkelgrünen Punkten hier und dort wie beherrscht, Inseln offenbar oder besser wie im Wattenmeer der schleswig-holsteinischen Westküste die Werften der Halligen, und die hellgrünen Felder waren Felder unter dem Wasser, Reisfelder, nichts anderes konnte es sein.

Was aber machen die armen Reisbauern des Gangesdeltas, des Hauptanbaugebietes von Ostpakistan, wenn der Ganges in seiner unerforschlichen Eigenwilligkeit sich nicht an den Rhythmus des Reife- und Erntevorganges hält und gerade zur unrechten Zeit die Felder überschwemmt? Die Sämlinge müssen mühselig einzeln in den Schlamm gesetzt werden, eine Arbeit, welche die Kraft der ganzen, also möglichst zahlreichen Bauernfamilie verlangt. Die 500 Millionen Menschen des Subkontinents leben im Circulus vitiosus des Hungers und der Ausdehnung.

Inseln und Deltas haben mich immer fasziniert – die Stellen des Erdballes, wo sich die Elemente begegnen und sich entweder urtümlich scheiden oder miteinander ebenso urtümlich verschmelzen.

Noch sah ich die grün schimmernden Felder unter dem Wasser, dann verschwanden die Farben im Glitzern der Sonnenstrahlen und erschienen wieder, wenn die Wolkenschatten über die weite Fläche trieben. Das ganze Gangesdelta war nun eine einzige Wasserfläche, noch waren einzelne Siedlungen inmitten der Flut zu erkennen, nun aber vermehrten sich die gelben, die schmutzigbraunen Flächen, sie vereinten sich, und hier mußte das bebaubare Land aufgehört haben, das Wasser schied sich nicht mehr vom Lande, es mußte nun ohne Grenze im offenen Meer verschwunden sein.

Nichts mehr zu sehen als die Oberfläche des Bengalischen Meeres, sie füllte das ganze Bild. Doch nun schob sich eine neue Grenze in das Viereck des Fensters, der Horizont, die Grenze von Wasser und Himmel. Wolkenschatten über dem Meer, und da die erste Wolke, wir stießen, sanft, aber immerfort steigend in sie hinein. Im Grau des Nebels mischten sich die Elemente des Wassers und der Luft. Eine neue Landschaft tauchte auf, kaum war der Nebel durchquert, die des Wolkenmeers.

«Sie werden etwas sehen, was Sie noch nie gesehen haben, und Sie werden es nicht vergessen...!» hatte die Stewardess gesagt.

Nun, ich habe es nicht vergessen. Aber wie kann ich es beschreiben? «Im Anfang war das Wort... hier stock ich schon...» Ich habe mich immer meines guten Gedächtnisses gerühmt und glaube sogar, es von einem bestimmten Zeitpunkt an trainiert zu haben, als ich nämlich angesichts vier nackter Wände entdeckte, daß eben das, was ich nicht vergessen wollte, sogleich von mir formuliert werden mußte. Es ist die produktive Leistung des Übersetzens, die Formulierung, die im Gedächtnis bleibt. Das Unvergleichbare ist unbeschreiblich. Was ich nun sah, hatte ich noch nie gesehen. Ich konnte es in Worte nicht verdichten, das Unbeschreibliche mußte notwendig Vergleichbares suchen, Poesie werden, im Endprodukt. Aber hier bot sich mir das Erlebnis nicht im Resultat, das ich hätte vermitteln können, sondern im Prozeß des Erlebens, nicht des Beschreibens also. Vielleicht ist es möglich, das Poetische zurückzuführen auf die Fakten, die es ermöglichen könnten, am Ende die Grenzen zu sprengen im Darstellbaren, ohne die Erlebnisfolge zu beeinträchtigen.

Wir befanden uns schließlich in etwa zehn- bis zwölftausend Meter Höhe, in der oberen Phase der Atmosphäre also, der Lufthülle, welche die Erde umgibt. Die Luft ist farblos, das Himmelsblau entsteht durch die Zerstreuung des Lichtes an den Luftmolekülen und anderen die Luft trübenden Teilchen, deren Durchmesser kleiner ist als die Wellenlänge des Lichtes. Treffen Sonnenstrahlen, die sich in Wellenbewegungen fortpflanzen, auf solche Teilchen, so werden diese zu Selbstschwingungen angeregt und bilden so Erzeugungsmittelpunkte neuer Wellen. Das kurzwellige blaue Licht wird stärker zurückgeworfen als das langwellige rote. In dem vom Himmel zurückgeworfenen Licht ist blau vier- bis siebenmal, violett sechs- bis zehnmal stärker als gelb und rot.

Das Licht trifft nun auf die Wolken, Anhäufungen von Wassertröpfchen in den höheren Luftschichten. Das Schweben der Wolken in der Luft erklärt sich aus der großen Leichtigkeit der feinen Wassertröpfchen. Wir hatten in etwa zweitausend Meter Höhe einen Cumulus durchstoßen, eine Haufenwolke mit kuppel- oder bandförmigem Gipfel und waagerechter Grundfläche, um dann in einer Höhe von etwa dreitausend Metern nach dem Bad in grauem Nebel nun wieder in einer Flut von Licht in eine Nimbus zu tauchen, eine Regenwolke, eine dicke Schicht dunkler, formloser Wolke mit zerfetzten Rändern, welche sich mit dem Cumulus zu vereinigen schien, den Nebel in Regen zu verwandeln. Wir befanden uns in der Tropenzone zur Zeit der Monsune. Nun aber, in viertausend Meter Höhe präsentierten sich im gleißenden Licht Ballen oder Wolkenwülste, Stratocumulus genannt, gewaltige, grauweiße Massen, zwischen denen wir den Altocumulus zustrebten, die sich in sechstausend Meter Höhe als dickere, weißblaue Wolken mit schattigen Stellen erwiesen und nun in Gruppen und Reihen Ausweichmöglichkeiten boten, und waren nun in achttausend Meter Höhe, der mittleren Höhe dieser Spezies, zu den Cirrus, den Haufenwolken und den Cirrustratus, den Schichtwolken vorgestoßen – um in zwölftausend Meter Höhe zu verharren, in zarten, weiß glänzenden Wolken in Form von Federn oder Fäden, welche die Sicht freigaben auf die ganze «unbeschreibliche» Pracht des Wolkenmeeres.

Was ich sah, 12000 m über dem Bengalischen Meer, waren Farben, deren Kennzeichen ich nur im Vergleichbaren festhalten kann.

Der mit den einzelnen, verschiedenartigen Wolken bestückte Himmel war eindeutig nicht der Formel entsprechend blau, und die Wolken waren nicht in den Abschattierungen des sozusagen vorgeschriebenen Weißgrau, sondern ein Gebäude aus allen Farben des Regenbogens, mit der Grundsubstanz des Opalen. Und diese Farben verteilten sich über die ganze Wolkenlandschaft, und diese Bezeichnung sagt deutlicher als etwa das Wolkenmeer, wie sich das Gebäude formte: in kristallenen Gebirgen mit dunklen Klüften und scharfen Graten, mit rötlich drohenden Türmen und mauergelben Burgen, mit silberstrahlenden Domen und schmutzig-düsteren Mooren, goldenen Tempeln und weiten, fahlgrünen Ebenen, eine Landschaft an sich und in sich, welche im Vergleichbaren die Erde vergessen läßt, überhöht in Farben und Formen, eine neue Dimension, in welcher die Konturen klar, jedoch flüssig sind, die Grenzen nicht mehr denkbar, mit allen Gesetzen auch das des Schwergewichts aufgehoben, ohne Gewalt überwältigend.

Die Überwältigung aber dünkte mich beschreibbar, in ihrem Prozeß ist sie eine Sache des Empfindens. In der Maschine war es totenstill, der Schall der Strahltriebwerke schien von dieser neuen Dimension ebenso verschluckt wie die Existenz der Maschine selbst.

Alle Fluggäste sahen in völliger Bewegungslosigkeit auf das Bild, ihre Köpfe waren alle den Fenstern zugeneigt. Unbeweglich standen die Stewardessen. Sie waren alle, gleich mir, «wie gebannt», gleich mir schien ihnen der Rahmen, den die Fenster bildeten, nicht mehr Begrenzung des Blicks, sie schienen alle, wie ich, hinausgetreten aus der gewohnten Welt, sie hatten, wie ich, das Bewußtsein ihrer eigenen Existenz verdrängt, sie schienen, jeder ganz für sich allein, hingegeben wie in einen Rausch, der die Grenzen sprengt, die Dämme, welche sich der Mensch gebaut, sie mußten, wie ich, alle Möglichkeiten der «Safety first» vergessen haben. Ihre Körper schwebten, wie der meine, außerhalb, aber wie selbstverständlich freigegeben, sie schwebten, sie flogen wie Dädalus und Ikarus, die auf der Flucht waren, wie im Urtraum der Menschheit, aus allen Gefahren in eine andere, schwerelose Dimension, völlig neuen Gefühlen und Lüsten preisgegeben, in der Wonne der Überwältigung besiegt und wie neugeboren der wahren und ersehnten einzigen Freiheit hingegeben, uneingeschränkt allein den Gesetzen des eigenen Willens folgend. Ich schwebte allein durch den unendlichen Raum in einem Meer von Farben, die sich wohltätig wechselnd, im opalenen Licht die Konturen vernichtend, zu immer neuen Kompositionen vermischten, in denen selbst die Nichtfarben, weiß und schwarz, nicht mehr bedrohlich erschienen, sondern die Vereinigung alle Schattierungen vereinigten – und Goethes Farbenlehre stimmte!

Hier gab es keine Oberfläche, in dieser bewegten, substanzlosen Weite des Höhenrausches, den zu erleben nur die Drogen vortäuschen können, mußte jegliche Materie ihre Formen verwandeln, wie der Körper in der Seele – jede Materie?

Mitten durch die Strahlung aller Farben aus der perlmutternen Tiefe schoß ein Silberpfeil auf mich zu, ein schlanker, gleißender Fisch, ein Hai des Meeres und glitt vorüber.

Aus dem Lautsprecher tönte eine rauhe Stimme: «Unsere Gegenmaschine, sie kommt von Bangkok. Bitte das Rauchen einzustellen und sich anzuschnallen.»

Wir durchstießen den Cumulusgürtel, plötzlich begann die Maschine leise zu beben, auf den Tragflächen bildeten sich die Tröpfchen des Nebels. Dicke, graue Schwaden hüllten uns ein. Dann stieß die Maschine ins Licht der Erde, die sich in ihren Konturen begrenzend darstellte.

Neben mir hatte sich die Stewardess angeschnallt. Sie nickte mir zu. Und ich sagte: «Ich werde es nie vergessen!»

In der Tat, diese Reise steckte für mich voller Überraschungen, und das mochte sehr wohl heißen, voller Mißverständnisse, die, durchgespielt, ihre Überraschungen ergaben. Beim Anflug zur Landung konnte ich Bangkok nicht sehen, der Flughafen, weit außerhalb, ließ mich die Hoffnung verlieren, diese interessanteste Stadt des Fernen Ostens in ihrem Wesen zu erfahren. Ich hatte so gut wie nichts von Rom, von Kairo, von Karatschi und Kalkutta erfahren, nichts wirklich Charakteristisches – diese Reise betrog mich um das Erlebnis der Reise, sie hatte bislang nur einen Höhepunkt, den Himmelsrausch über dem Meer von Bengalen. Und gerade von Bangkok sollte ich nichts erfahren ...

Wir landeten hart auf einer schmalen, ziemlich deformierten Piste, und die Maschine rollte bis vor das Verwaltungsgebäude des Flughafens aus. Auf den anderen Pisten aber landeten und starteten mit ungeheurem Lärm amerikanische Düsen-Jagdbomber, bei der Landung entfalteten sich hinter den Maschinen die roten, als Bremsen wirkenden Luftsäcke, und zwischen den Pisten tummelten sich GIs, amerikanische Soldaten.

Es war drückend heiß, aber ich mochte mich dem Pulk der Passagiere nicht anschließen, die dem Transitraum zustrebten, ich musterte die GIs, die dicht an der Piste auf dem staubigen Rasen standen, mit ihrem Gepäck, staubig auch sie – und nun die Maschine der Lufthansa beobachteten, und als ich einige der Soldaten rufen hörte: «Germany – oh, Germany ...» blieb ich stehen. Sie meinten aber nicht mich, sondern meine blonde Stewardess, die gerade auf mich zukam. «Germany ... oh, Germany!» riefen sie, und einer grüßte begeistert: «Three cheers for Germany!» Da stand nun schlank und blond und langbeinig und hübsch mein doppeltes Lottchen, die Verkörperung des deutschen «Fräulein-Wunders» und nahm die Huldigung lächelnd entgegen. Sie rief einige Worte auf englisch zurück, und der Haufe drängte sich näher. Ich verstand nur immer den sehnsüchtigen Ausdruck: «Oh – Küserslütern ...!» und das Wundermädchen fragte weiter und erhielt wort- und gestenreiche Auskunft, und verstand es doch, mir zwischendurch zu übersetzen, was da so eifrig palavert wurde, immer wieder durch das Brausen der startenden und landenden Düsen-Jabos unterbrochen.

«Küserslütern», das hieß natürlich Kaiserslautern, und die GIs waren dort in Garnison gewesen, um dann nach Vietnam abtransportiert zu werden – sie gehörten zu den ersten zehntausend «Beratern», welche den südvietnamesischen Soldaten gegen die Vietkong helfen sollten in diesem «dirty war». Und wie es denn stünde mit diesem Kriege, fragte Blondchen. Und einer erklärte es gestenreich: «Terrible...» und ganz einfach zu erzählen: Da ginge man ganz harmlos als Patrouille, fünf Mann, einer hinter dem anderen, durch diesen niederträchtigen, unübersichtlichen Dschungel, und plötzlich fehlten zwei Mann, weg waren sie...

«Desertiert...?»

«Oh, certainly not...» verschwunden, einfach weg, eben schlugen sie sich noch durch den Dschungel, und plötzlich waren sie weg, ohne einen Laut, nie wiederaufzufinden, wie in der Luft aufgelöst «in this dirty war...» Und das Mädchen wünschte ihnen «Good luck!» – und sie dankten mit Lucky strike und «Good luck for you...» und noch als wir das Gebäude betraten, hörten wir ihr: «Oh, Küserslütern.»

In der Toilette des Transitraums wollte ein kleines, ältliches siamesisches Männchen nicht zulassen, daß ich mir die Hände wusch – als ich meinen Obolus zückte, eine runde deutsche Mark. Auch ein Fünfmarkstück wurde zurückgewiesen, einem trotzigen Zehnmarkschein galt gar eine verächtliche Ablehnung. Ich hatte immer noch nur mein deutsches Geld bei mir – nun kehrte ich unverrichtetersache in den Transitraum zurück; ich fand meine wackere Stewardess nicht, aber da saß Mr. L. und las in seinem dicken Buch. Mir war versichert worden, daß das deutsche Geld überall Wertschätzung und hohe Achtung genieße und daß der deutsche Reisende in fremdem Land sich jederzeit vertrauensvoll an sein diplomatisches Korps wenden könne. Also wandte ich mich, vom Zwang der Umstände getrieben, an dies besonders hervorstechende Exemplar jenes illustren Korps und bat, die Umstände schildernd, mir doch mit einer entsprechenden thailändischen Münze aus meiner währungspolitischen Not zu helfen. Und wirklich, unsere auswärtige Vertretung funktionierte wie geschmiert, bereitwillig und sogar mit Humor. Ich konnte nun mein Geschäft verrichten – mit einem kleinen, noch dazu durchlöcherten Eisenstück, und als ich dankbar und erleichtert zurückkehrte, bot mir Mr. L. freundlich an, jede Summe deutschen Geldes gegen die von mir benötigten Devisen einzutauschen, mit der Frage, in welchem Lande ich sie auszugeben gedächte.

Ich nannte Japan, und Mr. L. wechselte mir sofort einen Hundertmarkschein zum gültigen Kurs gegen einen Haufen ziemlich zerfledderter Sen, und weigerte sich lachend, aber standhaft, mir auch den Wert des fraglichen Eisenstückchens zu berechnen: «Das ist die kleinste Münze, die es überhaupt gibt, aber eben die will der brave Toiletten-Mann haben für seine Arbeit, eben die und keine andere!»

Das also war Bangkok – wir bestiegen wieder die Maschine, schnallten uns an und rollten los. Hatte ich schon bei der Landung das Rollen der Maschine als etwas hart empfunden, so wurde ich nun empfindlich gestoßen und gerüttelt. Ich blickte durch das Fenster – und konnte plötzlich sehen, wie die bremsenden Landeklappen bei einem sonderbaren Aufheulen der Maschine sich heftig bewegten – gleich darauf stand die Maschine, dicht am Ende der Piste. Und eine rauhe Stimme dröhnte aus dem Lautsprecher. Was diese Stimme verkündete, klang wohl abgewogen und beunruhigend beruhigend: Eines der Strahltriebwerke arbeitete nicht. Die Maschine könne sehr wohl auch beim Ausfall eines der Triebwerke weiterfliegen, doch ginge bei der Lufthansa Sicherheit über alles. Die Maschine kehre zum Flughafengebäude zurück, die Passagiere würden gebeten, noch einmal im Transitraum Platz zu nehmen. Sobald der Schaden behoben sei, würden sie benachrichtigt, stelle es sich aber heraus, daß es längere Zeit dauern werde, so könnten die Passagiere mit den Maschinen anderer Linien die Reise fortsetzen. Es empfehle sich also, auf jeden Fall das

Handgepäck mit in den Transitraum zu nehmen.

Im Transitraum war der Ortsleiter der Lufthansa schon beschäftigt, die Türen zum großen Speiseraum zu öffnen und versicherte, da das Mittagessen in der Maschine zur genauen Zeit nicht serviert werden könne, werde es im Restaurant des Flughafens gereicht – à la carte und selbstverständlich auf Kosten der Lufthansa. Ich setzte mich an einen der leeren, aber schon adrett gedeckten Tische, von wo ich eine gute Aussicht durch große Fenster auf den Vorplatz des Flughafens von Bangkok hatte – ein schöner, weiter Platz, in dessen Mitte, von Palmen umsäumt, das Bronzedenkmal eines kleinen, aber wie ein Kampfhahn gereckten Mannes in Uniform mit Federhut prangte – er kehrte dem Gebäude den Rücken zu. Sonst war nicht viel zu sehen, einige etwas altertümliche Busse, einige Taxis, glühende Sonne.

Mr. L., begleitet von der zärtlich lächelnden Miss Japan, kam zu meinem Tisch, bereit, mir die geheimnisvollen Zeichen und englischen Namen der Speisekarte zu deuten. Mit ihm kamen auch zwei japanische Herren der I. Klasse – alle sprachen deutsch. Die thailändische Küche war ausgezeichnet, und ich letzte mich reichlich an den im Preise der I. Klasse, der ich mich unvermutet eingegliedert sah, einbegriffenen Getränken sowie an der beglückenden Tatsache, daß Mr. L., wie es sich herausstellte, mich dem Namen nach kannte – nicht nur das, er hatte auch einiges von mir gelesen, und kein Sterblicher wird mich verdammen, wenn ich zugebe, daß es einen deutschen Schreiberling herzlich erfreuen muß, zu erfahren, daß er auch wohlwollende Leser in Kreisen besitzt, in denen derartige Lektüre kaum vermutet werden konnte. Aber als Mr. L. erwähnte, er vermute, daß ich mich zu Studienzwecken in Japan aufzuhalten gedenke, und er könne mir da gern durch Rat und Tat behilflich sein, erschrak ich denn doch, gerade weil dieser Mann so besonders nett war und ich ihn gewiß bei seiner amtlichen Position in von ihm nicht vermutete Mißhelligkeiten, unsere innere Politik betreffend, verwickeln könnte, und so erklärte ich, gewissermaßen errötend, ich sei als der westdeutsche Delegierte beim VII. Anti-Atombomben-Kongreß und für Fragen der allgemeinen Abrüstung nach Japan eingeladen worden. Ohne daß sich seine Miene auch nur im geringsten veränderte, versicherte er, da werde ich sicherlich viel Interessantes erfahren und – lernen. Nun aber mischten sich die beiden japanischen Herren ein, die ich von Anbeginn und der ganzen Sicherheit ihres Auftretens nach für Geschäftsleute I. Klasse oder des Managements der obersten Schichten hielt, wenn nicht gar ebenfalls für wohlassiettierte Herren im diplomatischen Dienst ästimierte – sie fragten, übrigens ohne jede Aggressivität, was ich mir eigentlich von diesem Kongreß verspräche. So erwiderte ich also gleichfalls diplomatisch: «Viel Interessantes zu erfahren und zu lernen.»

Nichts deutete auch bei den japanischen Herren auf irgendeine Verlegenheit hin, nichts änderte sich an ihrer zuvorkommenden Höflichkeit, als sie meinten, es sei überraschend zu erfahren, daß ein Vertreter Westdeutschlands von Japan etwas lernen zu können glaube, in Japan selber herrsche eine gewisse Zuversicht, auf mancherlei Erfahrungen gegründet, daß die deutsche Bundesrepublik in ihrer hoffnungsvollen Entwicklung immer etwa drei Jahre jener Japans voraus sei. Ich glaubte und hoffte, daß Mr. L. hier einiges in diplomatischer und vollendet geschmeidiger Höflichkeit zu berichtigen Anlaß finden werde, aber es war trotz der Klimaanlage drückend heiß im Raum, und als Miss Japan ein Tablett reichte, auf welchem lange, graue Würstchen aus Frottee sortiert waren, ergriff Mr. L. eines davon, bot es mir an, dies sei die angenehmste Erfrischung bei der in Ostasien üblichen Hitze und erläuterte mir, wie es zu handhaben sei.

In der Tat, diese Dinger waren zwar heiß, aber sie dufteten höchst angenehm, und als ich mir, wie es Mr. L. praktizierte, mit diesem Würstchen über die Stirn und das Gesicht fuhr, hatte ich das Gefühl der angenehmsten Erfrischung, worüber Mr. L. ebenso wie Miss Japan besonders erfreut schienen.

Dann kam der Ortsboss der Lufthansa, ein älterer, aber überaus quicker Herr, und teilte uns mit gedämpfter Trauer mit, die Reparatur an der Maschine könne, wie es sich leider herausgestellt habe, nicht vor der Nacht zur Gänze durchgeführt werden, wer die Nacht in Bangkok verbringen wolle, fände ein von der Lufthansa bestelltes Quartier in einem angesehenen Hotel in der Stadt und könne am nächsten Morgen mit der Maschine der Lufthansa weiterreisen.

Die Passagiere strebten im Geschwindschritt, mit ihrem Handgepäck beladen, zwei Omnibussen zu, die vor dem Flughafenportal bereitstanden. Mr. L. lud mich ein, mit ihm in einem Taxi in die ziemlich weit entfernte Stadt zu fahren. Die Fahrt dauerte etwa eine Dreiviertelstunde.

Von vorne gesehen entpuppte sich das Denkmal auf dem Vorplatz des Flughafens als das eines Königs namens Chulalongkorn, der das unvergleichliche Verdienst hatte, mit einigen bedeutenden Gebietsabtretungen an die Kolonialmächte Großbritannien und Frankreich immerhin die Unabhängigkeit Thailands bewahrt zu haben. Dies Land blieb der einzige Staat Indochinas, der souverän genannt werden konnte bis dahin und niemals Kolonialgebiet war. Wer die Geschichte des Kolonialismus kennt, müßte wissen, warum. Thailand ist arm, sagte Mr. L. Gewiß, in der Ebene gibt es Reis, in den Wäldern im Norden Teakholz, wohl auch einige Mineralerzlager und Edelsteine, Rubine, aber Thailand hat gute 25 Millionen Einwohner, davon Bangkok 2 Millionen, und es fehlen alle Voraussetzungen einer billigen Ausbeutung oder einer Industrialisierung des Landes.

Die schlaglöcherreiche Straße führte an Kanälen vorbei und begleitete sie längere Strecken, und Mr. L. wußte zu berichten, daß diese Kanäle, Teile der Wasserstraße des Menam, bis vor kurzem die einzigen Verbindungswege darstellten. Unzählige Wohnboote bevölkerten die Kanäle, und Mr. L. machte mich auf einen ins Wasser gefallenen Omnibus aufmerksam und erläuterte, daß er den schon vor drei Monaten dort habe liegen sehen. Der Schrott bringe eben weniger als der Abtransport koste.

Nun reihte sich Hütte an Hütte zu beiden Seiten der Straße,

es waren eigentlich nur hölzerne Verschläge und jeder eine Art Laden, die Waren lagen ausgestellt unter Sonnendächern aus Zeltplanen oder hingen an der Tür.

«Sie sehen», sagte Mr. L., «überall an den Stores, an den Sonnendächern der Läden hübsch weiß gemalte thailändische Schriftzeichen. Das sind keine Reklame-Inschriften, die Reklame besorgt die so hübsch übersichtlich ausgelegte Ware selbst. Was da geschrieben steht, das sind Sprichwörter, einfache, volkstümliche Sprüche, wie bei uns etwa ‹Morgenstund hat Gold im Mund› oder ‹Eile mit Weile›. Sie sehen, diese Zeichen sind alle frisch gemalt – dafür sorgt die Polizei! Sie verkauft diese Sprichwörter nämlich, es ist ihre beste Einnahmequelle. Ist solch ein Zeltdach ohne Inschrift, oder diese macht einen unansehnlichen Eindruck, so wird bald ein Polizist in dem betreffenden Laden erscheinen und dem Händler begreiflich machen, daß die bösen Diebsgestalten leicht zu der Vermutung Anlaß hätten, die Polizei werde auf die Läden dieser Händler nicht ein so scharfes Auge richten wie auf die anderen. Die Händler begreifen bereitwillig ihren Vorteil, zumal im Weigerungsfalle ihre Kundschaft zu begreifen glaubt, der Laden brauche keinen Polizeischutz, weil seine Ware minderwertig sei.»

Bevor ich einen naheliegenden Einwand machen konnte, sagte Mr. L., dessen Lachfalten sich vertieften: «Ich weiß, was Sie sagen wollen. Sie denken an die Methoden der Gangster von Chicago! Ich weiß nicht, ob diese das Vorbild geliefert haben, aber bitte, sagen Sie selbst, ist es nicht besser, die Polizei habe den Vorteil von diesen Methoden und nicht die Gangs? Dieser angenehm tolerante Staat erhebt von den Summen, welche die Händler zahlen, keine Steuern, dafür aber spart er erhebliche Kosten im Etat für die Polizei!»

Nun wurden die Hütten der Händler abgelöst von merkwürdig europäisch anmutenden «Herrschaftsvillen» des vorigen Jahrhunderts in kleinen und, wie es schien, reichlich bewachsenen, aber ungepflegten Gärten hinter Zäunen und Gittern. Es war dies nicht das eigentliche Europäerviertel, aber es wurde dieser Teil der Stadt bewohnt von fremdländischen Geschäftsleuten, wohl auch von den unteren Beamten der Botschaften, die hier billig und in gewohntem Komfort hausen, aber nicht lange zu bleiben hofften.

«Da ist das Haus des internationalen Presse-Clubs», sagte Mr. L., «da wäre ich heute abend, wenn ich früher gewußt hätte, daß wir hier übernachten.» Er setzte erläuternd fort: «Hier treffen sich die Ausländer mit den maßgeblichen Herren der Ämter, mit den thailändischen Großen und den chinesischen Großkaufleuten – den auswärtigen Handel haben fast nur Chinesen in der Hand, die Banken auch –, und manchmal kommen auch Minister in den Club. Hier wird also ein gesellschaftlicher Verkehr der Ausländer mit den Bossen des Landes gepflegt, hier sind die Herren unter sich. Natürlich werden hier keine Geschäfte gemacht und keine Verhandlungen durchgeführt. Hier trifft man sich zum Vergnügen, zum Spiel nämlich. Der Abend endet immer mit Pokern. Wenn ein Ausländer irgend etwas Geschäftliches zu besprechen hat, eine Lizenz zu erneuern oder ähnliches, so fällt kein Wort über das Anliegen. Man muß hier ein sehr guter Pokerspieler sein, der zur rechten Zeit und im rechten Maß verlieren kann. Er muß berechnen können, wieviel es wert ist, um das zu erreichen, was er will, nicht zuviel und nicht zuwenig. Wenn er dann am nächsten Morgen geschäftlich in das Amt oder in das Kontor kommt, kann er sicher sein, in ganz kurzer Zeit und im besten Einvernehmen, das zu erlangen, was beiden Teilen zum Vorteil dient!» Wieder zogen sich Mr. L.s Falten um die Mundwinkel: «Ich weiß, was Sie sagen wollen! Aber, es ist keine Korruption! Es ist eine ungeheuer praktische Art, Geschäfte zu machen ohne zeit- und geldraubende Umwege. In ganz Ostasien werden Geschäfte so gemacht – außer in Japan natürlich.»

Die sinkende Sonne vergoldete bizarre Tempel, die in wohlgepflegten, weiträumigen Anlagen prunkten.

«Schade, daß wir nicht früher aufgebrochen sind, ich hätte Ihnen gern die prachtvollen Tempel gezeigt!»

Ich konnte mich nicht enthalten, zu fragen: «Monumente

der Armut?»

Mr. L. sah mich ganz ohne Lachfalten an: «Ganz gewiß auch dies! Diese Tempel dienen allen und gehören allen. Dort finden sich alle, auch die ärmsten, um das Glück zu verspüren, das ihnen die Armut verspricht.» Er setzte fort: «Da sehen Sie die Mönche in ihren leuchtenden, orangeroten Gewändern und mit ihren geschorenen Charakterköpfen. Das sind keine Bettelmönche im abendländischen Sinne. Es sind Erleuchtete der Armut in der kultiviertesten Form. Sie steigern nicht durch Gebet, sondern durch Meditation die Armut zu einer Lebenskunst, sie allgemein gültig zu machen. Die Armut in solcher Form ist die beste Garantie des Friedens, hier und in der ganzen Welt, so meinen sie und folgen konsequent diesem Gebot!» Und der gepflegte und offenbar auch recht wohlhabende Mann sagte nach einer kleinen Pause: «Ich habe oft den Wunsch verspürt, für eine Weile aus der Welt auszutreten, in der ich lebe und arbeite, um in einem der Klöster wieder zu mir selbst zu kommen. Viele tun das hier, hohe Beamte, Minister, Gelehrte, Geschäftsleute auch, sie leben dort in äußerster Armut wie die anderen Mönche, es muß wundervoll sein, sich vom Körper, im Geist und mit der Seele zu restaurieren und alle Kraft neu zu gewinnen, die sie befähigt, wieder dem Alltag zu dienen...» Worauf füglich nichts zu erwidern war.

Wir fuhren bei Dunkelheit in die Stadt ein. Kein Stern war am Himmel zu sehen. Die verwirrenden Lichter, die nun überall aufdringlich glänzten und zu mancherlei Schriftzeichen aufmarschierten, mußten wohl der Reklame dienen, falls sie nicht gar die Gewissen der braven Bangkoker durch gefällige Sprichwörter beruhigten. Die Stadt, nun von lebhaftem Verkehr erfüllt, schien, abgesehen von ihren Leuchtzeilen, eine Stadt wie andere Städte auch, eine Millionenstadt ohne jeden weiteren exotischen Reiz. Ohne diesen Reiz präsentierte sich auch das Hotel, in dem wir abstiegen, es lag in der Stadtmitte, in der Fluchtlinie einer ziemlich schmalen, vom Verkehr durchtobten Straße und hatte den Charakter eines typisch internationalen Hotel-Palastes, erbaut etwa um die Jahrhundertwende, mit vielen Fensterreihen und in der Fassade nun schon leicht angewest.

Wir betraten das Hotel durch eine Drehtür und befanden uns in einer ziemlich dunklen Halle in Holz – es war ersichtlich Teak aus den Wäldern im Norden –, und es war stickig heiß in der Halle. Am Empfang präsentierte der in ein blendendweißes Dinner-Jackett gehüllte siamesische Empfangschef sogleich lächelnd ein Tablett mit jenen grauen, heißen Frottee-Rollen. Mr. L. und ich griffen freudig zu und ebenso der siamesische Taxi-Chauffeur, der unsere Handtaschen abstellte und sich mit freundlichem Gruß entfernte, nachdem ihm Mr. L. einen Bon unterschrieben hatte.

«Das ist wirklich sehr erfrischend, diese Dinger da», sagte ich, und Mr. L. rief unvermutet freudig aus: «Nicht wahr? Und die kriegen Sie im ganzen Fernen Osten überall kostenlos ...»

Mr. L. wies auf eine Tür und sagte: «Wir sehen uns beim Essen wieder: dort in der Bar – auch ein internationaler Treffpunkt!»

Mein Zimmer war hoch und groß, das Bett sehr breit, und statt eines Kopfkissens lag da eine fette Rolle über der dünnen Leinenzudecke. Das Bad war fast so groß wie das Zimmer, da war eine Badewanne, eine Dusche und ein großes Sitzbad, mit ostasiatischen Kacheln. Aber die Luft im Raum war heiß und trocken und dumpfig. Ich wollte eines der Fenster öffnen, das gerippte Glas ließ keine Aussicht zu – es ließ sich nicht öffnen. Da hing ein dicker Kasten, aus dem es knackte und zischte: Klimaanlage, international «Air-condition» genannt. Ich hängte mein total durchschwitztes Kamisölchen über den Kasten und hoffte, es werde trocknen. Ich hatte nur diesen einen Anzug mitgenommen. Ich wusch mich, das Wasser war sehr heiß, das aus dem anderen Hahn eiskalt. Dann setzte ich mich auf das Bett, um in Anbetracht des völligen Mangels an anderer Tätigkeit ein bißchen vor mich hin zu weinen. Ich war nun 36 Stunden auf der Weltreise, von Winsen an der Luhe bis Bangkok, mit dem Ergebnis, hier genauso unzufrieden mit der Welt und mir selber zu sein wie in meinem Hause im Ballungsraum Winsen, dem ich entfliehen zu können gehofft hatte. Es gab offenbar auf dieser Welt keinen freien Raum, in dem ich schweben konnte wie in der neuen Dimension der Höhe von 12000 m über dem Bengalischen Meer – und auch dieser war nicht ohne eine Gegenmaschine, tröstlich allein, zu wissen, daß ich mit ihr jederzeit nach Hause zurückkehren konnte, um dort in gelegentlichen Zuständen manischer Depression zu hören: «Ach was, reiß dich gefälligst am Riemen!»

Ich riß mich am Riemen und nahm mein Kamisol von der Klimaanlage. Auf! Auf ins Leben der internationalen Gesellschaft! Nun sollte ich also in der Realität genießen, was ich sonst nur auf der Leinwand und auf der Mattscheibe vorüberzappeln gesehen hatte: Hier kamen die reichen Leute wild vor, mitsamt Mr. L., dem diplomatischen Playboy, hier gab sich elegant und ungezwungen, was zusammengehörte mit durchaus eigenen Konventionen, was sich zu den Spitzen einer sonst nicht sichtbaren Welt rechnete, die Damen und Herren aller Völker und Rassen. Nun, es blieb mir immer noch der Weg, mich gehörig ungehörig zu besaufen.

In der Bar waren Damen und Herren aller Völker und Rassen, die ich aber keineswegs durch meinen Auftritt in meinem Aufzug, zerknittert und verschwitzt, zu schockieren vermochte. Abendkleider und Abendanzüge wurden nicht getragen, mit Ausnahme der siamesischen Kellner natürlich, die in ihren weißen Dinner-Jacketts servierten. Auch Mr. L. hatte sich nicht umgezogen, er winkte mich an seinen Tisch am Rande der Bar, daneben saß die Besatzung der kranken Maschine, die Herren wie die Damen in ihrer Lufthansa-Uniform. In Uniform waren auch die amerikanischen Offiziere, welche sich mit ihren siamesischen Damen verlustierten, grazilen, auserwählt hübschen Geschöpfen, welche die Länge ihrer goldfarbenen Beine durch einen bis an die Hüfte reichenden Schlitz ihrer sonst höchst dezenten Gewänder demonstrierten. Sie tanzten mit einer Anmut die modernen Tänze einer neapolitanischen Combo, die auf eine gewissenhafte Schulung schließen ließ – aber es waren keine Taxigirls, wie mir

Mr. L. versicherte, es waren die «Girl- friends» der Amerikaner, welche so auf die angenehmste Weise der für die amerikanische Kriegsführung in Vietnam sicherlich militärisch notwendigen Restauration dienten – oh, Küserslütern . . .!

Je länger wir speisten, desto mehr fand ich alles ganz lustig, und Mr. L. amüsierte sich sehr, als er erfuhr, daß ich dies Eldorado der Spesenempfänger für einen Treffpunkt der großen Welt, der Hautevolee gehalten hatte. Ich schämte mich meines Ressentiments, die französische Küche sagte mir zu, und ich begann, scharf zu zechen, bis ich die amerikanischen Offiziere, jeden einzelnen, sogar nett zu finden vermochte in ihrer kindlichen Ausgelassenheit und in ihren über das Hinterteil prall gespannten Hosen. «Nette Boys», sagte auch Mr. L. «Sie spielen nicht eine Rolle, sie sind wirklich so!»

Je nun, freilich wohl! Ich spielte keine Rolle und war nicht wirklich so. Aber welch eine Rolle spielte Mr. L.? Und was war er wirklich?

Und so nahm ich nach mehreren Whiskys allen Mut zusammen und seufzte beziehungsreich: «Sie haben es gut, Sie können viel reisen!»

Mr. L. sagte: «Das ist schließlich mein Beruf!»

«Sie reisen in politicis . . .?» fragte ich.

«Wie man's nimmt», sagte er, ohne überrascht und verlegen zu erscheinen. «Ich bin Handelsvertreter. . .»

Nun war ich überrascht und verlegen: «Was vertreten Sie? Errichten Sie Kraftwerke oder verkaufen Sie Röhren oder Lokomotiven?»

«Aber nein!» rief Mr. L. aus, nahm von einem Tablett eine der grauen Frottee-Rollen, hielt sie mir unter die Nase und sagte: «Riechen Sie mal! Na . . .? 4711, nicht wahr . . .? Das einzige Duftwasser, das auch bei Erhitzung sein Aroma behält . . .!»

Mich weckte telefonisch die Stimme meines Blondchens, wünschte mir einen guten Morgen und einen klaren Kopf und teilte mir mit, daß in der Halle das Frühstück gerichtet sei – die

Maschine sei startklar. Ich stieg in das Wasser des Sitzbades und kochte mit allen Anzeichen eines Herzinfarktes, bis ich krebsrot und dennoch erfrischt aus der Wanne steigen konnte.

Die meisten Passagiere saßen beim Frühstück, das in den mit Geländern abgeteilten Nischen serviert wurde, ich steuerte auf den Tisch zu, an dem Blondchen, Brünettchen und Miss Japan saßen, und versicherte auf die überraschend besorgten Fragen, daß ich wirklich vortrefflich geschlafen habe. Aber wo war Mr. L.? Er werde gleich kommen, sagte Miss Japan, die ihn als den einzig noch vorhandenen Passagier I. Klasse telefonisch geweckt hatte.

Miss Japan behauptete, sie habe Mr. L. erst auf dieser Reise kennengelernt, er habe sie aber interessiert, weil sie in Tokyo von ihm gehört hatte. Mr. L. war einer der ersten Deutschen, die nach dem Kriege Tokyo besuchen durften. In lange schwarze, seidene Hosen und in ein weißes Seidenhemd gehüllt, in der Brusttasche ein silbernes Hämmerchen, ließ er sich damals von einem Taxi durch die noch im Aufbau begriffene Riesenstadt fahren, und überall, wo er einen neueröffneten Laden fand, in welchem Kosmetika verkauft wurden, die Friseurläden, die Drogerien und Apotheken eingeschlossen, fuhr er vor, betrat den Laden und begann schweigend und systematisch sämtliche Fläschchen mit dem blaugoldenen Etikett mit seinem Hämmerchen zu zerschlagen. Die erschrocken herbeieilenden Ladeninhaber belehrte er, daß die Amerikaner sämtliche deutschen Patente, derer sie habhaft werden konnten, beschlagnahmt hatten, auch jene seiner hochachtbaren und weltberühmten Firma, daß aber diese Firma ein eigenes Rezept besitze, nach welchem das Aroma des Duftwassers auch durch die Hitze des Kochens nicht verlorenginge, und dies Rezept sei den Amerikanern nicht in die Hände gefallen, was sie nicht verhindert hätte, überall das Kölnische Wasser in eigener Regie und zu eigenem Nutzen und unter dem alten Namen zu verkaufen. Selbstverständlich werde er, Mr. L., die zerschlagenen Flaschen sofort ersetzen, und ließ sich aus dem Taxi die entsprechende Anzahl reichen, solche mit der guten alten Qualität und noch dazu zu geringerem Preis, und dann nahm Mr. L. sogleich die bereitwillig gegebenen Bestellungen auf. Das hatte sich in ganz Tokyo herumgesprochen, die Japaner schienen viel Sinn für diese Art geschäftlichen Humors zu haben. Mr. L. wurde sehr bald mit einem japanischen Namen belegt, der, grob übersetzt, etwa und dem Sinne nach als «Duftbold» angenommen werden konnte. So reiste er durch ganz Japan, dann durch ganz Ostasien, er soll sogar in Nordkorea, in Nord- und Südvietnam und in China gewesen sein, und hatte mit diesem Trick sehr bald das Monopol für seine Firma aufgebaut. Kein Diplomat hätte mit so geringen Mitteln mehr für sein Vaterland erreicht.

Nun kam Mr. L. Er ging zum Empfang und nahm von den dort ausgelegten Zeitungen. Respektvoll begrüßt entschuldigte er sich bei uns, aber er müsse sich über die gegenwärtige Lage in Berlin informieren. Er blätterte, zerstreut frühstückend, in den Zeitungen.

Die Berlin-Krise! Ich hatte während der ganzen Reise nicht eine Sekunde an Berlin gedacht, ich hatte einfach abgeschaltet.

«Was ist mit Berlin?» fragte die kleine brünette Stewardess und sah uns der Reihe nach fragend an.

Blondchen sagte: «Wie soll ich das wissen? Berlin liegt nicht zwischen Karatschi und Tokyo...»

Brünettchen fuhr hoch: «Aber ich bin aus Berlin!» Sie wandte sich an mich: «Wird es einen Krieg geben?»

Mr. L. legte die Zeitungen weg, es waren lauter ausländische Zeitungen, eine deutsche war nicht dabei. Mr. L. sagte: «Ich glaube nicht. In keiner dieser Zeitungen ist von Berlin die Rede, was nicht der Fall wäre, wenn die Welt ernsthaft etwas befürchtete...»

«In Hongkong wird es sicher deutsche Zeitungen geben», sagte Brünettchen, und Blondchen rief: «Auf nach Hongkong, da ist der Bus!»

Ich fuhr mit Mr. L. im Taxi, aber ich sah so gut wie nichts mehr von Bangkok, denn dieser weltbefahrene Mann begann amüsiert mit einem der Mißverständnisse aufzuräumen, die sich für mich auf dieser Reise anzusammeln schienen, um am Ende mehr oder weniger schreckliche Wahrheiten zu enthüllen. Aber nicht ich, sondern Mr. L. spielte sie durch, mit teilnehmenden Fragen am Anfang, dann mit tröstlichen Versicherungen, und ich erfuhr, daß Mr. L. sehr wohl bemerkt hatte, ich sei wie unter einem dumpfen Druck in die Bar gekommen, und mit seinen Andeutungen lösten sich nach und nach aus immer mehr auflockernden Nebeln gewisse Ereignisse, die mich betrafen und die ich wohl aus dem einzigen Grunde vergessen haben mußte, weil ich sie nicht sogleich produktiv zu formulieren in der Lage war. Jedenfalls wurde mir fürchterlich klar, der schöne Abend hatte unter großem Gelächter geendet: der dicke Delegierte aus Westdeutschland hatte eine der bezaubernden Siamesinnen zum Tanz aufgefordert und hatte hartnäckig darauf beharrt, mit dem lachenden und bereitwilligen Mädchen den großen Bärentanz aus den germanischen Urwäldern um Küserslütern zu tanzen. Bevor einer der amerikanischen Offiziere dazu kam, über die ersten ernsthaften Anstalten hinaus sein Anrecht auf diese Dame mit den in Wildwest üblichen und in jedem Falle weit über das Maß hinausschießenden Mitteln geltend zu machen, hatte, unterstützt von der Phalanx der Lufthansa-Besatzung, die sich geschlossen um den von der schrecklichen Bedrohung offenbar ahnungslosen dicken Landsmann und Passagier versammelte, hatte also Mr. L. sich seinerseits ins Spiel gemischt und gewissermaßen als Bärenführer für einen freundlichen Abgang gesorgt.

Während die Jabos der Amerikaner vorüberdonnerten, bat ich auf dem Flughafen die Stewardessen um Entschuldigung und dankte ihnen, aber sie lächelten freundlich und erklärten, ich hätte sehr zu ihrem Vergnügen beigetragen.

Miss Japan sagte: «Ich mußte an unsere Sumoringer denken...»

Blondchen erklärte: «Ich hätte gern mal mit so einem wilden Bären getanzt!»

Die brünette Berlinerin, etwas aufmupfig, konnte nicht umhin, zu bedauern, daß ich nicht mit den «Ledernacken» in den

Ring getreten sei: «Keine Bange, ich bin als Krankenschwester ausgebildet...» und setzte überraschend hinzu: «Safety first!», und ich beschloß, in einem Brief an die Lufthansa, der illustren Firma zur Auswahl und Ausbildung ihres «Personals» zu gratulieren.

Der Blick aus dem Fenster war ausgefüllt von einer grünen Wand von den Tragflächen und dem Leitwerk bis zum Horizont, der Urwald war von unten nach oben, vom Süden bis zum Norden nur durch eine senkrechte und schnurgerade graue Linie geteilt.

«Das ist die Straße von Saigon nach Hanoi», sagte die blonde Stewardess: «Da unten wird gekämpft – und wie! Und man sieht nichts davon!»

In der Maschine waren alle Köpfe den Fenstern zugewandt. Alles starrte auf die grüne Wand, hinter der nichts zu sehen war. Es war auch kein Laut zu hören, wie über dem Golf von Bengalen – der Metalleib der Maschine vibrierte fast unmerklich, aber gleichmütig und zügig strich die Maschine in großer Höhe über den Urwald von Vietnam. Kein Flugzeug war zu sehen, keine Rauchwolke, keine Zerstörung. «Fünf Mann gehen auf Patrouille, und auf einmal sind zwei weg, einfach weg, werden nie wieder gesehen...»

Dicht neben mir stand einer der hemdsärmeligen Monteure, und ich hörte das leise, berlinische Gebrabbel wie ein Selbstgespräch:

«Von die Art Krieg versteh ick nischt. Ich hab was anderes gelernt. Zwei Jahre bei der Bundeswehr, Panzerputzen und Kampfausbildung. Gegen wen? Gegen den Feind. Gegen welchen Feind? Selbstverteidigung hieß es. Und da wußten wir Bescheid, immer losmarschiert bis zur Zonengrenze, den Feind aufhalten, bis die Atombomben fallen. Und die Amis bauen hinterm Rhein die Rückwärtsverteidigung auf, sie ham ooch Atombomben. Und wir können's uns überlegen, auf wen wir nun schießen sollen. Uff die vorgehenden Mecklenburger und Altmärker – oder auf die zurückgehenden Nato-Pappkameraden. 'nen Urwald ham wa nich bei uns zu Hause, noch nich, vielleicht später mal, die da unten probieren's aus, wie wir's dann machen müssen. Amerika, du hast es besser, sagte der olle Goethe, na ick weeß nich, det is ooch noch nich raus ... Die Amis da unten, die verstehen nur den eigenen Spaß, die Ledernacken! Und wie war's dann in Korea? Da waren uff eenmal so nette, kleene Gelbe, die lächelten immer und, o Schreck, die verstanden den Ami-Humor überhaupt nich, überhaupt keinen Spaß mehr ... Na, prost Mahlzeit, wann jibt's denn wieder wat zu präpeln ...?»

«Vox populi!» sagte Mr. L. hinter mir. Da die Küste – wir flogen über das Südchinesische Meer hinaus. Auf einmal war wieder Bewegung im Raum.

Mr. L. hatte sein dickes Buch in der Hand und setzte sich zu mir. Sicherlich langweilte er sich in seiner I. Klasse. Er sagte: «Diesen Krieg da unten werden die Amerikaner verlieren, sie wissen es bloß noch nicht. Aber de Gaulle wußte es, und ganz Ostasien weiß es ...»

Ich konnte mich nicht enthalten, zu fragen, ob er seine Kenntnisse über Ostasien diesem Buche verdanke, in welchem er während der ganzen Reise schmökere. Mr. L. war keinen Augenblick verlegen. Er lachte und patschte auf das Buch: «Höchst belehrsam und amüsant! Die hervorragendsten Eierköpfe arbeiten in den besten Instituten mit den kostbarsten Computern und mit strengster wissenschaftlicher Akribie. Die Daten, die Fakten, die Statistiken, alles, was sie dann als Resultate ihrer Forschung mit allen Mitteln der Kommunikation der Welt zum besten geben, stimmt. Da ist überhaupt nicht dran zu zweifeln. Sehr belehrsam! Und das Amüsante daran ist, jede Folgerung, die sie aus dem verarbeiteten Material ziehen, beweist nur eines: Sie können alles berechnen, außer eben das, worauf es ankommt, das Unberechenbare!»

Wir flogen über das Südchinesische Meer, und ich sah nichts als die Oberfläche des Wassers.

Die amerikanische Mentalität, meinte Mr. L., sei so selbstsicher in ihrer Fähigkeit zur Perfektion, daß es ihr ganz unfaßbar erscheine, das Ergebnis ihrer Reader's Digest-Philosophie, der amerikanische «Way of life» könne etwa nicht das große Glück der durch die Amerikanisierung immer kleiner gewordenen Welt für alle Völker bedeuten, und wenn etwa das eine oder das andere dieser Völker es vorziehe, seinen eigenen Way of life zu gehen, so war es eben in verstocktem Nationalismus befangen oder aber korrumpiert durch die Herrschaft korrumpierender Schichten, die also auch korrumpierbar sein müßten, wie in Südvietnam, und also sei es der einfachste Weg, sie zu korrumpieren ...

Dazu war viel zu sagen, und wir sagten es, während uns serviert wurde, 12 000 m über dem Südchinesischen Meer, wir leitartikelten ganz schön vor uns hin, über die Probleme in Ostasien und auch in Europa, und wir waren beim «Untergang des Abendlandes» angelangt, als die rauhe Stimme aus dem Lautsprecher verkündete, wir setzten zur Landung in Hongkong an.

Mr. L. begab sich eilig nach vorne in seine I. Klasse, und Blondchen schnallte sich neben mir an. «Sie werden einen der interessantesten Anflüge erleben, es ist in Hongkong alles sehr aufregend!» Und sie leierte herunter, was sie kundendienstlich zu sagen hatte: «Seit 1841 britische Kronkolonie, an der südchinesischen Küste, südöstlich von Kanton, etwa 1000 Quadratkilometer groß mit dreieinhalb Millionen Einwohnern, davon nur etwa 25 000 Nichtchinesen, der letzte britische Militär- und Handelsstützpunkt auf dem chinesischen Festland –» und fügte in einem ganz anderen Tone hinzu: «Und wenn der olle Mao die Briten mal ärgern will, dann läßt er ganz beiläufig eine Million Leute, die sich als Flüchtlinge bezeichnen, auf Hongkong los – da, schauen Sie einmal: wo sollen die Unterkunft finden in Hongkong, wenn Hongkong schon sowieso aus den Nähten platzt?»

Die Maschine kurvte und sank. Ich sah die Oberfläche des Wassers nicht mehr – Tausende von chinesischen Dschunken drängten sich dicht, Bord an Bord, jedes Deck belebt von einer Unzahl von Menschen, und ich hörte die Stimme der Stewardess: «Hongkong heißt auf chinesisch Hiangkiang, und das wiederum heißt auf deutsch: Tal der Duftenden Wasser – man kann es direkt riechen ...»

Und nun sah ich beim beständigen Kurven der Maschine einen Farbfilm mit verwirrenden Einstellungen, abrupt hintereinandergesetzt und ohne Blenden, riesige Betonklötze mit Hunderten von Fenstern und Balkonen, auf deren jedem die bunte Wäsche flatterte, dann Hütten und Baracken, die Bergwand emporkletternd, ein Fährdampfer teilte eine Flotte von Dschunken und strebte zielsicher auf den Festlandsabhang zu, der mit spärlichem Grün weiße Villen zu verdecken suchte bis zur dunkelbewaldeten Höhenkuppe. Große Ozeaner blockierten Werften, hohe Schornsteine reckten sich dicht an dicht, und plötzlich nahm die Maschine eine Bergwand an, stürzte auf sie zu, links reckte sich ein Felsen bedrohlich, nun legte sich die Maschine schräg, noch schräger, wie auf der einen Tragfläche tanzend, sie begann bedrohlich zu beben und raste dann auf den Abhang zu, links kam die Tragfläche meternah am Fels vorbei, meternah fegte die Tragfläche rechts über einen steinig gelben Hügelbuckel – die Stewardess sah mich prüfend an, sie lächelte mir beruhigend zu: «Das war's! Unser Käptn macht das aus dem Handgelenk, Spezialist für den Anflug auf Hongkong ...!»

Wir waren durch, die Maschine lag wieder wie ein Brett. Sie strich über die Dächer von hohen Häusern, ganz dicht, enge Straßenzüge, Schluchten der Großstadt, gefüllt mit wimmelndem Verkehr, und gleich darauf: ein Schuß zur Erde, und die Maschine setzte auf einer schmalen Piste auf und bremste sogleich so, daß sie sich schüttelte und rüttelte, und schließlich, ohne jenes beruhigende Ausrollen stand sie mit einem harten Ruck. Sie stand meterweit vom Ende der Piste, die auf die Wasser des Hafens hinausführte. Sie mußte sich fast auf der Stelle drehen, um zu wenden, und dann rollte sie langsam zu den Gebäuden des Flughafens.

Ich hatte den Atem angehalten, und die Stewardess sagte: «Nun können Sie die Luft wieder rauslassen. Mir geht's auch immer so, wie Ihnen jetzt!»

Im Transitraum saß Mr. L. schon auf einem mageren Stühlchen und hatte sich einen fetten Stoß Zeitungen besorgt, in einer deutschen Zeitung las er mit besorgter Miene. Er meinte blätternd, die Berlin-Krise scheine sich doch zugespitzt zu haben, auch die ausländische Presse beschäftige sich, sogar mit bedrohlichen Schlagzeilen, mit Berlin als einem Brennpunkt der internationalen Politik.

Und wir waren in Hongkong, nicht in Berlin, und Hongkong war ebenso eine von Problemen gewittrige Stadt wie Berlin, nur daß hier der «Brennpunkt» sozusagen Natur war, während die fiebrige Atmosphäre um Berlin doch künstlicher Herkunft zugeschrieben werden mußte, ausbaldowert nach dem Ping-Pong-Spiel der beiden mächtigen Kontrahenten, die sich nach gemeinsamem Siege nun im Gleichstand zum Status quo entschließen mußten. Aber das große Spiel um die Weltmeisterschaft ging ja weiter im Kampf um die Konzepte, nach denen die Welt geordnet werden sollte. Und diese Welt blickte wie gebannt in die Karten, die auch ihr Schicksal bestimmen, ohne daß sie es lenken können, während zumindest in Hongkong ein lächelnder Mao als Kiebitz sich rüstet, bei passender Gelegenheit mitzuspielen. Berlin-Krise oder Hongkong-Krise, gleichviel, Krisen sind Nährböden akuter Entscheidungen, in denen die elementaren Kräfte stärker werden als die berechneten. Ein einziger Kurzschluß konnte, wie so oft in der Weltgeschichte, die Katastrophe auslösen, eine Betrachtung, wie sie in der Weltpresse bei jeglicher Parteinahme nur das vage Gefühl zu vermitteln erlaubte, daß dieser Zustand unerträglich sei.

«Das Gerangel in Berlin», sagte Mr. L., «kann doch nur bedeuten, daß beide Kontrahenten am Ball bleiben wollen. Die Dinge, um die es wirklich geht, die Felder der Entscheidung liegen doch wohl in Ostasien! Sie haben einfach geteilt, hier wie dort, wenn sie nicht weiterkamen. Aber hier sind ganz andere Mächte am Werk, das so geniale Spiel zu stören. Denken Sie daran, wenn wir über Formosa fliegen ...»

Die Oberfläche des Meeres, des Pazifischen, des Stillen Ozeans, glänzte in erhabener Ruhe, eine glatte, hellgrüne Fläche. Wir sahen, während serviert wurde, ein Atoll, kleinwinzig unten liegen, mit einer einzigen, schräg geneigten Palme, wir sahen ein Schiff, einen 45000 Tonner, wie uns der Käptn mitteilte, wie eine Kellerassel, und wir sahen den silbernen Pfeil der «Gegenmaschine» aus Tokyo.

Und wir sahen Taiwan, einst Formosa genannt, eine schöne Insel, wie es schien, fruchtbar und bebaut, ein hügeliges Land mit drei hohen Gebirgsketten, bewohnt von 11 Millionen Eingeborenen und einer Million chinesischer Soldaten, der Armee des großen Bruders Tschiang Kai-schek, bereit, die Volksrepublik China – 750 Millionen – zu erobern.

Da hauste sie also, die Fremdenlegion des Pentagon, und dies Stück China, den Japanern abgenommen, war Vollmitglied in der UNO, dank der genialen Politik der USA – und etwa kein Krisenherd? Da lag es, schön und friedlich in der Abendsonne. Keine Schlagzeile in der Weltpresse? Keine!

Sic transit gloria mundi! Sun Yat-sen, der große Revolutionär der Kuomintang und Tschiangkaischek, dessen genialer Feldherr – die ersten Schöpfer des modernen China, wahrhaft bedeutende Männer der Weltgeschichte – vorbei, vorbei... Mir wurde elend zumute, als ich an ihren Untergang dachte, an diese Opfer der Überlappung der Ideen und Tatsachen der Geschichte, in der die Revolution wie die Reaktion die eigenen Kinder frißt, Anzeichen auch für den Untergang des Abendlandes – und mir blieb elend zumute, ich saß allein in der Dunkelheit, ich war müde und verwirrt, wir würden erst um Mitternacht in Tokyo sein, die Reise war zu Ende, und ich war am Ende, es würde niemand am Flughafen sein. Ich hatte Angst vor Tokyo, Angst vor allem, was mich dort erwartete und was mir dort zu tun aufgegeben war und dem ich in der Wirrnis, in der ich mich befand, nicht gewachsen zu sein glaubte. Ich sehnte mich nach Hause, nach meiner Zelle mit den vielen Büchern, in die ich mich nun schon so lange zurückgezogen hatte, und der einzige Trost war der Gedanke, ich kam ja viel zu spät, es blieb mir die schöne Möglichkeit, mit der nächsten Maschine weiterzufliegen, auf der Route über den Nordpol ... ich konnte in achtzehn Stunden wieder in Hamburg sein.

«Bitte, sich anzuschnallen und das Rauchen einzustellen!»

Im Fenster glühte aus der schwarzen Nacht ein riesiges, dunkelrot glitzerndes Geschwulst. Tokyo – rubinrot glitzernd, ein Karfunkel-Karbunkel, Schmuckstück oder Geschwür, unheimlich wie ein nur elementares Gebilde, die größte Stadt der Welt, 12 Millionen Eihnwohner, dichtgedrängtes, auf einen einzigen Klumpen zusammengebackenes Ruhrgebiet, unter einer Dunstglocke, die jedes Licht aufschluckt und in rötlichem Funkeln wiedergibt, Höllenschlund, bereit, mich zu verschlingen.

Jetzt plötzlich grelles Neonlicht, blinkendes Wasser, aufsetzen, ausrollen ...

Tokyo.

II

Yuriko

Mitternacht.

Gleißende Helligkeit aus Neonröhren, Höllenlicht der Zivilisation. Ein Zerberus hatte mir schweigend und unbewegten Gesichts ein Visum für 60 Tage in den Paß gestempelt. Ein zweiter ließ mich schweigend und unbewegten Gesichts die Sperre ohne Zollkontrolle passieren.

Da stand ich nun, müde, erschöpft, verdrossen, und blinzelte den letzten Passagieren nach, die dem Ausgang zustrebten. Die Hitze hatte mich überfallen wie in der Hölle von Bahrain – mit einem Schlag, der mir den salzigen Schweiß von der Stirn in die Augen trieb. Ich war nun ganz allein, so, wie ich es befürchtet hatte. Ich sah niemanden, der mich erwartete.

Doch da hörte ich eine Stimme, eine leise Stimme wie die des Gewissens «Willkommen in Japan» sagen. Ich wischte mir die Augen aus und sah:

Wie aus dem fahlen Nebel einer Gewitterwolke war ein junges, japanisches Mädchen getreten, es stand vor mir, klein, zierlich, grazil mit schwarzem Wuschelhaar, weiße Bluse, schwarzer Rock. Das Mädchen reichte mir Blumen und lächelte. Land der Blumen, Land des Lächelns, ein Traum begann.

Ich beugte mich vor, mir das Gesicht Japans genau zu betrachten: ein kleines, zartes, unendlich bewegtes Gesicht, mit einem lebendigen Lächeln und großen, dunkelblitzenden Augen und in den Augen goldene Fünkchen.

«Bitte, ich bin Ihre Dolmetscherin!» sagte das Kind, und das Lächeln vertiefte sich. Um die Nase gewitterte es ein wenig wie um ein Kaninchenschnäuzchen, und die leise Stimme setzte fort: «Und ich will Ihnen gleich gestehen, ich bin im Dolmetscherexamen schon zweimal durchgefallen!»

Die Gewitterwolke entlud sich mit einem Blitz. Das war der berühmte Coup de foudre.

«Wie schön!» konnte ich, bis ins Herz getroffen, nur sagen.

Und setzte erst nach einer kleinen Weile fort: «Ich freue mich, daß mich Japan durch niemanden anderes wie Sie begrüßt! Wie darf ich Sie nennen?»

Das Mädchen sagte: «Ich heiße Yuriko, Yuriko Yoshida!»

«Wie schön», sagte ich, «auch der Name ist schön ...!»

Und Yuriko erwiderte, indes sich wieder das Kaninchenschnäuzchen krauste: «Ja, bitte, aber es ist ein ganz gewöhnlicher Name, gar nicht selten, viele werden in Japan so genannt, bitte, wie in Deutschland, ja, wie in Deutschland wie Lieschen Müller ...!»

So was liebt man doch, so was liebt man doch rettungslos!

Und Yuriko sagte: «Bitte, hier ist Professor Seiei Shinohara, Germanist an der Universität Metropolitain, Professor Shinohara will Sie im Namen des Kongresses begrüßen!»

Wie ein Schatten aus dem Licht aufgetaucht stand da ein schlanker, knochiger Herr mit einem schwungvollen Schopf grauer Haare, in der Hand hielt er ein Schild, auf dem mein Name gemalt war, schön klar und in Antiqua.

Ich sagte schnell zu Yuriko: «Ich freue mich sehr. Und wie begrüßt man sich in Japan?»

«Bitte», sagte Yuriko, «ich will es Ihnen gern zeigen, aber es ist bitte ein wenig – wie sagt man? – umständlich ... Bitte, sagen Sie einfach ‹Guten Tag›, oder nein: ‹Gute Nacht!› – oder nein, einfach ...»

«Reichen wir uns einfach die Hand, wie es in Deutschland üblich ist», sagte Herr Shinohara, er grinste ein wenig und schüttelte mir kräftig und männerdeutsch die Hand. Und auf einmal war auch noch ein junger Japaner da, ein magerer Junge, der seine Tolle mit einem Schwung des Kopfes aus der Stirn schleuderte und meine Handtasche ergriff. Ich reichte auch ihm die Hand, und er lächelte mir zu und strebte schon dem Ausgang entgegen.

Herr Shinohara nahm mich freundschaftlich beim Arm – und ich hatte irgendwo gehört oder gelesen, Japaner scheuten jede körperliche Berührung außer im Kampf.

Ich glaubte, mich wegen meines Zuspätkommens entschuldigen zu müssen, aber er sagte im besten Deutsch ohne eine Spur von Akzent: «Wir freuten uns auf Sie, und wir hatten Zeit...» und Yuriko sagte: «Bitte, der Kongreß war – oder sagt man verweilte...?»

Ich unterbrach sie schnell: «Alles, was Sie sagen, ist richtig, Yuriko!»

Sie zog ihr Schnäuzchen und setzte fort: «Alle waren heute in Hiroshima, zur Eröffnung, und morgen ist die erste Arbeitstagung!» Auch Yuriko sprach ganz ohne Akzent Deutsch, aber doch in Ton und Timbre voller Geheimnisse, hinter die zu kommen ich sogleich entschlossen war.

Da stand schon ein Taxi, angehalten offenbar von dem geschmeidigen Jüngling in Blue jeans und Pulli, der meine Handtasche trug. Professor Shinohara zögerte vor dem Einsteigen, er sagte: «Wir dachten, Sie wünschten vielleicht, im Hotel Imperial abzusteigen?» Das Imperial war eins der üblichen internationalen Hotels, ein Freß- und Wohn-Palast, Mr. L. wohnte dort und fast alle Kollegen von Presse und Fernsehen – danke schön.

«Bitte nicht», sagte ich, «ich bin zum ersten- und vielleicht auch zum letztenmal in Japan, – oder sagt man Nippon?»

«Wie Sie wünschen», erwiderte Herr Shinohara, «aber ich denke, ‹Japan› wird Ihnen geläufiger sein!»

Und Yuriko setzte hinzu: «Bitte, ich denke, Sie wollen japanisch wohnen?»

«Ja», rief ich. «Gern!»

Und Yuriko lächelte und sagte: «Sehen Sie, Sie werden nicht haben sagen wollen: ‹nipponisch›.»

Ich saß vorn neben dem Chauffeur, und ich hatte alle düsteren Visionen vergessen, ich sah Tausende von grellen Lichtern aller Bonbonfarben auf mich zukommen, ich hatte die Hitze vergessen und alle Beklemmungen, ich war nicht mehr allein, hinter mir, der ich, wie es der Gestalt eines Sumoringers zukommt, vorne bequem saß, quetschten sich die drei schlanken Japaner, und ich blickte nicht mehr auf die lange, gerade, nächtliche Straße, die nach Tokyo führte, vor hundert Jahren noch «Edo» genannt, ich richtete den Innenspiegel so, daß ich Yurikos Gesicht sehen konnte. Sie plauderte auf japanisch mit dem jungen Menschen.

Professor Shinohara, geschmeidig wie sein Vorname Seiei, sagte: «Da vorne die roten Lichter, das ist unser Funkturm! Wir sind so stolz, es ist der höchste Turm der Welt für die größte Stadt der Welt. Aber, Hochmut kommt vor dem Fall, Sie können die Spitze des Turmes nicht sehen, sie liegt immer im Dunst, der über der Stadt lagert. Ganz oben haben Sie die berauschende Aussicht über die ganze Stadt bis zum Fudschijama, aber von Tokyo ist nichts zu sehen als schmutzigbrauner Dunst, und der Berg ragt nur bei sonnigem Wetter mit seiner Schneespitze über der braunen Soße, Vanilleeis über warmer Schokolade...»

Jetzt überfiel mich wieder die Müdigkeit, die Straße dehnte sich, sie zog sich und zog alle Bilderfetzen ineinander. Ich wäre eingenickt, wenn mich ein Blick in den Rückspiegel nicht von Zeit zu Zeit erfrischt hätte. Aber mir rann der Schweiß wieder in die Augen, sie brannten, und als das Taxi anhielt, taumelte ich beim Aussteigen. Der junge Mann stützte mich, ich sah Bäume und kleine, hölzerne Häuser in japanischem Stil und Yurikos besorgtes Gesicht, und die roten Lichter des Funkturmes kreisten vor meinen Augen im schmutzigrotbraunen Himmel, und ich hörte Professor Shinoharas Kolleg: «Im Prince-Hotel tagt der Kongreß morgen, das Hotel war früher der Palast eines kaiserlichen Prinzen. Sie wohnen im Annex, am anderen Ende des Parks, das waren früher die Gebäude der Hofbeamten. Bitte, schlafen Sie gut!»

Ich war in meinem Zimmer. Da stand ein breites, niedriges Bett, mit einer langen Kopfrolle, und da lag ein blauer Kimono, und da standen Pantoffeln aus Reisstroh, und da war noch ein Schränkchen und ein kleiner Tisch, sehr niedrig, und die eine, breite Wand mußte aus Papier sein oder einem papierähnlichen Stoff, so durchsichtig-undurchsichtig, und neben dem Fenster oder der Wand war ein häßlicher grauer Kasten angebracht, aus dem es knackte und zischte – die Klimaanlage, abstellen, aber wie? Und wo ist das Klo? Aha, Alt-Japan-Nippon, das Klo war ebenso groß wie das Zimmer, mit Sitzbadewanne und Dusche, alles in Ordnung? Alles in Ordnung in Nippon-Japan! Nur ich war nicht in Ordnung, der Kimono war mir zu klein, natürlich, aber das Hotel hätte wirklich auch mit der Statur von Sumoringern rechnen können, die Kopfrolle, sie knisterte, sie war wohl mit Reisstroh gefüllt, Yurikos Stimme, dies Knistern und Wispern war in ihrer Stimme, und von draußen zirpte es herein, Grillengezirp – auch in Yurikos Stimme, die dünne Leinendecke war schnell zerknüllt, bloßgestrampelt lag ich da. Ich bin in Tokyo, in Japan angekommen und angenommen, und was soll ich da? Ich muß mich erinnern, ich habe es mir noch nie formuliert, vor Abenteuern wird gewarnt, eine etwas unruhige Zeit durch eine neue Liebelei, Sie müssen sich strenger kontrollieren ... kontrollieren ... kontrollieren ...

Da liegt er nun in einem japanischen Hotel, 60 Jahre alt, 200 Pfund schwer, 1,78 m groß, Familienstand: verheiratet, vier Kinder, mit trockenem Rachen, geschwollenen Drüsen und voller Gift, da wälzt er sich, nackt wie ein Frosch, bloßgestrampelt und hält die Kopfrolle frustrierend umklammert wie eine Frau, an ihr nicht die Wärme, sondern die Kühle suchend, gepeinigt und gejagt von den Fratzen und Fetzen der Nachtgesichter und Wachträume, von peitschenden Impressionen der Reise, der immerwährenden Polemik gegen sich selbst in seiner beweinenswerten Ich-Bezogenheit, Zeuge einer Zeit, welcher er nicht mehr tätig angehört, sondern als «leidenschaftlich beteiligter Betrachter», im Kampf mit Formulierungen, im Kampf mit dieser vertrackten deutschen Sprache, die das Tun mit dem Handeln synonym setzt, aber nicht den Täter mit dem Händler ...

Was will er eigentlich? Etwas tun, was einen Sinn in sich trägt, in der Betrachtung den Weg suchend, der ihm den Sinn vermitteln soll – die Frage nach dem Sinn, die erste Frage der Menschheit –, aber da ist eine Leere, und die Natur duldet kein

Vakuum, da ist die Angst vor der Leere, und Angst macht entweder hysterisch oder dumm. Die Angst, typische Krankheit unserer Zeit, das große Unbehagen, die Beschäftigungsneurose, die faule Ausrede. Es geht doch den Leuten recht gut, sie haben alles, wonach sie sich ein Jahrhundert lang sehnten, und sehnen sich nun nach mehr. Auch ihm ist es doch die letzten Jahre gut gegangen, besser als je zuvor, er hat alles, was er vorher nicht hatte: Familie, Besitz, er hat noch mehr als die meisten seiner Landsleute, er ist frei, unabhängig, er kann nach den Maßen seines Lebens leben, auf dem Lande, nicht unter der Masse in den Städten, in gesunder Luft, Grundstück an einem See ... Was will er mehr? Er lebt in Frieden und Freiheit, und Frieden und Freiheit ist die große Parole aller Völker in unserer Zeit. Die Freiheit ist ein Traum, und der Friede auch: die Lösung aus dem Effeff, die Lösung, welche die ganze Welt mit allen ihren Widersprüchen einte gegen die Hybris des entsetzlichen Krieges, der nach dem Willen der Sieger der letzte sein sollte und konnte, wenn nicht die Pest des Besiegten auf den Sieger übersprang. Die Lösung aus dem Effeff blieb ein Traum.

Er weiß das natürlich, wie es alle Welt weiß. Im Traum schreit er plötzlich sein «Tja-ja», wie immer, wenn sich ihm eine beglückende Lösung in ihrer Selbstverständlichkeit anbietet, und er schreit «Nein», wenn im kurzen Erwachen die erlösende Formulierung zersprüht. In der Unruhe seiner Nächte schreit er oft, wenn ihn die hungrige Meute der Zweifel jagt.

Ich konnte nicht schlafen in dieser ersten Nacht in Japan. Es trieb mich hoch, die Luft war zum Ersticken. Ich versuchte, die Klimaanlage stillzulegen, aber das scheiterte an meinem technischen Unverständnis. Ich hatte kein Licht gemacht, weil ich den Schalter nicht fand. Von draußen drang ein zarter Schimmer ins Zimmer, er bleichte die undurchsichtigen Fenster, die von der Decke bis zum Boden reichten und auf denen nun die merkwürdigen Arabesken prangten, exotische Tiere klebten dort, Eidechsen wohl oder Geckos, die sich mit den Saugnäpfen ihrer Zehen dort festgesogen hatten. Von draußen schrillte das Zirpen von Grillen oder Zikaden, ich versuchte, die Fenster zu öffnen, sie ließen sich endlich beiseite schieben, und ich trat, nackt wie ich war, in einen kleinen Garten, einen japanischen Garten, wie ich ihn von vielen Abbildungen her kannte, der Garten gehörte zu meinem Zimmer, das war sofort deutlich, er war von einer hohen Mauer umschlossen, er gehörte mir und niemandem sonst. Da war fremdartiges Gebüsch, ein einziger, etwas größerer Baum, ein Ginkgo biloba mit seinen zweigeteilten Blättern, und Zwergkiefern, die wie verkrüppelt schienen, aber richtige, kleine Bäume waren, japanische Züchtungen, und eine kleine, geschwungene Brücke japanischen Stils führte über ein kleines Gewässer, über einen Miniatursee, in welchem ein Goldfisch, ein einziger Goldfisch schwamm, aber prächtig leuchtend in seinen Farben und von behäbiger Statur. Der Himmel über dem Garten war rötlich-braun, niedrig und drükkend. Aber dieser Garten, dies kleine, künstliche japanische Natur-Gebilde war voller Zauber und Frieden.

Auf kleinem, schmalem Pfad, aus Kieseln gebildet, wanderte ich langsam in seltsamen Kurven und einer Serpentine über einen kleinen Hügel, die Grillen verstummten für eine kleine Weile, begannen dann aber wieder in höheren Tönen zu zirpen. Hier mußte es sich trefflich meditieren lassen. Aber es war heiß, bedrückend heiß, und die Luft war feucht. Ich trat in mein Zimmer zurück und schob die Wände wieder zusammen. Die Eidechsen hatten sich nicht gerührt, ihre skurrilen Formen zeichneten sich ab wie auf manchen japanischen Bildern, ohne Perspektive, aber in ihren Zeichnungen die Wand höchst formal einteilend.

Ich wanderte auf den Bastmatten auf und ab, das Zimmer war etwas größer als eine Zelle, und da war das Bad. Sicherlich bedeutete für die Japaner die häufige, nächtliche Baderei in kochend heißem Wasser mehr als das Bedürfnis zur Sauberkeit, welches in diesem Klima zwingend war, es bedeutete mehr, es mußte einem Kult ähnlich sein, jenem Kult, der die Fähigkeit zur Meditation steigert. Ich ließ das Wasser in die Wanne, es war sehr heiß, aber ich stieg über ein Stüfchen hinein, den Schreck über das Aussetzen des Herzens bewußt auskostend, und schloß die Augen, auf eine Konzentration der Gedanken wartend. Aber es stellte sich ein Bild ein, eine Erinnerung, plastisch und von einer unheimlich magischen Bedeutung, als hätte ich es gestern erlebt.

Ich erlebte es vor sechzehn Jahren und nicht allein. Es war im Interniertenlager in Natternberg, in der Donauniederung, in Süddeutschland also. Ich hatte nicht schlafen können, ich war, obgleich es streng verboten war, vor die Tür der Baracke getreten. Der Himmel flammte, es troff violett und zuckte rot und in grünlichen Tönen, dann in fahlem Gelb, in rollenden Bändern, in flackernder Bewegung durchstreiften Strahlen in allen Regenbogenfarben den schwarzen Himmel, bis sich die stumpfe Schwärze wieder violett auffüllte, von grauen, opalen schimmernden Wolkenmassen umwogt – der Himmel drohte einzustürzen, in Flammen aufzugehen, der ganze Himmel, nicht nur im Norden, eine Krone bildete sich im Süden, Lichtbogen umsäumten sie, trugen sie empor, sie wölbte sich zu einem riesigen Pilz, der ganze Himmel tobte im Aufruhr und in unheimlicher Stille.

Aus allen Baracken quoll es nun, aber keine Schüsse fielen von den Wachttürmen, die Internierten, die Erniedrigten und Beleidigten standen und starrten stumm zum Himmel hinauf. Es wagte niemand zu sprechen, aber alle waren angesprochen, das schreckliche Himmelszeichen zu deuten, wie ich es deutete, das einfache physikalische Phänomen des leuchtenden Gases im Nordlicht, des Stickstoffes, als Zeichen eines schrecklichen Unterganges. Wenige Tage später erfuhren wir von der Bombe von Hiroshima.

Ein Bild aus der Erinnerung also hatte sich mir im heißen Bad angemeldet, es war nicht geeignet, mir die innere Ruhe zu verschaffen, die göttliche Gewißheit, welche dem Vernehmen nach das Ergebnis der Meditation zeitigen sollte.

Die Inder, so war berichtet worden, erreichten ihren Zweck durch eifrige Nabelschau. Aber ich war kein Inder, kein Fakir und weiser Guru, dessen Meditationen zu Ergebnissen führten, die, mitgeteilt, heiligmäßige Glaubwürdigkeit ausstrahlten. Natürlich vermochte äußerste Konzentration das Bewußtsein aus dem Unterbewußtsein zu lösen, es war gewissermaßen ein literarischer Trick, der sich bei gewissenhafter Kontrolle schamhaft verbirgt, den Prozeß kaschierend mitzuteilen gab es die Möglichkeit, die innere Stimme als eine von außerhalb zu Worte kommen zu lassen. Das, was nun im langsam erkaltenden Sitzbad zu mir sprach, mochte sehr wohl eine innere Stimme sein, aber sie gab doch nur das wieder, was ich einmal formuliert hatte und also nicht vergessen.

Die Bombe hatte dem entsetzlichen Kriege, der Ausgeburt eines Krieges das gleichwertige Ende gesetzt, das entscheidende Siegel unter der Urkunde vom Ende aller Kriege. Mit diesem Ende hatte unsere Zukunft begonnen.

Spätestens mit dem Korea-Krieg hatte es sich gezeigt, daß der Friede, den die Bombe garantieren sollte, eine Lüge war, und den resignierenden Schluß zugelassen, es sei notwendig, mit der Bombe zu leben, das schmähliche Einverständnis, die korrumpierende Einsicht mit der einzigen Aussicht, «to make the best of it», und damit den betrügerischen Status quo zu zementieren. Diese fatale innere Bereitschaft ließ uns nach der totalen Kapitulation, nach der Tabula rasa des völligen Zusammenbruches, als Rettung aus der Not sogleich die Ordnungen und die Konzepte je nach der besetzenden Macht annehmen und uns nach ihren Bedingungen einrichten. Wir haben mit der eigenen Souveränität auch den Willen zu einer eigenen Bestimmung verloren, zu einem eigenen Kulturwillen, zu einem Leben nach unserer Form, nach unserem «Way of life». Die «Ostermärsche» konnten keinen anderen Sinn haben, als zu demonstrieren, daß es Menschen gibt, welche nicht gewillt sind, die Atombombe anzuerkennen als ein Mittel des ordnenden Willens. Die großen Kulturen der Welt sind in ihrer Geschichte alle durch ihre Religionen bestimmt, durch Glaubensgemeinschaften, die allesamt darauf gerichtet sind, die Naturkräfte zu bändigen, und keine, sie gegen den Menschen zu entfesseln.

Die Entfesselung der Naturkräfte gegen die Werke und Ordnungen der Menschen als einzige Garantie, den Frieden zu erhalten, hat sich als eine Lüge erwiesen. Die Ostermärsche weisen aus, daß es Menschen gibt, die nicht gewillt sind, in der Lüge zu leben. Sie proklamieren eine andere innere Bereitschaft, den Frieden gegen den Krieg zu setzen, für eine Zukunft, die schon begonnen hat.

Es waren wenig genug Menschen, die zu den Ostermärschen kamen. Und für mich war es keine Frage, ob ich an ihnen teilnehmen sollte oder nicht, es war jedenfalls keine Frage der Politik oder einer politischen Einstellung. Bindend war für mich immer der Leitspruch Goethes im «Vermächtnis»: «Geselle dich zur kleinsten Schar...!» Es war zu der Zeit, als achtzehn Göttinger Professoren, die Kernphysiker, die an dieser Universität sich verpflichteten, die Ergebnisse ihrer wissenschaftlichen Forschung nicht den Mächten zu überantworten, welche sie zu den Zwecken der Erzeugung neuer Kriegswaffen mit der Wirkung globaler Zerstörung mißbrauchen würden.

Ich hatte mich publizistisch mit dieser Verpflichtung der für die Frage sicherlich kompetentesten Gelehrten befaßt, und als ich die Einladung aus Japan erhielt, fand ich es angemessener, die Göttinger Professoren in Japan zu Wort kommen zu lassen, muß aber doch bekennen, daß mich das freundliche Anerbieten zu einer Reise, die ich mir sonsthin niemals leisten konnte, doch beglückte, zumal in Hiroshima mir vielleicht Impressionen vermittelt werden konnten, die mich befähigten, Substantielleres über den ganzen Fragenkomplex auszusagen. Und nun war ich angelangt, ungewiß, wie es sich weiter entwickeln werde. Das Wasser des Bades war erkaltet, ich ging noch eine Weile im Zimmer auf und ab, sechs Schritte hin und sechs her, wie es aus gegebenem Anlaß meine Gewohnheit geworden war, nun auch in dieser neu gewonnenen Zelle, bis mich eine neue Müdigkeit übermannte, welche mir den Gleichmut vermittelte, mit dem ein Mann dem Ungewissen begegnen sollte.

Das Telefon weckte mich, und eine kleine, zwitschernde Stimme sagte: «Guten Morgen, es ist schon spät, bitte kommen Sie sofort!»

«Guten Morgen, Yuriko, aber ich liege noch im Bett!»

«Oh ...!» Kleine Pause. «Bitte kommen Sie sofort!»

Da war ein neuer Ton in Yurikos Stimme.

«Also Baden, Rasieren, Anziehen überflüssig?»

«Bitte, wir haben keine Zeit. Bitte, machen Sie schnell – heute die Tagungsordnung, sehr wichtig!»

«Und Frühstück ist nicht wichtig?»

Kleine Pause.

«Bitte, Sie werden beim Frühstück abgeholt!»

Klick.

Einsames Kontinental-Breakfast im überraschend großen, kahlen Restaurant des Annex-Hauptgebäudes. Drückend heiß, die Ventilatoren surrten, die abgegessenen Frühstücksgeschirre an den anderen Tischen wurden von einer schweigsamen und sprachunkundigen älteren Aufwärterin abserviert. Ich saß mit dem Blick zur Tür.

Professor Shinohara und der schweigsame junge Mann sowie ein dritter Japaner, ein junger Herr, dezent westlich gekleidet und wie seiner Würde gewiß, traten ein – sie blieben am Eingang stehen und blickten mir ernst entgegen, also erhob ich mich und ging auf sie zu. Jetzt lächelten sie wie auf Kommando, und Shinohara mahnte: «Es ist höchste Zeit!»

Nippon expects that every man will do his duty.

Die Herren wirkten ungemein offiziell, bis sie mir ihre Visitenkarten überreichten. Es waren sehr eindrucksvolle Visitenkarten, auf der Vorderseite in japanischen Schriftzeichen, rückseitig aber in deutsch. Ich suchte in meiner Brieftasche und fand tatsächlich noch eine vergilbte Karte, die ich Herrn Shinohara überreichte, der auf der Rückseite mit Bleistift seine eigene Adresse vermerkte. Herr Makato Shimizu war a. o. Professor für Zivilrecht an der Tokyo Metropolitain-Universität, und der junge Mann hieß Masayoshi Yoshida – Yoshida wie Yuriko?

Die Herren waren mit mir durch den Austausch der Karten in eine herzliche Intimität getreten und versicherten mir lachend, der Name Yoshida sei in Japan so häufig wie der Name Müller in Deutschland, Herr Shinohara grinste, wir hätten in Deutschland doch auch einmal einen Reichskanzler namens Müller gehabt und wir in Japan einen Yoshida als Ministerpräsidenten. Der schweigsame Yoshida, der meine dünne Aktentasche trug, war Maler.

Es stellte sich heraus, daß alle drei Herren meine Dolmetscher waren, und ich fühlte mich auf eine unbehagliche Weise sehr geehrt. Wir gingen durch den Park zum Prince-Hotel, dem Hauptquartier des Kongresses. Im Hotel, einem prächtigen Bau von Schloßcharakter, lieferte mich meine Eskorte am Schalter für «Germany» ab. In der Halle des Hotels herrschte ein lebhaftes Treiben zwischen den Vitrinen mit japanischen Luxusartikeln, besonders aber an den Schaltern, die eigens für diesen Kongreß eingebaut waren. Nur vor dem deutschen Schalter drängte sich niemand, die Herren Dolmetscher waren plötzlich verschwunden, nur meine Aktentasche lehnte am Schalter, und ich stand allein vor einer gänzlich veränderten Yuriko.

Die Dame hinter dem Schalter blätterte mit unbewegtem Gesicht in mehreren Papieren, sie trug, gleichsam um den ganzen Ernst ihrer Dienstauffassung zu demonstrieren, ein schwarzes Samtband um den Hals, den eine strenge, aber blütenweiße Bluse freigab.

Jetzt geruhte die Dame, von mir Kenntnis zu nehmen. Sie blickte auf und sagte: «Sie kommen spät!» und machte ein Kaninchenschnäuzchen. «Professor Yasui hat mit seinem Report schon begonnen.»

«Das ist fein», sagte ich, «und bitte, wer ist Professor Yasui?»

«Aber das ist doch der Präsident des Kongresses!»

«Entschuldigen Sie bitte, er hat mir seine Visitenkarte noch nicht überreicht. Und Sie auch noch nicht!»

Yuriko riß einen kleinen Zettel aus einem Notizbuch,

schrieb einige Zeilen und schob ihn mir zu: «Bitte!»

Ich las Yuliko Yoshida – und sie wohnte in dem Stadtteil Setagaya-Ku. Neben dem Schalter hatte ich einen Stadtplan entdeckt. Herr Yoshida wohnte in Minato-Ku, beide Stadtteile waren recht weit voneinander entfernt, was mich mit einer tiefen Befriedigung erfüllte.

«Schönen Dank, Yuliko», sagte ich.

Aber die Dame blieb streng: «Professor Yasui erwartet Sie, um Sie dem Kongreß vorzustellen!»

«Aber er weiß doch gar nicht, wer ich bin!»

«Er weiß es ganz genau! Und bitte, wo ist Ihr Report?»

«Mein was?»

«Ihr Bericht über die Fortschritte der Friedensbewegung in Westdeutschland natürlich!»

«Natürlich! Aber ich habe natürlich gar keinen!»

Yuriko seufzte tief auf: «Dann müssen Sie ihn sofort schreiben! Ich werde ihn abtippen.»

«Können Sie denn das? Ich meine, Sie können meine Handschrift nicht lesen!»

«Ich kann alles in deutsch, sogar in Fraktur!»

«Respekt, Respekt!»

«Herr Shinohara muß ja übersetzen, und er kann das nur, wenn Ihr Report abgetippt ist.» Und jetzt lächelte sie zum erstenmal, es war ein verschmitztes Lächeln, als sie fortsetzte: «Der kann Fraktur nicht lesen!»

Sie erhob sich: «Ich begleite Sie an Ihren Platz ... oder sagt man geleiten ... bitte?»

«Beides ist richtig, Yuriko, jetzt habe ich eine Bitte!»

«Ja ...?»

«Bitte machen Sie doch schnell mal Ihr Kaninchenschnäuzchen!»

«Bitte, was ist das ...?»

«Das machen Sie immer, wenn Sie streng zu mir sind! Sie krausen so niedlich Ihre Nase ...»

Jetzt war Yuriko sehr erschrocken: «Niedlich ...?»

Ich sagte: «Bitte, ich mache es Ihnen vor!» Ich bemühte mich, ihr Schnäuzchen nachzumachen.

Yuriko starrte mich an, sie verdeckte ihre Nase mit ihrer kleinen Hand, riß die Augen auf und fragte wie in großer Angst kläglich: «Bin ich denn wirklich so häßlich?»

Ich mochte mit allem billigen Charme eine Fülle von Beschwörungen über Yurikos Schönheiten leiblicher und geistiger Art ausgießen, ich ahnte schon, daß es mir nie mehr gelingen werde, sie bei ihrer eigenartigen Gewohnheit zu überraschen, und ich hätte doch gern gewußt, welche Art von Gemütsbewegung diesen reizvollen Ausdruck auszulösen vermochte.

Der große Kongreßsaal war überfüllt. Die langen Tische standen dicht nebeneinander, an der Stirnwand war über einer blumengeschmückten Empore in englischer Sprache und mit den japanischen Schriftzeichen verkündet, daß es sich hier um «THE SEVENTH WORLD CONFERENCE AGAINST A & H-BOMBS FOR PROMOTION OF TOTAL DISARMAMENT» handelte. Auf der Empore saßen recht zahlreiche Vorstandsmitglieder, und ein hochintellektueller japanischer Typ hielt in seiner Muttersprache eine Rede.

Es mußte wohl der Präsident, Professor Dr. Kaoru Yasui, Dekan der juristischen Fakultät der Universität von Tokyo sein – Tokyo hat etwa 50 Universitäten, Akademien und Institute –, dessen Visitenkarte mir dies fundamental funktionierende Yuriko-Mädchen besorgt und überreicht hatte.

Yuriko steuerte auf den einzigen Tisch in einer kleinen Fensterecke zu. Auf dem Tisch standen zwei Schilder nebeneinander: «DEMOCRATIC REP. of GERMANY» und «FEDERAL REP. of GERMANY». Am Tisch saß ein flotter, noch junger Mann mit einer blonden Haartolle vor einigen Papieren, von denen er nicht aufsah. Auf dem Tisch standen zwei merkwürdig nach «Teufelstechnik» aussehende Kästchen mit Knöpfchen und Stöpseln an langen, dünnen, weißen Kabeln – wie sie in großer Anzahl auch auf den anderen Tischen verteilt waren.

«Bitte», sagte Yuriko. «Deutsche an einen Tisch!»

Jetzt blickte der junge Mann auf und sagte: «Da haben wir

es! Unsere Parole hat sich schon bis Japan herumgesprochen!»

Ich fragte: «Soll das denn heute noch gelten? Dann macht erst mal das Tor auf!»

Sofort kam die Antwort: «Macht ihr erst mal die Klappe zu! Herr Federal!»

«Gut gegeben, Herr Demokrat!»

Der junge Mann lächelte: «Eins zu eins! Im Ernst, wollen wir hier nicht gemeinsam auftreten und gemeinsame Beschlüsse fassen?»

«Wir sollten schon, aber ich weiß nicht, wer Sie sind!»

«Ich weiß, wer Sie sind. Bitte hier, nach der schönen Sitte in Japan, meine Visitenkarte!»

HEINZ-WOLFRAM MASCHER
MITGLIED DER VOLKSKAMMER
RICHTER AM KAMMERGERICHT
VON GROSS-BERLIN

«Wie groß ist Ihr Berlin? Ist West-Berlin mit eingeschlossen?»

Aufgeregt stupste mich Yuriko in die Seite und flüsterte: «Das geht Sie an! Jetzt spricht der Präsident von Ihnen!» Sie knöpfelte an dem vor mir stehenden Apparat und stöpselte mir ein kleines Mikrofon ins Ohr, auch Herr Mascher griff zu seinem Apparat. Yuriko wies auf eine Reihe von an der Längswand des Saales in einiger Höhe angebauten Kabinen, in deren Fenstern die Köpfe der Dolmetscher zu sehen waren. Ich erkannte Herrn Shinohara, der mir zunickte und zu übersetzen begann.

Und ich vernahm, daß der ehrenwerte Delegierte von Westdeutschland das besondere Verdienst für sich in Anspruch nehmen konnte, den Film 08/15 geschrieben zu haben – den ersten großen Film über die Bombe von Hiroshima . . .

Beifall brach los.

Ich riß mir den Stöpsel aus dem Ohr und rief: «Aber das ist

ein Irrtum!»

So große Augen wie nun hatte Yuriko wahrscheinlich noch nie gehabt.

Der Delegierte der Deutschen Demokratischen Republik sagte gelassen: «Das ist ein Irrtum! In Japan wird die Bombe von Hiroshima so genannt. Sie fiel morgens um acht Uhr fünfzehn!»

Yuriko stupste mich: «Sie müssen aufstehen! Sich bedanken!»

Ich sprang auf, ich machte eine tiefe japanische Verbeugung und ließ die Hände baumeln.

«Sie müssen die Hände aneinanderlegen, das ist in Japan für ‹Danke›, nicht für ‹Bitte› wie in Deutsch.»

Also legte ich die Hände wie zum Beten aneinander, während mir ein Schweißausbruch in den Augen brannte, so daß ich nichts mehr zu sehen vermochte – aber der Beifall war enorm.

Mißverständnisse werden produktiv, wenn sie durchgespielt werden. Aber was ist da durchzuspielen? Der Delegierte von Westdeutschland ist gar nicht eingeladen worden, sondern ein Mann, von dem man wußte, daß er sich ein Verdienst in der deutschen Friedensbewegung erworben hat, durch einen Film über Hiroshima. Er hat aber das Drehbuch geschrieben zu einem Film nach dem Roman des Hans Helmut Kirst, in welchem die Bemühung erkennbar war – und gepriesen wurde –, wenn auch nicht dem entarteten Krieg, so doch den Soldaten, die ihn führen mußten, gerecht zu werden, soweit es nach den Maßstäben der Niederlage möglich war. Dieser Delegierte also war einfach auf dem falschen Platz in einem Kongreß, welcher dem Frieden dienen sollte, einem Abstraktum, einem Traum wie die Freiheit, in deren Namen dieser Kongreß ehrlicher Friedens- und Freiheitsfreunde tagte, die samt und sonders überzeugte Humanisten waren.

Wie stand der Delegierte von Westdeutschland wirklich zu dem Phänomen der Atombombe? Nun, er hatte sich klarzumachen versucht, daß die wirkliche, die eigentliche Gefahr der Todeswaffe aus falsch angewandter Kernenergie in der verheerenden Wirkung auf die menschliche Bereitschaft verborgen sei, in ihrem Schatten in der Lüge zu leben, für die religiösen Gemeinschaften der Menschheit im Fatalismus, als sei eben nur eine neue Sünde in die Welt gekommen. Für die Völker dieser runden und zu klein gewordenen Erde aber hieß es, mit der Bombe zu leben, und das bedeutet, mit der Angst zu leben, mit der einzigen schrecklichen Erleichterung, sich daran zu gewöhnen. Aber konnte ein schlichtes und selbstverständliches Bekenntnis dieser Art genügen, das Mißverständnis einfach durchzuspielen? Zu tun, als sei nichts gewesen – aber da war dieser Mann am Tisch, der genau Bescheid wußte, der eigentliche Gegenspieler, von dem der Delegierte von Westdeutschland nichts wußte, als daß dieser alerte junge Mann, Funktionär seines Staates und seiner Partei, jederzeit das Trumpf-As aus dem Ärmel ziehen konnte ...

Ja, wenn ich nicht Yuriko gehabt hätte! Sie schien völlig unbeeindruckt, sie schob mir einen Stoß Papier hin und sagte: «Bitte, Sie müssen jetzt Ihren Report schreiben!»

«Yuriko, ich muß sofort Herrn Professor Yasui sprechen, ein Mißverständnis aufklären!»

Yuriko blickte zur Empore, sie sagte: «Er wird mit seiner Rede gleich fertig sein, aber dann kommen die Reports der Delegationen dem Alphabet nach – Sie kommen an 13. Stelle. Sie haben Zeit bis nach der Mittagspause!»

«Yuriko, ich habe keinen Report, und ich weiß auch gar nicht, was das alles sein soll ...»

«Bitte, das soll so sein, daß jeder Delegierte 20 Minuten Zeit hat für seinen Report, Sie müssen aber in zehn Minuten fertig sein, weil Professor Shinohara mit Ihnen vorne sein wird und Satz für Satz übersetzt – Sie zehn Minuten, Herr Shinohara zehn Minuten, macht zwanzig Minuten. Und Herr Shinohara kann Ihnen auch erzählen, was die anderen Delegierten gesagt haben ...!»

«Yuriko – bitte ... Wie zeigt man auf japanisch, wenn man recht innig bitte sagen will?»

«Bitte, es ist nicht gut, zu zeigen, was man will – man tut seine Pflicht!» sagte Yuriko und ging, am Schalter ihre Pflicht zu tun ...

Zehn Minuten für den Report, das war ein bißchen wenig – aber, was ich über die westdeutsche Friedensbewegung zu berichten hätte, war auch wenig genug, über diese winzig kleine Minderheit, die noch dazu in sich zersplittert war und in ihrem Einigungsbestreben sofort, wie denn nicht, als «kommunistisch» diffamiert wurde, so daß die große und starke Partei der Sozialdemokraten plötzlich glaubte, sich absentieren zu müssen – Jammer über Jammer, die ganze Friedensbewegung würde, wenn sie sich selber als Partei konstituierte, niemals die obszöne 5%-Klausel überspringen, um im Parlament wirken zu können, ihr blieb nichts anderes übrig, als zu demonstrieren, damit sie wenigstens gehört werde und gesehen. Aber sie demonstrierte im Effekt nur, wie winzig sie war. Nun, ich hatte mich immer gegen die allgemeine Ansicht gewehrt, daß Mindermächtigkeit auch gleich als Minderwertigkeit betrachtet werde, es schien mir vielmehr redlicher, mit meinen schwachen Kräften den Schwachen zu helfen als den Mächtigen, die sich so gut selber zu helfen vermochten ...

«Wenn ich Ihnen helfen kann Kollege», sagte Kollege Mascher, Richter in Klein-Groß-Berlin – er lächelte mich freundlich an: «Ich sehe, Sie haben Kummer mit Ihrem Report!»

Ich legte die Hände aneinander, zum Dank auf japanische Art, und lächelte zurück: «Ich sehe, Sie nicht! Ich nehme an, daß Ihr Report in Diktion und Forderung als ein offizielles Dokument zu betrachten ist!»

Der alerte junge Mann von der anderen Seite erwiderte: «Natürlich! Aber es stimmt vollkommen mit meiner Meinung überein!» Er lächelte vertieft: «Und wenn Sie mit dem Ausdruck ‹Diktion› etwa der westdeutschen Diktion folgen und die unsere als ‹Partei-Chinesisch› bezeichnen wollen – bitte sehr, wir haben die besten Erfahrungen damit gemacht, unsere Ausdrucksweise wird in der halben Welt verstanden, sehr gut verstanden, und das ärgert die andere halbe Welt beträchtlich, aber Menschenskind, das alles kann uns beiden doch ganz wurscht sein. Genügt es Ihnen nicht, wenn ich schlicht und einfach sage: wir treten unbedingt für eine friedliche Lösung der deutschen, der Berlin-Frage ein! Wie auch Sie, hoffe ich, ob Sie nun offiziell auftreten oder nicht!»

Ich sagte: «Na schön. Sie sind mit Ihrem Report Nummer 12, Sie kommen also vor mir dran und geben mir also die beste Gelegenheit, Ihre Sprache in die meine zu übersetzen, und dann können wir ja sehen, ob wir zu gemeinsamen Resultaten gelangen ...»

Der wackere Shinohara, dessen Kopf im Fensterchen seiner Dolmetscherkabine zu sehen war, schien eifrig mitzuschreiben, was da geredet wurde. Es wurde ununterbrochen geredet in so ziemlich allen Sprachen der Welt, die bunte Masse der Delegierten, die ich mir näher zu betrachten noch keine Gelegenheit gefunden hatte, hockte stumpf und dumpf, wie es schien, das Stöpselchen im Ohr und lauschte in rührender Geduld auf das große Blablabla der offiziellen Kundgebungen. Es war bullig heiß, und ich mußte mich unbedingt erfrischen, am besten durch den Anblick Yurikos.

Es war wieder eine ganz andere Yuriko, die mich in der Hotelhalle empfing. Sie strahlte mir entgegen, nahm sogleich mit einem japanischen «Danke» den vollgefetzten Bogen des «Reports», um ihn abzutippen. Ich setzte mich zu ihr in ihr Kabinchen und sah ihr zu.

«Na, können Sie wirklich meine Handschrift lesen?»

Sie griff nach ihrer Nase, es war klar, damit ihr Kaninchenschnäuzchen nicht zu sehen war. Sie sagte:

«Ich kann gut lesen, aber bitte, Sie schreiben alles durcheinander, lateinische und deutsche Buchstaben, mal so, mal so ...!»

Ich seufzte tief, faßte an meine Nase und stöhnte:

«Das ist es ja! Zwei Seelen wohnen, ach, in meiner Brust!»

Jetzt strahlte Yuriko: «Goethe!» sagte sie voller Stolz.

Ich schlug die Hände zusammen vor lauter Staunen! Was sie alles weiß! Und wer war Ricarda Huch?

Das wußte sie natürlich nicht. Sie war sehr traurig: «Bitte, wer war das?»

Und ich erzählte ihr über diese große und tröstliche Erscheinung und ihre Werke. Und ich erzählte Yuriko, was mir Ricarda Huch einmal erzählt hatte.

Sie stammte ja aus einer sehr kultivierten, auch in der Literatur oft genannten Familie, in deren Haus sich die bedeutendsten Geister versammelten, musizierten, diskutierten ...

Als Ricarda acht Jahre alt war, durfte sie zu ihrem Geburtstage zum erstenmal abends aufbleiben und an der Gesellschaft teilnehmen, sie war sozusagen durch Ritterschlag in den Kreis der Erwachsenen aufgenommen. Und Ricarda hörte brav und eifrig zu, und als bei einer Gelegenheit das Wort Goethes von den zwei Seelen zitiert wurde, rief sie begeistert aus: «Ach ja! In meiner Brust wohnen auch zwei Seelen!» Darauf herrschte eine betäubende Stille, aber eine sehr liebe, alte Dame nahm sich des Kindes an: «Nun, Ricardachen, was sind denn das für zwei Seelen?»

Und Ricarda erwiderte: «Ja, die eine Seele, die sagt immer: ‹Ach, heute möchte ich aber gar nicht gerne meine Schulaufgaben machen› – und dann sagt die andere: ‹Dann laß es doch, dann laß es doch!›»

Aber Yuriko war anscheinend überfordert. Sie lachte nicht, sie dachte nach, ihre Hand zuckte zur Nase, blieb aber auf halbem Wege stehen, und dann lächelte Yuriko: «Meine zwei Seelen unterhalten sich genauso!»

«Aber das ist ja wunderbar, Yuriko! Da hast du es besser als ich. Bei mir ist es so: Die eine Seele, das sind die lateinischen Buchstaben in meiner Handschrift, und die sagt jetzt: ‹Ich möchte aber gar nicht gerne Herrn Yasui sagen, daß ich gar keinen Film über Hiroshima geschrieben habe› – tja, und dann sagt die andere, die mit den deutschen Buchstaben: ‹Du mußt aber, du mußt ...!›»

Yuriko hatte während der ganzen Zeit ruhig weitergetippt. Jetzt sagte sie: «Meine beiden Seelen sind alle beide japanisch. Der Irrtum liegt doch bei Herrn Yasui – Wenn Sie es ihm sagen, so verliert er sein Gesicht, wie man so sagt...» und setzte eifrig fort: «Und Sie haben sich doch sicher immerzu gewünscht, einmal einen Film über Hiroshima zu schreiben...?»

«Habe ich, Yuriko, habe ich!»

«Dann tun Sie's doch! Tun Sie's doch!»

Und Yuriko tippte weiter, mit ihren schmalen, zarten Händen, ich könnte sie beide mit einer Faust zweimal umschlossen halten.

Jetzt riß sie den letzten Bogen aus der Maschine, reichte ihn mir mit einem «Bitte» und setzte fort: «Zwei Seelen und ein Gedanke. Von wem ist das?»

«Von mir nicht...!»

Sie lachte: «Von mir aber, und der Gedanke heißt: Mittagspause!»

Wirklich strömten jetzt die Delegierten aus dem Saal. Sogleich tauchten auch die Dolmetscher auf, meine drei, und Yuriko reichte Shinohara den Durchschlag meines Report-Gedichtes. Shinohara las den Schrieb, machte sich Häkchen, wo er mit der Übersetzung einsetzen wollte, und erklärte bei einem Passus mit aufstrahlendem Lächeln: «Das gibt eine Sensation!»

Nun trat auch Herr Mascher hinzu – es waren ja auch seine Dolmetscher – und erklärte, daß er großen Hunger habe. Nun stellte sich heraus, daß für die Delegierten im Restaurant gedeckt war, mit freiem Menü und unfreien Getränken, für die Japaner aber, Delegierte und Dolmetscher, in einem Raum im Untergeschoß. Ich äußerte den Wunsch, japanisch zu essen, löste aber bei den japanischen Herren eine deutliche Verlegenheit aus. Es werde mir das japanische Essen nicht genügen, meinte Herr Shinohara, während die anderen, einschließlich Yuriko, maskenhaft lächelten. Kollege Mascher bestand darauf, mit Yuriko zu speisen, da er sonst gar nichts von ihr habe, aber Yuriko sagte sofort mit kleiner Stimme, aber entschieden: «O nein!», und ich glaubte Yuriko zu verstehen und sagte, der Herr Kollege sei hiermit von mir zum Kumpan ernannt. Herr Mascher entpuppte sich als gelernter Humanist und akzeptierte, von einem Mann, mit dem man nur zusammen las, zu einem befördert zu werden, mit dem man das Brot bricht. Japan verzog sich in die unteren Gefilde, und das geeinte Deutschland speiste ein Menü, das ausschließlich aus japanischen Nahrungsmitteln bestand, mit merkwürdigen Fischchen, sonderbar zubereitetem Geflügel mit Reis, mit viel Reis, und es war überaus wohlschmeckend. Kumpan Mascher meinte, die Japaner schämten sich ihrer Armut, sie säßen drunten und äßen Reis, nichts als Reis mit Sojabohnen-Soße. Aber warum schämten sie sich ihrer Askese? Die DDR sei auch entsetzlich arm, aber sie schämte sich ihrer Armut nicht.

So entpuppte sich Herr Mascher allmählich, er war aus Koblenz, Sohn eines Pastors, ein Muß-Preuße also vom Mittelrhein, während ich mich als Bekenntnis-Preuße vom Oberrhein bezeichnete, und wir sprachen mit Begeisterung von Preußen, von dem Preußen Bismarck ich, und von den Preußen Marx aus Trier und Engels aus Elberfeld er – und Engels stand mir näher, der reiche Revolutionär, als der arme bürgerliche Privatgelehrte Marx ... aber ich müsse doch zugeben, daß Kernpreußen, der Staat der DDR, als einziger deutscher Staat preußische Tradition pflege, wogegen nichts eingewendet werden konnte. Aber wie war das mit der Oder-Neiße-Linie? Da wurde Kumpan Mascher sehr traurig, diese verteufelte Grenze war doch rein preußisch, was mische sich da der Rheinbund ein, der ja im Grunde nichts verloren hatte als eben den Krieg. Aber was hat Preußen alles verloren, mit den Kornkammern jenseits der Oder-Neiße-Linie, nun aber auch Schleswig-Holstein, Kurhessen, Niedersachsen und Nordrhein-Westfalen, so daß als Staatsgebiet der DDR nichts anderes übrigblieb als die Sandbüchse der Mark, das Bauernland Mecklenburg und die Kleinindustrie Sachsens ... und ich mußte schweigend den Degen senken, den preußischen Degen mit dem Portepee, vor dem Mut, mit welchem die Leute drüben an den Aufbau «ihres Staates» gingen, und blieb willens, es für unfair, Verzeihung: unehrenhaft zu halten, angesichts der Querelen, die sich aus der von den Siegern geschaffenen Lage ergaben, den armen, aber reinlich gekleideten Preußen drüben Knüppel zwischen die Beine zu werfen.

Schön und gut, aber wie steht es mit «Europa»?

Hier wurde Kumpan Mascher richtig aufgeregt. Ob denn ein Europa ohne Mitteleuropa überhaupt denkbar sei? Und dann feuerte er den Rapacki-Plan wie eine Rakete ab, die zischend in die Höhe fuhr und dort mit leichtem Knall zerplatzte, um in immer neuen, farbenfrohen Figuren unermüdlich zu versprühen. Das Feuerwerk regnete noch strahlend seine funkenreichen Überraschungen herab, als die Mittagspause zu Ende war.

Yuriko dirigierte mich zum Vorstandstisch, um Herrn Yasui auf mich aufmerksam zu machen. Aber der Präsident war noch beim Essen mit seinen Japanern. An seiner Stelle begrüßte mich der «Chairman» des Kongresses, der REVEREND Dr. JAMES ENDICOTT, PRESIDENT MEMBER, Chairman auch des kanadischen Friedenskongresses, des Welt-Friedenskongresses und Gewinner des Lenin-Friedenspreises, von 1952, wie mich Yuriko durch eine Visitenkarte informiert hatte. Dieser Endicott war also eine große Nummer, in der Tat einer der interessantesten Männer, und er sprach fließend deutsch. Er war in China geboren, Sohn eines kanadischen Missionars und während des chinesischen Bürgerkrieges Berater bei Tschiangkaischek – wir hatten gemeinsame Bekannte, der deutsche Oberstleutnant Kriebel, einer der Initiatoren des Hitler-Putsches von 1923, der sich bald von Hitler absentierte und zu Tschiangkaischek überging, wie auch jener Hauptmann Stennes, der als SA-Führer von Berlin den Putsch der SA gegen den Gauleiter von Berlin, Goebbels, inszeniert hatte und gescheitert war, und da war der General von Seeckt, der, von Hindenburg fallengelassen, bei dem chinesischen Feldherrn und Staatsmann Unterschlupf gefunden hatte. Endicott seinerseits hatte sich von

Tschiangkaischek getrennt, als dieser große, aber starrköpfige Mann sich zum «Fußabtreter der Amerikaner» in Formosa hatte machen lassen, wie sich Herr Endicott ausdrückte, der sich zu Mao begeben hatte, um in der Volksrepublik China für die Friedensbewegung zu wirken. Er sprach mit mir in der flotten Manier jener heillosen Putschisten unseres Jahrhunderts, die das Salz der Aktion in jede ideologische Revolution streuten und jederzeit damit rechnen mußten, von eben dieser gefressen zu werden. Dieser nordische Weltmann, der fröhlich Kraft und Zuversicht auszustrahlen vermochte und nun mit offenbarem Vergnügen vom Vorstandstisch aus den Einzug der russischen Delegierten kommentierte.

Es waren etwa siebzig Delegierte der Sowjetunion, die immer geschlossen auftraten, ein überaus überraschender Anblick, nur Priester, Geistliche aller Konfessionen, die in der Sowjetunion beheimatet waren, Popen und Archimandriten, koptische Christen, ein katholischer und ein evangelischer Bischof, und dann Moslems, Sunniten und Schiiten, buddhistische Äbte und mongolische Mönche, Brahmanen und Anhänger des Zarathustra, Tibetische Lamas, es war alles da, und sicherlich auch der eine oder andere Rabbi ... So zogen sie in ihren Priestergewändern würdevoll durch den Saal, geleitet von einem Herrn, der in Zivil, sehr bürgerlich elegant, ihm konnte Homburg und Regenschirm ohne weiteres zugebilligt werden, der Delegation voranschritt, ein Herr von der russischen Botschaft in Tokyo, den Herr Endicott jovial begrüßte, und ihr folgte ein junger Mann mit buntem Cowboy-Hemd, Bluejeans, amerikanischem Bürstenhaarschnitt, der ununterbrochen an einem Gummibonbon kaute.

Herr Endicott bewunderte die russische Politik: die Sowjetunion hatte ihren Kirchen jeglicher Konfession eine staatliche Aufgabe gegeben. Da alle Religionen für den Frieden waren, sollten sie auch für den Frieden kämpfen, zumindest außerhalb der Sowjetunion.

Und dann rückte China ein, ebenso stark wie die Sowjetunion, alerte und selbstbewußte junge Männer, von den Japanern unzweideutig zu unterscheiden, alle in blauen Jöppchen, wie sich auch Mao zu präsentieren pflegt.

«Ich habe sie in den Block direkt neben die Russen gesetzt», sagte Herr Endicott und lachte: «Mal müssen sie sich ja doch vertragen, und hier ist der beste Ort dafür...»

Jetzt füllte sich der Saal, und Herr Yasui, ein schlanker, großer Mann mit hoher Stirn und dem gleichen Schwung der grauen Tolle wie Freund Shinohara, trat auf mich zu und begrüßte mich, deutsch sprechend, mit einer Herzlichkeit, die ich als betont empfand. Er habe so viel über mich gehört, versicherte er und gab mir so das Stichwort, in Verzweiflung auszubrechen, es werde so viel über mich geredet, daß gewiß auch manches Falsche über mich verbreitet werde – was wiederum wie ein Stichwort wirkte: er habe vernommen, ich hätte die Absicht gehabt, einen Film über Hiroshima zu schreiben, und er hoffe, daß es mir gelungen sei. «Leider nein», sagte ich, und gab zu verstehen, es sei mir aber ein Herzensbedürfnis, mein Manko durch vermehrten Eifer für die Sache des Kongresses auszugleichen, worauf Herr Endicott eingriff und aufgeräumt erklärte, viel wichtiger als jeder Flimmerstreifen sei mein persönliches Erscheinen als Delegierter von Westdeutschland...

Und so konnte ich sogleich bitten, mich lieber als einen Delegierten nicht von, sondern für Westdeutschland zu bezeichnen, denn nicht ich könne den Kongreß über die Friedensarbeit belehren, sondern ich betrachte es vielmehr als meine Aufgabe, der Friedensbewegung in meiner Heimat über die enormen Fortschritte der segensreichen Arbeit des Kongresses zu berichten. Wir schüttelten uns allerseits die Hände, und Professor Yasui bat den Delegierten der DDR, seinen Report zu verlesen.

Was die DDR in ihrem Report zu sagen hatte, war in der Diktion genauso, wie ich es erwartete, aber überraschend zurückhaltender und weniger aggressiv in den Passagen, welche das Land der kriegslüsternen Nazi-Militaristen betrafen, die im Kalten Kriege gegen die dem friedlichen Aufbau hingegebene DDR West-Berlin auf deutsch-demokratischem Boden als einen Speer mitten in das Herz der Republik zu bohren drohten. Kollege Mascher aber betonte mit einem kleinen Seitenblick auf mich desto eindringlicher den Willen der DDR, alle Probleme auf friedlichem Wege zu lösen.

Professor Yasui schlug nun vor, daß bei der Wichtigkeit der Fragen, die durch die gegenwärtige Berlin-Krise aufgeworfen seien, nunmehr sogleich der Delegierte – für – Westdeutschland in die Diskussion eintrete.

So war ich denn «nun also, freilich wohl» dran und beschloß, während ich das Mikrophon ergriff und Shinohara sich neben mir aufbaute, vor dem tausendöhrigen Ungeheuer mit dem Trick aller großen Redner der Weltgeschichte und die sich dafür hielten, zu beginnen, und zwar mit dem gutmütigen Brummen eines alten, zahnlosen Löwen, und dann weiter zu sehen:

Der Report des Kollegen Mascher stelle die offizielle Version der DDR dar. Die offizielle Version der Regierung der Bundesrepublik sei bekannt, sie könne in jeder Zeitung nachgelesen werden. Über die Berlin-Frage könne ich nur meine eigene Meinung in persönlicher Verantwortung sagen. Berlin, wie es sich heute darstelle, sei ein Produkt des Willens der Siegermächte, die nach dem gemeinsamen Siege über Deutschland die einzelnen Zonen abzugrenzen für richtig hielten, um dort nach den Prinzipien einer eigenen Ordnung der Bevölkerung die Möglichkeiten eines Wiederaufbaus zu gewährleisten. Der Streit, der zur Berliner Krise geführt habe, sei ein Streit zweier verschiedener Auffassungen über die Methoden, die geeignet seien, die Berliner glücklich zu machen. Ich sei auch vor dem eigenen Gewissen nicht befugt, von dem Willen aller Berliner, die Berlin-Frage gelöst zu sehen, anders als ganz persönlich zu sagen, daß ich, der ich viele Jahre in Berlin lebte und diese Stadt in ihrem westlichen wie in ihrem östlichen Teile kennen- und liebengelernt habe, mir nicht vorstellen könne, daß es irgendeinen Berliner gäbe, der wünschen könne, sein Glück und seine Zufriedenheit könne sich auf den Ausbruch eines dritten Weltkrieges gründen ...

Anfrage aus Amerika, was Herr Mascher dazu meine, er sagte, die Auseinandersetzung in der Berlin-Frage solle zuerst einmal von den Berlinern selber verhandelt werden.

Anfrage der Sowjetunion, was der Delegierte für Westdeutschland dazu meine. Ich sagte, ich hätte von Auseinandersetzungen genug, ich sei mehr dafür, sich zusammenzusetzen und miteinander in vernünftiger Weise zu reden. Ich sei froh, daß in den Fragen, die mit der Zielsetzung des «Ständigen Kongresses» im Zusammenhang stünden, in den Fragen der nuklearen Waffen und ihrer Anwendung zwischen meinem Kollegen und mir kein «Eiserner Vorhang» bestehe. Wahrscheinlich dürfte sich auch eine Atombombe, gleich welcher Art und Herkunft, um den Eisernen Vorhang zwischen unseren beiden deutschen Landesteilen nicht kümmern ...

Worauf der Kollege aus der DDR in aufrichtiger Spontaneität zu mir eilte, wir beide schüttelten uns die Hände zur Beglükkung aller Delegierten, die sich solch eines Schauspieles zwischen den beiden feindlichen Brüdern schon lange nicht mehr versehen hatten. Und so wurde ich von der Versammlung in den Redaktionsausschuß für die abschließende Botschaft des Kongresses gewählt, in welchem der Delegierte der DDR schon saß.

Herr Shinohara hatte außerordentlich geschickt Satz für Satz übersetzt, obwohl er keinen Text als Unterlage hatte. Nun stellte er sich zum Zwecke der Verlesung meines Verlegenheitsreports neben mich ans Mikrophon. Ich las einen Satz – und Shinohara war ein so hervorragender Interpret, daß er auch mimisch mit großer Kunst die Behauptung, Japaner trügen wie die Nô-Spieler alle Masken, Lügen strafte. Er trug die makabren Mitteilungen der Schwierigkeiten und betrüblichen Behinderungen in Sachen der kleinen Minderheit der organisierten Friedensfreunde mit echter Trauer vor, ließ Hoffnung aufglänzen mit stolzem Blick, als von der Zuversicht die Rede war, wenn die deutsche Friedensbewegung auch niemals damit rechnen könne, einen parlamentarischen Einfluß von entscheidenden Graden zu gewinnen, so werde doch ihre Stimme gehört werden müssen – und schleuderte gewissermaßen anklagend die traurige Feststellung in den Saal, leider habe die mächtige deutsche Sozialdemokratische Partei, nachdem sie sich löblicherweise lange Zeit in den Dienst der Friedensbewegung gestellt habe, plötzlich und ohne Angabe von stichhaltigen Gründen, die aber vermutlich rein parteitaktischen Erwägungen zugeschrieben werden könnten, von der Bewegung gelöst und trete nun öffentlich gegen sie auf! Und Shinoharas Stimme zitterte vor Empörung.

Da war sie, die Sensation, die der schlaue Shinohara hatte am Horizont wie ein Gewitter aufziehen sehen: Genau das gleiche hatte die Sozialdemokratische Partei Japans getan und durch ihren Austritt mußte nicht nur die Partei, sondern auch der Kongreß fürchten, «das Gesicht verloren» zu haben.

Professor Dr. Yasui empfand schon vor und während des Zweiten Weltkrieges sehr bitter die Ohnmacht der Intellektuellen in Japan. Dabei war diese Schicht gerade in Japan sehr groß, aber politisch war die Intelligenz, in dem unvorstellbar armen Lande sehr schlecht bezahlt, ganz ohne Einfluß, sowohl bei den «Kriegsparteien», die von den «Großen» im Lande dirigiert wurden, den Großfinanziers und Großindustriellen, den Großreedern und Zeitungskönigen, sowie den alten Adels- und Soldatenfamilien, als auch bei den Massen, von denen die Arbeiterschaft zu den beiden Oppositionsparteien tendierte, die Bauern aber doch wohl immer den konservativen Mächten zuneigten.

So also empfand Professor Yasui nach dem Niederbruch Japans zwingend die Notwendigkeit für die Intelligenz, sich im politischen Kampf wie im Aufbauwillen mit den Massen zu verbünden. Er begab sich mit seinen Schülern und Studenten «zu den Massen», überall dort, wo bei diesen eine Regung, ein Wille zu politischer Zielsetzung gespürt werden konnte. Er wurde der Organisator der Friedensmärsche und zog der Friedensbewegung durch Gründung von etwa 2000 über ganz Japan verstreuten Ortsgruppen das organisatorische Rückgrat ein.

Wie in Westdeutschland war in Japan die Sozialdemokratische Partei in eine gewisse Zwangslage geraten. Die große Partei sah sich durch ihr Programm an ein bestimmtes Wähler-Reservoir gebunden, das parlamentarisch gewiß zu einer mächtigen Opposition, zu einer klaren Regierungsmöglichkeit aber eben gerade nicht ausreichte. Durch den Zwangsfriedensvertrag mit den USA war, genau wie in Deutschland, eine gewisse Prosperität in Japan entstanden, an der neben den USA, den großen Produktionsfirmen und dem Kapital natürlich auch die Massen teilnehmen wollten. Sicherlich war die Hoffnung der Sozialdemokratie berechtigt, als Regierungspartei mehr für die eigenen Wähler tun zu können, die Arbeiterschaft also in höherem Grade an der Prosperität teilnehmen zu lassen, aber diese Möglichkeit mußte von der Partei bitter genug bezahlt werden durch Anerkennung des «Sicherheitspaktes» zwischen Japan und den USA, der ähnlich wie der Nato-Pakt die politische wie wirtschaftliche Souveränität Japans ausdrücklich und unabdingbar einschränkte. Japans Währung war von den USA garantiert, diese Garantie aber durch eine Devisenkontrolle gesichert, welche es den USA praktisch ermöglichte, an jedem Auslandsgeschäft Japans als Partner teilzuhaben. Durch den Sicherheitspakt blieb die Inselgruppe um und mit Okinawa weiterhin reines USA-Operationsgebiet, und just zu den Tagen der VII. Weltkonferenz war der stellvertretende Ministerpräsident der Sowjetunion, Mikojan, zur Eröffnung einer sowjetischen Industrieausstellung in Tokyo angekommen und hatte zu verstehen gegeben, daß die Sowjetunion den Abschluß eines derartigen «Sicherheitspaktes» zwischen den USA und Japan unter diesen Umständen als einen Akt der Aggression auffassen müsse. Aber während des Kongresses ging die Rede um, Mikojan habe für den Fall, daß der Sicherheitspakt mit den USA nicht ratifiziert werde, diskret mit der Rückgabe der südlichen Hälfte von Sachalin, der größten nördlichen Insel, und einiger Kurilen-Inseln gewinkt.

Dies war die Lage, dies die Bedingungen, unter welchen die

Delegierten zu arbeiten hatten. Der Einladung zu diesem Kongreß waren 27 Delegationen gefolgt, davon konnten 10 dem sogenannten Ostblock zugerechnet werden, die sogenannte Dritte Welt war mit 4 Delegationen vertreten, aus der lateinamerikanischen Welt sollte nur Kuba kommen, aus Afrika, Algerien, Kongo, dem Sudan und Sansibar, aus dem Westen war eine überraschend große Delegation der USA erschienen sowie ein Delegierter Englands, Italiens, und einer sprach für Westdeutschland. Dann waren noch Delegierte der Friedensbewegung aus Australien, Kanada und Neuseeland da.

Offizielle Botschaften sandten die Ministerpräsidenten von Bulgarien, der Tschechoslowakei, der DDR, Minister Indonesiens, der Mongolei, Rumäniens, Polens, von Guinea, Ghana und dem Irak.

Nikita Chruschtschow wünschte der Konferenz guten Erfolg, desgleichen der Präsident von Nordvietnam, Ho Chi Minh, und von Jugoslawien, Josip Broz Tito.

Aus den USA kam eine Grußbotschaft von Mrs. Franklin D. Roosevelt.

Liebe Lena,
nach einem harten Arbeitstag mit vielen Menschen und vielem Blabla schrieb ich abends den beiliegenden Bericht. Vielleicht kannst Du ihn irgendwo passend unterbringen, falls ein Interesse für diese Dinge wider Erwarten vorhanden sein sollte. Wahrscheinlich setze ich mich, wie mir meine lieben Freunde von allen Seiten versichern, wieder mal zwischen sämtliche Stühle, aber das könnte mich nur schrecken, wenn ich je die Absicht hätte, mich überhaupt auf einen Stuhl zu setzen.

Jedenfalls ist es hier rasend interessant. Ich glaube, es gibt Material für ein Buch.

Ich lese mit Entsetzen von der Zuspitzung der Lage in Berlin. Sind die Leute dort alle verrückt geworden?

Erzähle bitte den Kindern, daß mich in der Nacht außen an meinen Papierfenstern die kleinen Eidechsen besuchen, sie bilden sehr dekorative Figuren, vor jedem Zimmer ist ein kleiner

Garten mit kleinen Felsen, Bäumen, Teichen und Brückchen – zu niedlich.

Aber es ist gewaltig heiß.

Meine Dolmetscherin, Yuriko Yoshida, ist so süß und bezaubernd, wie ich mir die Japanerinnen immer vorgestellt habe, und ich muß Dir sagen, daß es nun tatsächlich geschehen ist, das Unwahrscheinliche, hier wird es Ereignis.

Ich bin verliebt.

Jedoch ist Yuri keine Geisha, sie ist Studentin der Germanistik. Sie hat genauso schöne braune Augen mit goldenen Fünkchen wie meine liebe Lena – ein unüberwindliches Hindernis! Ich muß immer an meine Lena denken, wenn ich in Yuris Augen schaue, und das wäre doch unfair gegen Yuri!

Und überhaupt: Ich sehe Helenen nun in jedem Weibe.

Also Dir ein zarter Wimpernschlag – die Kunst der «Schmetterlingsküsse» sollen bekanntlich die Geishas vollendet beherrschen – ich habe sie noch nicht ausprobiert.

Ich küsse Dich sehr, mein braunäugiges Gold!

Du bist die süßeste Geisha der Welt!

Es gibt gar keine Geishas außer Dir.

Die Briefmarken für die Kinder, grüße sie von ihrem

Vati

Ich hatte mich am vergangenen Abend mutterseelenallein mit japanischem Bier vollaufen lassen, einem der besten Biere der Welt, das unter dem deutschen Namen «Lagerbier» lief. Die anderen Teilnehmer des Kongresses, die im Annex wohnten, hatten sich in der Halle mit den Angestellten des Hotels vor dem Fernseher versammelt, die Mattscheibe zeigte die Hochschulmeisterschaftsspiele im Baseball, wobei die kleinen japanischen Studiker mit viel zu großen Schlägern und eisengepanzerten Lederhandschuhen und anscheinend viel zu harten Bällen ununterbrochen den gleichen Unsinn exerzierten.

Der sehr gut deutsch sprechende Empfangschef hatte mir den Mechanismus des japanischen Fernsehens erklärt, die Sendungen liefen auf sechs Kanälen, alle sechs in 24stündigen Übertragungen, wobei Knopf eins die Tagesnachrichten und die Programmanzeigen für die anderen fünf Kanäle übertrug, die anderen fünf waren verteilt an heitere und klassische Musik des Westens, an Filme Japans und des Westens, an Vorträge und Diskussionen und an den Sport. Auf allen Kanälen blendeten sich gelegentlich in irgendeiner Ecke japanische Schriftzeichen ein – die Reklame. An diesem Abend schien der Sport das meiste Interesse zu beanspruchen, selbst bei der Tagesschau war von der Tagung des Ständigen Kongresses nichts zu hören. Ich begab mich zu Bett in der frohen Erwartung, mit dem Erwachen als erstes die Stimme Yurikos zu hören.

Ich hörte sie am frühen Morgen um 6 Uhr. Die Stimme klang liebreich und gar nicht offiziell, sie sagte als erstes, soviel Bier am Abend sei gar nicht gut.

«Ich hätte nicht soviel Bier getrunken, Yurikochen, wenn Sie mir Gesellschaft geleistet hätten!»

«Aber ich bin ja bald bei Ihnen! In einer Stunde! Ich hole Sie vom Frühstück ab, dann müssen Sie mit mir gehen!»

«Yuriko, mit dir gehe ich bis an das Ende der Welt!»

«Sehr schön! Sie müssen gleich aufstehen und sich rasieren und anziehen und frühstücken, wir müssen sehr pünktlich sein!» Klick.

Im Frühstückssaal des Annex saß schon die russische Delegation geschlossen an langen Tischen. Ich begegnete an der Tür dem bemerkenswerten Knaben in Blue jeans, der, mit munteren Kaubewegungen mir zuzwinkernd, an mir vorübergehen wollte. Ich klopfte ihm mit dem Finger sachte auf die Schulter und sagte auf gut Glück und gut deutsch: «Sie sind also der GPU-Mann der russischen Delegation!»

Er war keinen Augenblick überrascht, er grinste und sagte in bestem Deutsch: «GPU sind wir alle, darum haben wir sie auch abgeschafft! Ich bin der Dolmetscher, weil ich nämlich 26 asiatische Idiome beherrsche, darunter auch Deutsch!»

Ich sagte: «Ich möchte mal auf gut deutsch mit Ihnen reden!»

Er grinste, erwiderte: «Jederzeit zu Ihren Diensten, um des lieben Friedens willen!» Und dann zog er, Abschied nehmend, eines seiner unteren Augenlider nieder, was auf gut Berlinisch hieß: «Holzauge, ick kenne dir ...!» und begab sich zu seinen Priestern.

Ich suchte meinen Platz an einem der kleinen Tische, als der Delegierte von Sansibar den Saal betrat. Die Delegierten trugen, wie auch ich, alle ein kleines Schildchen, welches sie als Mitglieder ihrer Delegation auswies. Sansibar war ein sehr hochgewachsener, sehr dunkelhäutiger Herr, von allen afrikanischen Delegierten interessierte er mich aus naheliegenden Gründen am meisten. Er ging, nach einem Platz suchend, an mir vorbei, und um ihn anzuhalten, klatschte ich nach alter Kolonialsitte in die Hände und rief: «Sklave!»

Sansibar blieb stehen, ich stand auf und legte ihm beide Hände auf die Schulter und sagte: «War ich euch wenigstens ein guter Herr?»

Jetzt zeigte Sansibar alle weißen Zähne und einige goldene und erwiderte lachend: «Soweit schon! Aber warum habt ihr Sahibs unsere schöne Insel gegen das kleine, dumme Helgoland getauscht – und ausgerechnet mit den Engländern?»

Er setzte sich an meinen Tisch. Abdul R. Mohamed war Journalist, er hatte in Deutschland studiert und betrachtete es als besonderes Glück für Deutschland, daß uns nach 1918 alle Kolonien abgenommen wurden, so seien wir Deutschen auf die angenehmste Weise davor bewahrt worden, für die Dummheiten der vom Wechsel betroffenen Völker Afrikas verantwortlich zu sein.

Nun kam Yuriko. Sie huschte in den Saal, und sie hatte wieder das gleiche – nein, dasselbe Blüschen an, frisch gewaschen und gebügelt, ohne das schwarze Sammetband, dafür mit einer Blumenkette um die Schultern. Sansibar sprang schneller auf als ich, als Yuriko an den Tisch trat, und weigerte sich, wieder Platz zu nehmen, bevor sich Yuriko zu uns gesetzt hatte. Sie hatte natürlich schon gefrühstückt, du lieber japanischer Gott, du lieber Tenno: ein Schälchen Reis vermutlich und vermutlich nach eigenem Geschmack gewürzt!

«Yuriko, wir haben einen langen Marsch vor uns und bedürfen kräftiger und reicher Nahrung, und ich schwöre bei meinen und deinen Göttern, bei Wotan und Buddha, ich werde keinen Bissen essen, wenn du nicht mit uns frühstücken wirst!» Und Sansibar rief Allah an und seinen Namensvetter und Propheten Mohammed, für ihn gelte das gleiche, bis Yuriko nach vielen «Bitte – o nein» . . . sich zu einem Fruchtsalat entschloß, den sie eilig mit einem großen Löffel aß, den Blick zur Uhr, deren Zeiger unerbittlich vorrückte.

Ihre Wangen röteten sich beim Essen – ich hatte ihr etwas Rum aus meinem flachen Fläschchen in den Fruchtsalat geschüttet. Aber es war nicht Mitleid, was mich unwillkürlich im Rhythmus ihres Löffels und mit Lalala die Melodie zu dem Text singen ließ: «Saag, ist es Lieiebe, die hier so brennt . . .»

Mit dem letzten Löffelschlag blickte Yuriko auf und sagte triumphierend: «Mozart!»

Der Marsch durch die Stadt war für mich eine einzige Qual. Ich sah zum erstenmal die Sonne Nippons über Tokyo – eine blutigrote Sonne im Morgengrauen, die anzeigte, daß es ein heißer Tag werde. Obgleich ich nur mit Hemd und Hose bekleidet war, wie fast alle Teilnehmer des Zuges außer der hohen Geistlichkeit in der russischen Delegation, klebte mir bald das Hemd auf dem Leibe. Zudem sah ich mich vergeblich nach Yuriko um, sie war, Verrat, Verrat, Herrn Mascher in einem anderen Zuge zugeteilt. Es war mir schon aufgefallen, daß sich dieser Herr, mehr als ich gestatten konnte, für Yuriko zu interessieren schien.

Mit mir wanderte durch die vor Hitze glühenden Straßen, deren Ginkgo-Bäume zu beiden Seiten nur spärlichen Schatten boten, der wackere, der getreue Shinohara, der die ganze Nacht an den Reports gebastelt hatte und mir diese nun in seiner in gestochen lateinischer Schrift geschriebenen Übersetzung überreichte. Herr Shinohara erklärte mir – und nicht zu meinem Trost –, wieso die Dolmetscher für Deutsch so reichlich den deutschen Delegierten zugeteilt waren. Man hatte für Polen, die Tschechoslowakei, Ungarn und Rumänien keine Dolmetscher gefunden, welche die Sprache dieser Länder hinreichend beherrschten, und angenommen, daß diese Vertreter Mitteleuropas alle Deutsch verstünden. Aber die Delegierten dieser Länder hatten erklärt, «nix deutsch». Und so wurden sie dem russischen Allroundman zugeschoben. Nun schob ich mich also zwischen Sansibar und England, um einen möglichen Ausbruch von Feindseligkeiten im Keim zu ersticken. Ich fiel bald, dem Marschrhythmus der Gongschläge nicht gewachsen, zurück. Und wir befanden uns, Polen und ich, bald wie Schlachtschiffe in schwerer See zwischen lauter kleinen Fischkuttern unter den Japanern der 4. Säule, ohne uns weiter verständigen zu können als durch freundliche Blicke und Gesten.

Ein junges japanisches Mädchen in Kimono und Obi und auf klappernden Getas marschierte bald neben mir, einen großen Fächer in der Hand, mit dem es sich Kühlung zuwedelte. Es sah mich prüfend an, reichte mir plötzlich den Fächer und sprang aus der Reihe auf einen Laden zu, vor welchem Gefäße mit erfrischenden Getränken auf einem Tischchen aufgebaut waren. Sie kam mit einem großen Pappbecher zurück, den sie mir in die Hand drückte. Ich wollte dem kindlichen Wesen den Fächer, der mich wohltuend mit frischer Luft versorgt hatte, zurückgeben, aber mit einem Lächeln, das geradezu spitzbübische Züge andeutete, holte sie aus dem Ärmel einen zweiten Fächer, mit dem sie sich ostentativ zuwedelte. Jung-Japan blieb an meiner Seite, versorgte mich während des schier endlosen Marsches ebenso wie Polen mit Erfrischungen und strahlte ihr Lächeln mit einer Befriedigung aus, welche der Dienstbeflissenheit jeglichen Stachel nahm. Auf diesem Marsch war ganz Japan fröhlich und aggressiv zugleich und der Friedensmarsch wie ein Tanz bei einem Volksfest.

Ein großer schwarzer Wagen überholte den Zug. In ihm saß ein einzelner Herr, Jubel begleitete den Wagen, die Fahnen und Fähnchen flatterten, und Japan kreuzte die Hände vor der Stirn und rief: «Druschba, Druschba ...» Ich auch.

Herr Mikojan erwiderte den Freundschaftsgruß. Sein Wagen fuhr nun dem Zug voran, bis Säule 4 und 3 vor einem Bezirksrathaus zusammentrafen.

Da erblickte ich Yuriko, die an der Marschsäule entlangeilte und nun auf mich zuschoß. Ich begrüßte sie mit einem vorwurfsvollen Gesang: «Täubchen, das entflattert ist.»

Und Yuriko antwortete mit flatterndem Atem: «Und stille mein Verlangen», um sogleich diensteifrig zu berichten, der Herr Bezirksbürgermeister möchte mich zu einem kleinen Imbiß empfangen. Und dann fuhr sie in die Menge wie das Fährschiff im Hafen von Hongkong durch die chinesischen Dschunken und bahnte mir so den Weg in das Innere des stattlichen Gebäudes im internationalen Rathausstil.

In einem großen, ziemlich dunklen Raum mit Klimaanlage präsidierte der Bürgermeister vor Tischen mit Sandwichplatten und Juice – ein sehr würdiger Herr mit kurzgeschorenem grauen Haar, der die sichtlich erschöpften ausländischen Delegierten, die «Overseas», die sofort begannen, sich ausgiebig an den Platten zu delektieren, mit einigen japanischen Sätzen begrüßte.

Ich hielt Yuriko währenddessen gefangen mit der Erklärung, ich würde keinen Bissen essen, den sie nicht mit mir teilte, aber Yuriko beschwor mich mit ihrem: «O nein, bitte» und nickte dem Bürgermeister zu, um mir dann sogleich mitzuteilen, der würdige Herr wünsche, sich mir vorzustellen, verbesserte sich, ich solle ihm vorgestellt werden, und da war er schon an meinen Tisch getreten, und ich mußte Yurikos Hand freigeben und machte eine tiefe japanische Verbeugung, die er sogleich mit einem sehr sympathischen Lächeln erwiderte. Und dann erfuhr ich, daß dieser Mann als eines der leitenden Mitglieder des Ständigen Kongresses im Juni dieses Jahres in Westdeutschland gewesen sei – in Heidelberg, und bei diesem Namen verklärte sich sein Gesicht und er wiederholte «In Heidelberg» – dieser wirklich schönen Stadt –, um für den Kongreß zu werben, und dort habe man mich als Delegierten von Westdeutschland vorgeschlagen – ich hätte doch beabsichtigt, einen Film über 08/15 zu schreiben, und er habe begeistert zugestimmt, weil ich dann in Hiroshima gewichtige Einblicke sammeln und mit mir nehmen könne. Er sprach fließend deutsch und ich machte verwirrt eine tiefe japanische Verbeugung, die er abgewogen ebenso tief erwiderte. Solche verwirrten Wege war also die Saga von dem Hiroshima-Film gelaufen. So konnte ich nur antworten, ich sei sehr froh, so liebenswürdig eingeschätzt zu werden, und hoffte in der Tat einmal meine Eindrücke von Hiroshima verwerten zu können. Und dann sprach der Herr Bezirksbürgermeister mit England englisch, mit Polen polnisch und bat mich deutsch, wir drei Herren möchten nach dem kleinen, bescheidenen Imbiß draußen vor der Menge der Marschierer einige Worte sprechen.

Am Portal des Rathauses war ein Lautsprecher angebracht. Der einzige Delegierte von Großbritannien stand mitten in der Menge und sprach englisch ins Mikrophon – ein schmalbrüstiger Mann mit gutgeschnittenem, sehr britischen Gesicht, angenehm leise, der während des Kongresses von Mann zu Mann gegangen war mit der Frage, ob da wohl einige Briefmarken zu tauschen wären. Der japanische Dolmetscher übersetzte, während er britisch sprach, er las dabei ab, offenbar war es der Report, den der Vertreter des Birmingham-Zweiges seiner Friedensorganisation, Dr. John Framlin, Lecturer in Physics, vor der Menge wiederholte und also berichtete, wie schön es sei, daß in der britischen Friedensbewegung nun auch gerade die Jugend auf die Straße gegangen war zu Friedensmärschen. Er selber und seine Frau und seine Kinder marschierten ebenfalls immer mit, und er befürchte, daß im Falle eines Kriegsausbruches England hart getroffen werde, weil auf der Insel 70 Basen für nukleare Waffen installiert seien, die natürlich sofort angegriffen würden, wobei die britische Bevölkerung um die Hälfte reduziert werden könne. Auch in der Bucht von Tokyo seien nukleare Basen eingerichtet, und Japan und Großbritannien hätten also ein gemeinsames Interesse, das der Abrüstung, und er hoffe, daß die Völker in der Friedensbewegung allmählich stark genug vertreten sein würden, um die Atomwaffen-Großmächte vor einer die ganze Welt bedrohenden Anwendung dieser Waffe zu kontrollieren.

In der Ferne verkündeten Gongs, daß andere Säulen dem Hauptversammlungsplatz zuströmten.

Ich stand ganz oben am Portal und konnte den Platz übersehen, auf dem Tausende in großer Ruhe und offenbar abwartend den Reden lauschten. Von der Rede des kleinen, behäbigen und grauköpfigen polnischen Delegierten Dr. Jan Frankowski, Mitglied des Parlaments und Sprecher der katholischen Christlich-Sozialen Partei, konnte ich nichts verstehen, aber plötzlich zischelte mir Shinohara aufgeregt zu: «Er spricht von Auschwitz», er mußte erkannt haben, wie sehr mich das anging. Ich konnte dem einzigen Delegierten Polens über die Schulter blicken, seine linke Hand hielt das Mikrophon, und die tätowierte Nummer auf seinem behaarten Unterarm war zu erkennen. Am liebsten hätte ich ihn umarmt und mit ihm zusammen geweint, die unbewältigte Vergangenheit, die mich plagte, wie sie ihn plagen mußte, in der unmittelbaren Gegenwart zu bewältigen. Aber er sprach nicht zu Delegierten, er sprach zu Japanern, die da um ihn herumstanden, und ich konnte ihre Gesichter sehen, es waren jene Gesichter, welche den Japanern den Ruf eingetragen hatten, sie trügen Masken. Was damals in Auschwitz geschah, mußte ihnen sicherlich unbegreiflich sein wie der ganzen Welt, aber was den Deutschen vorgeworfen wurde, das mußte auch die Japaner treffen, die im Kriege mit den Deutschen verbündet waren und deren besiegte Führer zum erstenmal in der Geschichte als «Kriegsverbrecher» von einer zu hochgestapelten fremden Moral gerichtet wurden. Kein Japaner konnte es verstehen, und nun warteten sie auf das, was ihnen der Delegierte von Westdeutschland zu erwidern hatte. Und schon reichte mir Shinohara das Mikrophon.

Es war gut, daß Shinohara Satz für Satz übersetzte, er fuhr mit seinem Kopf vor den meinen und sprach ins Mikrophon. So konnte ich kontrollieren, was bei der Menge ankam, und ich konnte tapfer fortfahren und sagte einfach, was mir sozusagen von der Menge aus zufloß. Ich erweiterte also in Bruchstücken, was vielleicht am Ende eine abschließende Rede werden könnte. Ich ging davon aus, daß Japan und Deutschland, diese beiden Völker einst Rücken an Rücken zusammen gekämpft hatten, und die Atombombe wäre über Berlin und dem Ruhrgebiet gefallen, wenn wir nicht früher als Japan aufgegeben hätten. Als ich sagte, Deutschland und Japan hätten bis zur Erschöpfung im Kriege gekämpft, und so sei es nun notwendig, für den Frieden zu kämpfen, bis zur Erschöpfung, da schien mir die Menge zeigen zu wollen, wie sehr sie die bittere Konsequenz zu akzeptieren geneigt war. Ich sah keine Masken mehr, sondern sehr bewegte und wache japanische Gesichter.

Die Fahnen und Transparente schwankten und wurden hochgehoben und die Gongs ertönten. Ich fragte Yuriko, wo sie denn ihren lieben Freund Herrn Mascher gelassen hätte, sie erwiderte: «O bitte, ich habe mit Herrn Shimizu getauscht ...» und wir schlossen uns dem Ende des Zuges an, Herr Shinohara und Yuriko und ich inmitten einer Menge fröhlich durcheinanderlaufender Kinder, die eifrig ihre Fähnchen schwenkten. Uns folgte eine Reihe von Müttern, die ihre Babys im Obi trugen – und selbst die Schleifen der Obis warben mit japanischen Schriftzeichen für den Frieden. Wie beim ersten Marsch sah ich nichts von der Stadt, ich war wieder ganz mit mir selber und meinen Angelegenheiten beschäftigt. Aber diesmal dank meiner beiden Getreuen ohne weitere Beschwer. Das berühmte japanische Einfühlungsvermögen mußte Yuriko und Shinohara bewogen haben, von den Dingen zu sprechen, die mich bedrängten. Yuriko hatte nur eine sehr vage Vorstellung von dem, was sich in Auschwitz begeben hatte, aber Shinohara wußte merkwürdig gut Bescheid. Er meinte, der neuralgische Punkt in den Ausführungen des polnischen Delegierten sei wohl in der polnischen Neurose zu suchen, deren Ursache in Auschwitz besonders deutlich zu erkennen gewesen sein mußte. Trotz allem Ungemach, welches das polnische Volk während des Krieges zu erdulden hatte, war doch im geheimen eine Art höhnischer Genugtuung deutlich spürbar, daß die Deutschen eine Frage lösten, die auch das polnische Volk lebhaft bedrückt hatte. In Polen lastete die Judenfrage wenn nicht in der Oberschicht so doch im Volke als ein Problem, das es seit Jahrhunderten in der peinlichsten Weise beschäftigte. Das Judentum wirkte eben doch im Bewußtsein des polnischen Nationalcharakters nicht als eine anpassungsfähige Minderheit wie etwa die der Litauer und Ukrainer, sondern als ein Fremdkörper, der sich durchaus nur im eigenen Zusammenhalt genügte und mit der eigenen Religion auch die eigene Sprache bewahrte: ein aus dem Deutschen gewonnenes Idiom, das Jiddische – Juden galten als eine besonders perfide Irredenta der Deutschen. Die deutsche Besatzungsmacht mußte wohl die polnische Bereitschaft in dieser Frage deutlich genug aufgespürt haben, um sie skrupellos zu nutzen. In Japan sei diese Problematik völlig unverständlich, da habe es eine Judenfrage niemals gegeben – natürlich hätten auch Juden in Japan gelebt, aber sie waren nach ihrer jeweiligen Oversea-Nationality eingeordnet gewesen. Und als mit der Machtergreifung der Nationalsozialisten in Deutschland auch jüdische Emigranten nach Japan kamen, galten sie natürlich als Deutsche, bis von seiten der deutschen offiziellen Behörden die unbeholfene Mitteilung kam, das seien nicht die richtigen Deutschen, und so teilten die Japaner die Deutschen ein in «the real German» und «the other German», die inneren deutschen Querelen gingen sie nichts an. Auch ihm selber, ihm, Professor Seiei Shinohara sei die Judenfrage und ihre Behandlung völlig unverständlich gewesen, unverständlich und politisch einfach dumm. Er war als junger Mann nach Deutschland gekommen, um dort zu studieren, Germanistik, Literatur und Philosophie, und darüber hinaus interessierte ihn das große politische Experiment einer Vereinigung des Nationalismus mit dem Sozialismus, die ihn, den japanischen Sozialdemokraten, als eine gerade für Japan mögliche politische Erscheinungsform zu studieren gereizt habe. Er fand eine Menge deutscher Freunde, aber weder einen Zugang zur nationalsozialistischen Ideologie durch die deutsche Geschichte und Philosophie, noch überhaupt eine brauchbare Definition dessen, was in Deutschland ideologisch eigentlich gewollt werde. Als der Krieg ausbrach, strebte er zurück nach Japan und wandte sich an seine Botschaft, die aber bestimmte ihn, in Deutschland zu bleiben, um sich, da er die schwierige deutsche Sprache so gut beherrschte, zur Verfügung der Botschaft zu halten. Diese aber stellte Shinohara zur Verfügung des deutschen Außenministers, den der Gedanke bewegte, nach dem Zusammenbruch der deutsch-englischen Politik sei es angebracht, wenn in den deutschen Gymnasien statt Englisch die japanische Sprache gelehrt werde. Und so wurde – hier lachte der Professor Shinohara so laut auf, daß ich geradezu zusammenschrak – Shinohara von Ribbentrop zum Professor ernannt, der die Primen des berühmten Joachimstalschen Gymnasiums in Templin, Uckermark, die japanische Sprache zu lehren hatte, ein völlig verfehltes Experiment: die Primaner mußten sehr bald ins Feld ziehen und hätten zweckdienlich besser Russisch gelernt. Aber Shinohara stieg die Treppe hinauf. Er durfte in Königsberg an der Universität Vorlesungen halten, über den Einfluß Kants auf die Philosophie des Zen, eben jene Philosophie, die ihn aufrechterhielt, als er die Bombardierung und Zerstörung der deutschen Städte miterlebte, die Gefangennahme und Internierung durch die Amerikaner, den Hunger und die beispiellose Entwürdigung, bis er endlich mit dem anerkannten Status als Diplomat mit seinen japanischen Kollegen von Badgastein aus in seine japanische Heimat abtransportiert werden konnte. Und nun war er Professor für Germanistik an der Universität von Tokyo und ernährte sich, mehr schlecht als recht, von den Kolleggeldern seiner Studenten, den 750 Besuchern seines Seminars, gelegentlichen Aushilfen als Dolmetscher, einigen Schriften über Kant und die Zen-Philosophie – armer Shinohara!

Aber er lachte so laut, daß Yuriko ihn ängstlich anschaute, offenbar innerlich ganz entsetzt über die schamlose Offenheit des guten Mannes – von Yuriko hatte ich noch nicht ein einziges

Wort über ihr Leben und Schicksal gehört, und hoffte nur, daß der Einfluß deutschen Wesens auch bei ihr die ängstlich verschlossenen Tore sprengen werde.

Die Marschsäulen 3 und 4 waren an einem großen Park als letzte angelangt und bewegten sich nun auf einen weiten staubigen Platz zu, auf welchem die Marschierer der anderen Säulen mit untergeschlagenen Beinen hockten. Ein Meer von Fächern wedelte in der heißen flimmernden Luft, die Fahnen und Transparente standen in den Boden gerammt und säumten die Blöcke, durch die nun der große Marsch von Hiroshima zu der Empore passieren konnte, vor welcher ein großer Platz freigehalten worden war. Auf der Empore hatten schon die auswärtigen Delegationen des Kongresses – aber nur in ihren Spitzen – platz genommen. Die übrigen Delegierten hatten sich an den beiden Seiten der Empore etabliert.

Professor Yasui hatte neben einer Musikkapelle, die mit Pauken und Trompeten den Hiroshima-Marsch spielte, den Einmarsch sozusagen abgenommen, er begrüßte mich als den Schlußmann des Einzuges freundlich, aber mit besorgter Miene. «Es sind 20000», sagte er, und ich hatte den Eindruck, daß diese stattliche Zahl seinen Erwartungen nicht entsprach. Ich konnte ihn nicht fragen, was ihn bekümmere, denn Yuriko floh. Auf der Empore saß schon der Delegierte von der DDR.

Ich rannte hinter Yuriko her, aber sie beachtete weder Mascher noch mich, sie warf sich geradezu in die schützenden Arme einer älteren, graublonden und sehr mütterlich wirkenden Dame, die meine kleine Yuriko auf ihren Schoß zog und mit beiden Armen zärtlich an sich drückte, als sei Yuriko ihr Kind.

Ich war bei Herrn Mascher stehengeblieben, er grinste und sagte: «Unsere süße kleine Yuriko ist vor uns bis nach Australien geflüchtet!» Die Bumsmusik machte eine Pause, und ich pfiff die Melodie aus der Fledermaus. Yuriko wandte den Kopf und lächelte mir zu. Auch die Dame lächelte, und es lächelte der Herr, der offensichtlich zu der Dame gehörte, ein Mann mit sehr markanten Zügen und hellem Haar, der sich auf einen

Krückstock stützte und unter dessen durchgeschwitztem Hemd eine Art Stützkorsett sichtbar wurde. Der Herr wies auf einen Schemel neben der kleinen Gruppe und setzte sich erst, als ich Platz genommen hatte. Die Dame sagte: «Yuriko ist unser Töchterchen, sie kann jederzeit zu uns nach Australien kommen», dabei drückte sie Yuriko an sich und setzte mit großem Ernst fort: «Man muß sehr zärtlich zu ihr sein.»

20000 Menschen warteten auf den Einzug der Marschsäule von Hiroshima, die auf 100000 Menschen geschätzt wurde. Sie war am Weichbild der Riesenstadt angekommen und wand sich nun durch die Straßen von Tokyo, es mochte noch Stunden dauern, bis die Marschsäule auf dem Versammlungsfeld eintraf. Die Bumskapelle spielte, um den Wartenden die Zeit zu vertreiben, zur Belustigung der Japaner und zu Ehren der auswärtigen Delegierten die betreffenden Nationalhymnen.

Der australische Delegierte, der während des pazifischen Kriegs gegen die japanischen Gegner gekämpft und es in den australischen Streitkräften bis zum General brachte, hatte die japanische Besatzung in Hongkong gegen Ende des Krieges zur Kapitulation gezwungen. Schwer verwundet hörte er auf der Heimreise vom Abwurf der Atombombe, ließ das australische Schiff sofort den Kurs wechseln und kam wenige Tage später nach Hiroshima. Er sah die Zerstörungen der japanischen Hafenstadt und kehrte nach Australien zurück, um sofort den Dienst zu quittieren und eine australische Friedensbewegung zu organisieren, wobei ihn seine Ehefrau im Aufbau der australischen Frauen-Friedensunion unterstützte. Es waren nicht nur humanitäre Gründe, die ihn dazu veranlaßt hatten, sondern auch die Erkenntnis von der Verwandlung der militärischen und politischen Lage, welche die neue, fürchterliche Waffe herbeiführen mußte.

Asien quoll über, 700 Millionen Chinesen, 500 Millionen Inder, 200 Millionen Indonesier und schließlich 100 Millionen Japaner konnten in ihren Räumen nicht mehr ernährt werden, aus Mangel an Bodenschätzen und wegen der industriellen

Unterentwicklung. Ganz Asien drängte zur Expansion. Japan auf vulkanischen Inseln, die nur etwa 15 % landwirtschaftlicher Nutzfläche freigaben, machte vergeblich den Anfang in der Mandschurei, deren Eroberung zum langjährigen Krieg mit China führte, aber Japan konnte schon aus klimatischen Gründen seinen Überschuß an Menschen nicht zur Siedlung in einem an sich schon überfüllten Territorium unterbringen und war gezwungen, die Industrialisierung dieses Landes wenigstens im Kampf als «Vormacht Asiens» weiterzutreiben. Diese Rolle fiel Japan zwangsläufig zu. Indien konnte seinen Überschuß nach Afrika ableiten, China sich in ganz Asien ausbreiten, Indonesien auf den Inseln – alle aber im Kampf gegen den Kolonialismus, für welchen nicht die nationalen Grenzen der Völker bestimmend waren, sondern die Maßstäbe der eigenen Machtfragen als Vormacht Asiens – aber wozu und gegen wen?

Da war der kontinentalen Masse Asiens noch ein Kontinent vorgelagert, klimatisch angenehm und hinreichend groß, um die Ausbreitungsbedürfnisse der asiatischen Völker zunächst zu befriedigen. Und dieser Kontinent ist leer, auf ihm wohnen ganze 12 Millionen Weiße, etwa so viel Einwohner, wie sie sich allein in Tokyo zusammenballen. Und diese Leute lassen keinen Farbigen herein, ausgenommen einige 1000 japanische Perlenfischer, und auch die nur für Zeit und Gelegenheit. Aber Australien sei für eine Massenbesiedlung völlig ungeeignet, sagen die Australier, im Inneren des Kontinents sei nichts als Steppe und Wüste, und die Japaner sagten: «Laßt nur 10 Millionen Japaner hinein. Sie haben ihre zerklüfteten vulkanischen Inseln zu einem Paradies geschaffen, ihr werdet sehen, was aus eurer Wüste wird.»

Die Amerikaner haben nach dem Schlag von Pearl Harbor lange Zeit einfach nicht gewußt, wohin die japanische Strategie zielte. Sie haben ihre Flotte wiederaufgebaut, während die Japaner im Pazifik von Insel zu Insel hüpften, Hongkong und Singapur vom Lande her eroberten, in Burma bis zur indischen Grenze vordrangen und die Philippinen besetzten. Erst als sie sich Neuguinea näherten, begriffen die Amerikaner, daß es um

Australien ging, und setzten ihre ganze Macht in der Stoßrichtung ein, die nun als das Kriegsziel Japans erkannt wurde. Die Bomben von Hiroshima und Nagasaki beendeten den Krieg, aber sie veränderten die Verhältnisse nicht, unter denen Asien ob mit oder ohne Vormacht gezwungen ist, zu handeln. Wenn die amerikanische Politik nicht, aus welchem Antrieb auch immer, die Kette löst, die sie um Asien geschmiedet hat, wird diese mit Gewalt gesprengt. Der dritte Weltkrieg findet über Australien statt und wird ein Krieg der nuklearen Waffen sein – und es wird in diesem Krieg keine Sieger geben, die sich zu spät fragen können, ob es nicht besser gewesen wäre, den Kontinent zu öffnen und einzuordnen, statt zu vernichten.

Professor Yasui sagte: «Japan hat, wie das verbündete Deutschland auch, die Niederlage nicht mit einer Revolution verbunden, die imstande gewesen wäre, eine neue nationale Souveränität herzustellen, wie es Rußland nach dem Ersten Weltkrieg gelungen ist. Der innere Aufbau der Gesellschaft in Japan blieb im Grunde unverändert, mit dem einzigen Unterschied, daß die Militärs, die den Krieg heraufbeschworen, geführt und verloren hatten, ihrer Machtstellung verlustig gingen. Die Friedensbewegung, die Verbindung der Jugend und der Intelligenz mit den Massen, konnte sehr wohl damit rechnen, in Verbindung mit jenen Parteien, die sich zu den Zielen der Bewegung bekannten, maßgeblichen Einfluß im Parlament und gegebenenfalls in der Regierung zu erlangen, aber gerade diese Parteien, bestrebt, die Massen für ihre sozialen Ziele zu organisieren, zerstritten sich, die Sozialdemokraten fürchteten wohl den Einfluß der Kommunisten in der Friedensbewegung und glaubten im übrigen, mit ihren Massen auch die Führung der Friedensbewegung gewinnen zu können, die aber ihrer ganzen Wesensart nach überparteilich bleiben mußte. Die Kommunistische Partei ist in Japan sehr klein. Sie hat nur zwei Abgeordnete. Sie ist in sich zerstritten, sie schwankt zwischen dem Kommunismus in Rußland und dem in China, ihre Führung hat überhaupt keinen Einfluß auf die Friedensbewegung, die logisch durch die starke Symbolkraft des Marsches in Hiroshima die Friedensbewegung in allen Ländern durch den ständigen Kongreß zusammenzuführen und weltweite Wirkungen zu erzielen vermag. Innenpolitisch können wir die einmal versäumte Revolution nicht nachholen und wollen das auch gar nicht. Aber wir können durch die Massen, die außerhalb der Parteien zu unseren Zielen stehen, so viel Einfluß demonstrieren, daß es die inneren Mächte, die Parteien und die Bürokratie, schließlich auch die Regierung nicht wagen können, sich unseren Forderungen grundsätzlich zu verweigern – am Ende aber auch außenpolitisch die Vorteile wahrzunehmen, die unser entschiedenes Auftreten bietet. Die japanische Regierung kann bei Anforderungen, welche die großen, imperialen Mächte an sie stellen, auf den durch uns repräsentierten Volkswillen verweisen und freie Hand gewinnen. Das hat sich bei dem Besuch Eisenhowers erwiesen, dem unsere Studenten hinlänglich klargemacht haben, daß seine Politik in Japan zu einem Aufstand der Massen führen könne. Ähnliche Verhältnisse sind natürlich auch in allen anderen Ländern möglich, und am Ende wollen wir – und es scheint uns dies durchaus notwendig – der UNO der Mächte sozusagen eine UNO der Völker entgegenstellen.»

Der Delegierte von Kanada, der Volksrepublik China, Chairman des ständigen Kongresses, Endicott, sagte: «Die Berlin-Krise wird nicht zu einem Kriege führen. Die beiden Großmächte, die als ihrer Weisheit letzten Schluß den famosen ‹Status quo› geschaffen haben, können es sich gar nicht leisten, die Berlin-Frage zu lösen. Sie ist gerade als Krisenherd von höchstem Nutzen für diese omnipotenten Nichtskönner. Sie dient als Tarnung für die Möglichkeiten, den Status quo andernorts aufzuheben, da, wo neue Machtkonzeptionen zu einer Änderung der unmöglichen Verhältnisse drängen. In Asien, wo es nirgends lohnt für die beiden feindlichen Partner, mit ihrem riesigen Atompotential übereinander herzufallen – als eine Möglichkeit, die in ganz Asien mit einem heimlichen silbernen

Lachen in Rechnung gestellt wird und alle anderen Völker der Welt tief aufatmen läßt. Sollte es in Asien zu einem Kriege kommen, so werden die Atombomben auf Gebiete fallen, die Interessengebiete der beiden Atomgroßmächte sind. Daß die asiatischen Mächte sich nicht untereinander im Kriege zerfleischen mit konventionellen Waffen, von denen sich nur Narren einbilden, sie seien menschenwürdiger, das dürfte die Aufgabe der Friedensbewegung sein, vertreten durch den ständigen Kongreß.»

Der Delegierte von Rumänien, der rumänische Atomphysiker Professor Dr. Hulubei sagte: «Sie haben das fürchterliche Verkehrschaos in den Straßen Tokyos, in den Großstädten der ganzen Welt gesehen und kennen die verheerenden Folgen. Bei richtiger Anwendung der Kernenergie wird eine weitere Dekomposition der Umwelt kaum möglich sein. Es ist heute schon theoretisch möglich, zum Beispiel die Motorfahrzeuge mit Kernenergie zu versehen. Aber bitte bedenken Sie, was geschieht, wenn es praktisch möglich wäre. Bedenken Sie, welche gewaltigen Industrieballungen durch die Ölwirtschaft gebunden sind. Bedenken Sie, welche Masse von Menschen, die von der Autoindustrie, von der Ölindustrie bis zuletzt zu den Taxifahrern und dem Tankwart durch die Einführung der Kernenergie unmittelbar getroffen werden. Bedenken Sie, daß in der westlichen Welt das Kapital über die Ölenergie verfügt und in sie investiert hat. Es würde ein Chaos entstehen, das zu einer vollständigen Umwälzung aller sozialen Umstände führen muß. Wir brauchen Zeit, wir brauchen wissenschaftliche Untersuchungen der möglichen Folgen, wir brauchen geisteswissenschaftliche Forschungen, welche es ermöglichen, neue Ordnungen zu durchdenken und einzuführen. Die Kernphysiker der ganzen Welt, es sind in ihren führenden wissenschaftlichen Köpfen nicht mehr als etwa 400, die sich alle untereinander kennen und sich in Formeln unterhalten können, die kein Geheimdienst versteht, wissen, daß keine Macht der Welt auf die Macht der Wissenschaftler verzichten kann. An uns ist es nicht, die Macht auszuüben, die wir besitzen, aber es ist an uns, zu entscheiden, welcher Macht die unsere anheimgegeben werden soll. Wir sind wohl alle eines Sinnes mit den Göttingern, den 18 deutschen Kernphysikern, daß wir entschlossen sind, nur einer Macht, einer planenden Weltmacht dienen zu wollen. Wir betrachten es als größte Gefahr, wenn das Kapital, dessen Kriterium in der Spekulation beschlossen liegt wie in der Rüstungsindustrie, die gewaltige Konzentration der Kernenergie-Macht in die Hände bekommt und über sie nach spekulativen Gesichtspunkten bestimmt. Die planmäßige Entwicklung der nicht nur theoretischen Möglichkeiten aber ist teuer. Sie braucht Kapital, viel Kapital. Das können nur die nationalen Mächte, und auch die nur unter großen Opfern ihrer sonstigen Aufgaben aufbringen, indem sie sich planend entschließen, an einem Weltplan mitzuarbeiten, gleich welcher Art und Form, aber entschlossen, die schreckliche Perversion der Atombomben mit allen Mitteln zu bekämpfen. Und bedenken Sie, daß die beiden einzigen Atombomben, die bisher zum Zwecke einer totalen Vernichtung und als eine ungeheuerliche Drohung des Weltunterganges gezündet wurden, amerikanischen Ursprungs sind!»

Ich muß zugeben, daß ich es bei meiner beweinenswerten Vorliebe, in Relation zu denken, bemerkenswert fand, daß es jetzt das Deutschlandlied war, welches genau nach dem Text: «... brüderlich zusammenhält» von der japanischen Bumskapelle abgebrochen wurde. Sie setzte mit dem Hiroshima-Lied ein.

Wir standen auf der Empore und erwarteten den Einzug des Hiroshima-Marschblocks. Die Masse vor der Empore hatte sich erhoben. Sie wandte sich dem Schauspiel des Einmarsches zu, die Fahnen und Embleme hoben sich grüßend, und die schier unübersehbare Menge sang das Hiroshima-Lied. Fern wanderte ein Fahnenwald auf das große, nun schon überfüllte Feld zu. Yuriko stand neben mir, und ich fühlte ihre Hand in der meinen. Sie sah mich an, als ich mich ihr zuwandte, und sagte eindringlich: «Sie kommen!»

Sie kamen. Hiroshima ist gute 900 km von Tokyo entfernt. Vor 6 Wochen waren die Leute aus Hiroshima dort aufgebrochen. Auf ihrem langem Weg schlossen sich die Gruppen von Nagasaki und der Städte und Dörfer an, die der Zug passierte. Sie hatten das Gebirge bei Sturm und Regen 90 km lang überschritten, sie trugen Jacken, auf denen ihre Friedensparolen aufgetuscht waren, sie waren zum Teil in den Trachten ihrer Heimat, Männer, Frauen und Kinder, die Mönche mit den Gongs und dem Bettelsack, die Bauern mit dem Sack voll Reis und der Reishacke, mit unzähligen Fahnen, von denen keine mit einer anderen gleich war – und wurden erwartet von dem Geflimmer und Gezitter unzähliger bewegter Fächer, Tücher und dem unendlichen Jubel und Klatschen der Menge auf dem Platz. Die einzelnen Führer der Marschzüge, zweiundzwanzig an der Zahl, geleiteten den riesigen Zug durch die Menge bis vor die Empore, wo sie sich aufbauten, darunter der über 60 Jahre alte Führer des Hiroshima-Kontingents, ein Mann mit zerfurchtem und von Brandnarben gezeichnetem Gesicht, der über 60 Tage unterwegs war, drei buddhistische Mönche – die Buddhisten-Priester unterstützten geschlossen den japanischen Rat der Friedensbewegung –, weiterhin zwei Frauen, eine alte, welche die Fotografien ihrer durch die Bomben getöteten Kinder vor der Brust hielt, und eine junge Frau, die in ihrem Obi ihr Baby mit sich trug, und zwei Männer, die lange Jahre hindurch, monatelang im Hospital verbringen müssen, wie mir Yuriko mitteilte, welche ihre Kenntnisse den japanischen Schriftzeichen entnahm, die den Jacken aufgetuscht waren. Als die Musik verstummte, schwieg auch die Menge, eine Minute lang standen die Menschen tief gebeugt und schweigend.

Erst als Professor Yasui einige Worte der Begrüßung sprach, wie mir schien, schweifte dabei sein Auge befriedigt über die Masse des riesigen Zuges, welche die der Tokyoter Marschzüge deutlich überwog, schlüpfte Yurikos Hand aus der meinen, und gleich darauf reichte sie mir einen großen Kranz auserlesener Blumen, so wie sie nur Japaner zusammenstecken können, und einen zweiten Kranz dem Kollegen Mascher. Die Delegierten schmückten mit diesen Kränzen die Führer des Zuges aus Hiroshima, ich suchte mir die junge Frau mit dem Baby aus, Kollege Mascher eines der Atomopfer, dessen Arm von Brandnarben gezeichnet war und wie verdorrt niederhing. Blumensträuße und Kränze nun überall, ein Blumenmeer hatte plötzlich die Menge überschwemmt.

Und dann begaben sich die Delegierten unter die Masse der Marschierer, die plötzlich nicht mehr als Masse, sondern als eine Gemeinschaft von aufgeweckten, fröhlichen und warmherzigen Menschen mit sehr lebendigen Gesichtern aufblühte. Die Delegierten passierten im Gänsemarsch durch eine schmale gewundene Gasse, unzählige Hände drückend. Das Schild auf meinem schweißdurchtränkten Hemd wies mich als Deutschen aus, und ich wurde vielfach mit deutschen Worten in japanischer Zunge begrüßt: «Auf Wiedersehen.» «Dankeschön.» «Isch liebe disch.» «Bittesähr.»

Als Yuriko sich rüstete, eine Rede des Professors Yasui zu übersetzen – und diese würde lang sein, des war ich gewiß –, entband ich das schmale, blasse Kind kraft eigenen Rechts von ihrer Pflicht und forderte sie strenge auf, mit mir nach Hause zu fahren und mir unterwegs mit ihren Dolmetscherkünsten behilflich zu sein.

Yuriko blickte mich erschrocken an: «Bitte, Sie müssen doch noch zur Hauptversammlung heute abend.»

Aber sie schien den Schlag zu empfinden, den sie mir mit dieser Ankündigung versetzte. Sie blickte mich liebreich an und meinte, wenn ich der Ruhe bedürfe, werde sie mich begleiten, denn sie glaube, ich werde in dieser großen, fremden Stadt umherirren, ganz allein, wie ein verlorenes Kind – und der Weg sei weit und ein Taxi sehr teuer. Sie lächelte listig, und wir entliefen sozusagen auf den Zehenspitzen.

«Bitte, Sie wollten doch das japanische Leben kennenlernen», sagte sie, während sie energisch einer Bahnstation zustrebte. Viele strebten dieser Bahnstation zu, die Bahnsteige waren überfüllt, und vor den Schaltern hatten sich Trauben gebildet. Yuriko wand sich geschickt durch die Massen, ein Zug lief ein, Yuriko hatte mich keinen Augenblick verlassen. «Die Fahrkarten, Yuriko.» Sie zauberte aus ihrer winzigen schwarzen Handtasche zwei Fahrkarten, und dann stürmten wir mit der Menge den schon vollbesetzten Zug. Rücksichtslos drängten sich die Leute durch die Türen, es schien unmöglich, mitzukommen. So packte und umarmte ich sie, drehte mich um und stieß wie ein Sturmbock mit dem Rücken in die Traube vor der Tür des Wagens. Als der Zug anfuhr, stand ich vollständig eingeschlossen und nicht imstande, auch nur den Kopf zu wenden. Ich hielt Yuriko an mich gepreßt und war beglückt, die geheime Kontaktfreudigkeit Japans am eigenen Leibe zu spüren. Ich sah nichts auf der ganzen, rasenden Fahrt durch die Riesenstadt als das kleine, anmutig lächelnde Gesicht meiner Yuriko und liebte sie mehr denn je. «Das ist das japanische Leben!» sagte sie. Sie versuchte keinen Augenblick, sich mir zu entziehen, eine einzige Bewegung deutete ich falsch: sie brachte es fertig, völlig unbekümmert um die völlig unbekümmerten Leute ringsum aus ihrer winzigen Tasche einen kleinen Fächer zu zaubern und wedelte mir mit der einen Hand Luft zu, während die andere die Tasche und meine Schulter umklammert hielt. Man mußte zärtlich zu ihr sein, Australien hatte es erkannt. 20 Millionen Japaner im Inneren Australiens, und dieser Kontinent würde ein neues Land des Lächelns sein.

Wir gingen schweigend und Arm in Arm nach Hause bis vor mein Zimmer im Prince-Hotel-Annex. Erst dort löste sie sich von mir und hauchte wie zum erwarteten Kuß: «Bitte, Sie haben zwei Stunden Zeit auszuruhen und sich umzuziehen. Dann werde ich wieder da sein. Wir fahren im Omnibus vom Hotel bis zur Hauptversammlung!»

Die Eidechsen raschelten wie das Reisstroh meiner Kopfrolle, und die Grillen zirpten dazu.

Es war schon dunkel, als Yuriko an meine Tür klopfte und sogleich davonhuschte, um mich draußen vor dem Annex zu erwarten. Sie hatte sich umgezogen, eine frische Blume angesteckt, und eine weiche, seidene gelbe Bluse zu einem dunkelgrauen Rock wirkte auf mich wie eine Erquickung: Sie war also nicht nur reinlich, sondern auch gewählt gekleidet.

Da standen die Omnibusse. Die Delegierten nahmen Platz, nur der Fahrer war ein Japaner und eine kleine Omnibus-Hostess, sie war sehr schick und kokett in ihrer Uniform in den Farben der Omnibuslinie, das schräge Schiffchen saß keck über dem Wuschelkopf, und sie war ausgestattet mit einer Trillerpfeife und einem roten Fähnchen. Ehe ich es mich versah, saß Yuriko schon neben Herrn Mascher, ich drängte mich hinzu und ließ einen Archimandriten mit langem Bart und großem goldenen Kreuz beiseite rutschen, während der Omnibus anfuhr.

«Die Kleine ist ja reizend», sagte ich zu Yuriko.

«Ja», sagte Yuriko, «und so tüchtig, Sie werden es sehen!» und unterhielt sich weiter mit Herrn Mascher.

Ich sah es, als wir vor einer Kreuzung hielten, eine sehr schmale Gasse ohne Bürgersteig mündete auf die Hauptstraße. Sobald der Polizist den Omnibus nahen sah, pfiff er und stoppte den Verkehr. Und dann begab er sich gelangweilt in seine Polizeibox, ein Betonhäuschen wie ein kleines Fort, aber ausgestattet mit allen möglichen Küchenapparaten und sicher auch mit einem hübschen kleinen Waffenarsenal.

Alle Autos hielten, das Omnibusmädchen war ausgestiegen, es erhob in der Mitte der Kreuzung die rote Flagge und grüßte die Autofahrer. Dann pfiff sie – der Omnibus setzte sich in Bewegung und fuhr schräge auf die schmale belebte Gasse zu. Das Mädchen pfiff und der Fahrer reversierte, sie pfiff, er fuhr an und in den Eingang der Gasse. Das Mädchen hob die rote Fahne, senkte sie grüßend und dankend und bestieg unter dem Hupen der Autos den Omnibus, der sogleich anfuhr. Der Polizist kam aus seinem Schlupfwinkel und gab die Weiterfahrt frei.

Der größte Saal der Stadt war für die Hauptversammlung gemietet. Er war schon überfüllt, als die Delegierten, durch Applaus geehrt, zur Empore strebten. Von der Decke strahlten ganze Batterien von Scheinwerfern in den Saal, sein weites Parkett war von drei übereinanderliegenden Rängen umgeben – auch diese waren überfüllt, es mochten wirklich 20000 Menschen hier versammelt sein, weiße Hemden, schwarze Hosen, die Frauen meist ebenso schwarz-weiß oder – wenige – in bunten Kimonos, schwirrende Fächer und junge Gesichter – am Eingang der Empore gegenüber standen die Leute dichtgedrängt.

Professor Yasui sprach. Offenbar rezitierte er den Report des japanischen Rates und der war vermutlich lang. Yuriko übersetzte, aber nicht mir, sondern dem Kollegen Mascher. Heinz-Wolfram, du beginnst, mir fürchterlich zu werden. Es war sehr heiß, und ich war sehr müde und bekümmert, und meine Drüsen, die schon so schön zurückgegangen waren, schienen wieder geschwollen zu sein.

Yasui sprach und sprach. Die Scheinwerfer knallten mir das Licht in die Augen. Da stand Shinohara neben mir. Ich sagte böse: «Sie brauchen nicht zu übersetzen!» Er lachte und sagte, das habe er erwartet. Aber nach der Rede Yasuis sollten die einzelnen Delegationen zu Worte kommen, und ich solle als erster sprechen – wegen der Berlin-Krise.

Und schon hob Yasui die Stimme und wies mit seinen letzten Worten, vom Beifall überrauscht, auf die Delegierten und reichte mir das Mikrophon.

Und so sprach ich denn meine Brocken und Shinohara übersetzte jeden Satz. Von der einen Seite der Ränge setzte nach jedem Satz, den ich sprach, Beifall ein, der sich dann allgemein steigerte, wenn Shinohara übersetzte. Auf den Rängen saßen offenbar die Japaner, die Deutsch verstanden und die Gelegenheit nutzten, ihre Sprachkenntnisse zu verbessern. Aber es mußten sehr viele sein, und sie feuerten mich zu immer verwegeneren Sätzen über die Parallelität des deutschen und japanischen Schicksals an.

Aber der Schlußbeifall wurde durch eine merkwürdige Unruhe am Eingang unterbrochen. Shinohara sagte aufgeregt: «Mikojan! Das muß Mikojan sein!»

Am Eingang teilte sich die Masse vor der geöffneten Tür. Jetzt rauschte der Beifall auf. Ein Applaus, der alles übertönte.

Es war nicht Mikojan.

Es war Fidel Castro – Fidel Castro persönlich, in seinem Dschungelkampfanzug mit seiner Mütze und seinem Bart. Und er trug schußbereit seine Maschinenpistole, er trat ein, sah sich um wie ein Triumphator vom Jubel umbraust.

Es war nicht Fidel Castro. Ein zweiter Fidel Castro, ebenso mit Mütze und Bart, ebenso dschungelkampfbereit mit seiner MP, war eingetreten.

Es war die Friedensdelegation von Kuba.

Und hinter den beiden Dschungelkriegern kam die Dschungelbraut, eine stolze, schlanke Schönheit mit leidenschaftlich blitzenden Augen. Das lange schwarze Haar mit einem Kamm hochgesteckt, von dem eine spanische Mantilla herniederwallte ...

Und so schritten sie durch die Menge, die sich vor ihnen öffnete, und der eine Dschungelkrieger schoß aus seiner Maschinenpistole links rote, grüne, gelbe Zuckerkugeln. Zucker aus Kuba! Und der andere schoß rechts Zigarren in die Menge. Havannazigarren aus Kuba. Und das Mädchen, das ich sofort «La Passionara» zu nennen beschloß, schoß ihre Leidenschaft mit glühenden Blicken in den Saal.

Kuba war zu spät gekommen, aber Kuba war da.

«Kuba, Kuba», rief die Menge.

Mich zupfte jemand an meinem Hemdzipfel. Ich drehte mich um. Gebrochen saß der Delegierte aus Polen hinter mir. Nun stöhnte er: «Das ist zuviel», er keuchte: «Kuba ist zuviel.» Er sah mich flehend an und stöhnte: «Wie können Sie es aushalten, Sie sind doch auch so dick wie ich, diese Hitze und nun noch Kuba, ich bin am Ende, Sie nicht, nein? Aber bitte, haben Sie doch Mitleid. Sie müssen doch auch Durst haben, Durst auf ein schönes eiskaltes, gepflegtes Bier.»

Das überwältigte mich. Die Menge tobte über Kuba, und die Scheinwerfer knallten Hitze in den Saal.

«Bier», rief ich aus.

Polen flehte: «Ich kann nicht mehr, aber Sie sind stark. Können Sie denn kein Bier besorgen?»

Ich sagte verzweifelt: «Aber hier gibt's kein Bier, ich hab mich schon erkundigt!»

Polen gab nicht nach: «Sie sind stark, Sie können alles, wenn Sie wollen. Wollen Sie nicht ein Taxi besorgen, und wir fahren ins Hotel – und dort kriegen wir unser Bierchen, das gute, kalte, japanische Bier, bitte, bitte!»

Ich erwiderte, während mir die Zunge im trockenen Gaumen schwoll: «Ich könnte schon – aber bitte, umsonst ist der Tod, und der kostet das Leben! Wie steht es mit der Oder-Neiße-Linie?»

Polen stöhnte auf. «Ach, diese Deutschen, so stark und so streng. Nun gut, sprechen wir von der Oder-Neiße-Linie, beim Bier, beim Bier!»

Wo war Yuriko, mein Schutzengel? Yuriko sprach mit der DDR. Sie redeten eifrig miteinander, sie applaudierten dabei der Delegation von Kuba, die nun an der Empore, ziemlich leergeschossen vermutlich, angelangt war. Yuriko, meine Yuriko, in der Rolle der Madame Butterfly!

«Gut», sagte ich zu Polen, «fahren wir!»

Im Taxi hatte der Delegierte Polens, überzeugter Katholik und Weltfriedensfreund, der so gut Deutsch sprach bis in den leichten Slang der Alltagssprache hinein, kein Wort gesagt und nur mit geschlossenen Augen vor sich hin gekeucht, und dann schweigend dem Delegierten aus Westdeutschland die Bezahlung des Taxis überlassen. In der Halle des Annex hockten die japanischen Angestellten vor dem Fernseher und delektierten sich an den Baseball-Hochschulmeisterschaftsspielen – Polen sagte nur ein Wort: «Bier!»

Der große Eßsaal war öde und leer, einsam saß der Delegierte der Tschechoslowakei, der etwa 30jährige Professor Jan Tomko, Dekan der Rechtsfakultät der Universität von Preßburg. Er saß bei einem Bier. Auf dem Tische stand eine große

Flasche des japanischen Bieres, auf deren blauem Etikett das Wort «Lagerbier» stand. Aufseufzend ließ sich der Delegierte von Polen neben seinem Warschauer-Pakt-Kollegen nieder, der Delegierte für Westdeutschland ergriff die Flasche und hielt sie den beiden Herren entgegen: «Lagerbier», sagte er mit aufreizender Betonung dieses Namens.

«Ja», sagte der Delegierte der Tschechoslowakei aus Bratislava, «der Name ist deutsch, das Wasser ist das gute japanische Wasser. Aber das Bier ist ein Pilsener Bier! Wirklich! Ich muß es ja wissen, wir liefern nicht nur das Rezept, sondern auch die ganze Stammwürze.»

Und schon hatte die schweigsame, ältliche Aufwartung drei Flaschen und zwei Gläser auf den Tisch gestellt und eingeschenkt. Das Bier war kalt und zischte in die heißen und trockenen Kehlen, nachdem der Delegierte für Westdeutschland gesagt hatte: «Na denn, auf gut japanisch Kambei, auf gut deutsch Prosit! Sie sprechen doch beide gut Deutsch», fuhr er fort. Die beiden Herren wechselten einen Blick.

Dann sagte Polen: «Mit Ihnen schon», und die Tschechoslowakei setzte fort: «Sprechen schon, aber wenn wir sagen, wir verstünden Deutsch nicht, meinen wir natürlich, daß wir die Deutschen nicht verstehen. Das können die Japaner wiederum nicht verstehen!»

«Kollege Mascher und ich», sagte der Delegierte für Westdeutschland, «haben das auch nicht verstanden. Sie sagten: Mit Ihnen schon! Warum nicht mit dem Kollegen von der DDR?»

Polen verschluckte sich: «Mit dem sprechen wir nicht Deutsch, weil man sich mit ihm nur auf parteichinesisch unterhalten kann!»

Die Tschechoslowakei lächelte japanisch. «Das sprechen wir auch, aber die Genossen dadroben in der DDR wissen alles besser und verstehen uns nicht!»

«Sie wissen nicht nur alles besser, sondern sie wollen auch, daß wir alles besser machen. Sie wollen einfach nicht begreifen, daß wir unseren eigenen Stiebel leben wollen, und nicht ihren

Kommißstiebel. Und das ist auf gut deutsch: Verdammt deutsch! Sie sind ja so stark und tüchtig! Und wir wären ja gern bereit, sie zu bewundern! Wenn sie nicht so penetrant forderten, daß sie auch gehörig bewundert werden!»

Der Delegierte für Westdeutschland faßte sich und rief: «Bier her, Bier her, oder ich fall um!» Und das Bier kam.

«Kambei! Auf Ihr Wohl», sagte die Tschechoslowakei, «mit Ihnen kann man wenigstens reden wie am Stammtisch.»

Aber Polen wollte nicht gemütlich sein: «Und auch Sie bohren mit Ihren schmutzigen Fingern in unseren blutenden Wunden. Die Oder-Neiße-Linie, es ist keine schöne Grenze, und weder Sie noch wir haben sie geschaffen. Aber es ist eine Grenze, sie trennt uns in ihrer ganzen Länge von der DDR, und das geht Sie in Westdeutschland gar nichts an. Die Flüchtlinge, die Vertriebenen? Begreifen Sie denn nicht, wir wollen die Deutschen nicht über uns und nicht unter uns haben. Wir wollen sie neben uns haben. In seiner Geschichte stand Polen zwischen dem Deutschen und dem Russischen Reich. Aber immer mit dem Willen zur eigenen Nation und wurde geteilt und immer wieder geteilt. Unsere Kriege waren Aufstände und unsere Kriegshelden revolutionäre Freiheitskämpfer!»

«Unsere Kriege», sagte der Delegierte der Tschechoslowakei, «waren nicht unsere Kriege, sondern die des Reiches, des Heiligen Römischen Reiches Deutscher Nation, des Habsburger Reiches und des Deutschen Reiches, bis zum Großgermanischen Reich. In unserer 1000jährigen Geschichte waren wir genau 20 Jahre lang frei und versuchten, eine freie Nation zu bilden, die wir immer eine unfreie Nation waren, aber eine Nation, mit dem Willen zu einer Nation. Unsere Aufstände waren immer Aufstände gegen das Reich. Wir waren und blieben Satrapen, untergebutterte Völker in einem Reiche, in welchem die Deutschen eine Minderheit waren und doch allein regierten, nach deutschen Grundsätzen. Und wir, wir waren und blieben die verachteten «Bemmen». Begreifen Sie doch, daß wir ein Reich der Deutschen nicht mehr wollen, daß wir ganz damit einverstanden sind, wenn es nicht wieder zu einer deutschen Einheit kommt, denn die deutsche Einheit führt wieder zu einem neuen deutschen Reich – ihr werdet eure Vision vom Reich nicht los und wir nicht unseren Albtraum ...!»

«Ihr wart 50 Jahre lang kein Reich, ihr hattet den deutschen Bund gebildet, das war die Zeit eurer Revolution», sagte der Delegierte von Polen. «Da habt ihr für die Freiheit gekämpft – und wir haben 1830 für unsere Freiheit gekämpft, als erste, gegen die Russen, und da wurden wir von euch Deutschen, von den Völkern Europas gefeiert als die edlen Polen, bis euer Heinrich Heine dichtete: ‹Krapulinsky und Waschlapsky – ja sie hatten sogar der Hemden zwei, ob sie gleich zwei edle Polen, Polen aus der Polackei ...› Als ob wir nicht zu den Völkern Europas gehörten. Wir haben in den Reihen der Völker Europas gekämpft, in deren Reichen, im Russischen Reich galten unsere Regimenter etwas – und die polnischen Ulanen in der Kavallerie Österreichs. Und sagten die Preußen nicht, daß ihre polnischen Regimenter mit zu den besten ihrer Soldaten gehörten? Ja, Deutsche konnten die Polen nicht werden, aber Preußen schon. Denn die waren kein Stamm, sondern formierten zu einer Staatsidee, und es gab viele Polen aus Westpreußen und Oberschlesien, die wollten gute Preußen sein, lieber preußische als russische Polen – ihr habt sie bluten lassen und habt sie Polacken genannt. Und als wir in Westpreußen und Oberschlesien deutsche Minderheiten hatten, sprachen wir nicht von den Deutschen, sondern von den Evangelischen, weil wir eben gute Katholiken sind. Wir haben Sie nicht verachtet, aber Sie uns, wir waren Polacken, weil ihr ja so stark und tüchtig seid, und wir blieben Polacken. Und ich habe viele gute Freunde unter den Deutschen gehabt, mit denen ich reden konnte, offen reden wie mit Ihnen – und ich weiß nicht, ob nicht auch meine besten Freunde, ob nicht auch Sie es aus Höflichkeit nicht sagen – aber ein Polack bin ich und bleibe ich!»

«Und ich ein Slowak!» sagte der Slowake.

«Kambei Polack!» sagte der Delegierte für Westdeutschland, «Kambei, Slowak!» Die Aufwärterin hatte das Wort

Kambei gehört und brachte sofort Bier, reichlich und kalt. Und fortan sprachen die drei guten Europäer alle zusammen und durcheinander: «Das sind keine Ressentiments», «ihr seid eitel und selbstüberzogen», «aber solche gibt's überall», «ihr könnt ja nichts dafür», «es ist euer Stolz, eben ein anderer als der unsere», «nebeneinander wollen wir gerne mit euch leben, aber nicht durcheinander», «und wir wollen keinen Kalten und keinen warmen Krieg», «und wir wollen eben frei sein, endlich frei, nichts als frei sein.»

«Kambei, und ihr seid jetzt frei!»

«Wir sind es, wahrhaftig, wir sind Kommunisten.»

«Marx war ein Deutscher.»

«Lenin war ein Russe.»

Der Slowake sagte: «Aber Lenin hat auch die Lösung gefunden: as Nationale ist die Voraussetzung des Internationalen! Und es gibt kein Russisches Reich, sondern nun die Union der nationalen Sowjetrepubliken!»

«Wir sind Nationalisten und Kommunisten, wie die Russen es sind!»

«Und überhaupt, die Russen sind für eine Koexistenz!»

«Wir alle sind für eine Koexistenz, und die ist nur im Frieden möglich!»

«Und deshalb sind wir hier!»

«Ja, eine schöne Stadt, Tokyo, nur zu heiß!»

«Können wir nicht beantragen, das nächste Mal in Rio de Janeiro! Soll ja auch eine schöne Stadt sein!»

«Auch zu heiß für kalte Krieger!»

«Kambei!»

«Druschba!»

«Prosit!»

«Na, denn, wohl bekomm's allerseits!»

Blut ist ein besonderer Saft, aber das Bier auch. Die Menge macht es. Der Blutrausch bindet und täuscht. Der Bierrausch aber löst, er löst die Stunde der Bekenntnisse aus und der freundschaftlichen Gefühle. Mitten in die bierselige Orgie gelöster Lust trat die russische Delegation ein und auf. Sie nahte feierlich, aber sie rief angesichts der Lage freudig ihr Druschba aus, setzte sich gelöst und bestellte Bier. England kam einsam, erschrak zuerst ein wenig, um dann vor sich hin zu trällern: «All you need is love!» und wandte sich Sansibar zu, dem immer noch britischen Protektorat. Dann stimmte Rußland Lieder an, schöne dunkelsamtene, fröhliche Lieder, geistliche Lieder wahrscheinlich, eine Art russischer Gospels.

Ich tippte den russischen Dolmetscher an und machte fragend einen kleinen Vorschlag: «Koexistenz?»

Er sagte sofort: «Klar! Wir haben Kriege gar nicht nötig, weder den kalten noch den warmen Bruderkrieg – unsere Methoden der Politik sind wissenschaftlich begründet, und wir wissen, daß die Entwicklung des Kapitalismus ganz zwangsläufig mit den gleichen Resultaten endet, die wir planmäßig herbeiführen können. Gesellschaftliche Veränderungen, nicht wahr? Nun, wir können warten.» Dann zog er sein Augenlid herunter, machte «Holzauge», wies auf seine lieben Priester, die nun eifrig und einmütig schunkelten und sangen und grinste: «Gott ist auch mit uns!»

Ich weiß nicht, ob nicht zum Schluß die Soutanen und Gewänder gerafft wurden und ob die Delegierten dieses Kongresses begannen, auf dem Vulkan zu tanzen, wie weiland zu Mainz und Koblenz die Bürger um den französischen Freiheitsbaum. Ich kann auch weder bezeugen, ob ich nicht darauf beharrte, den großen Bärentanz aus den germanischen Urwäldern im Ballungsraum von Winsen an der Luhe zu tanzen, noch, wer mich zu Bett brachte, in mein schwankendes Bett.

«Guten Morgen, haben Sie sich gut amüsiert gestern abend mit viel Bier?»

«Ja, sehr gut amüsiert, und Yuriko?»

«Aber ja, wir haben sehr viel Spaß gehabt.»

«Das dachte ich mir!»

«Bitte stellen Sie sich vor, er hat immer Madame Butterfly zu mir gesagt.»

(Leises Kichern)

«Aha, das hätte ich mir nie getraut.»

«Und dann habe ich ihn Mr. Pinkerton genannt.»

«Das wird ihn sehr gefreut haben.»

«Ich weiß nicht, ich werde ihn nun immer so nennen.»

(Pause)

«Yurikochen?»

«Ja, bitte?»

«Und wie wirst du mich immer nennen?»

«Oh, ich werde es nie wagen.»

«Aber, du denkst doch oft an mich.»

«Natürlich, besonders gestern abend.»

(Pause)

«Tja, ja.»

«Wie bitte?»

«Ach nichts, ich sagte nur tja, ja.»

«Bitte, das sagen Sie so oft, was heißt das, bitte?»

«Ach, gar nichts, das ist nur eine Phrase der Verlegenheit, wenn ich gar nicht weiß, was los ist, ein kleiner Seufzer, weiter nichts.»

«Oh, was ein Seufzer ist, weiß ich.»

«Was denn, Yurikochen?»

«Sie werden gleich wieder tja, ja sagen, es wird heute noch eine sehr schwere Arbeit sein, den ganzen Tag.»

«Tja, ja, muß das sein?»

«Doch, ich komme zum Frühstück – ich telefoniere von der Straße!»

Klick!

An jeder Straßenecke in Tokyo steht ein großes rotes Telefon, um welches sich fast immer nette Mädchen versammeln, um zu telefonieren. Yuriko hatte also kein Telefon, auch sie mußte von der Straße aus anrufen, und sie konnte auch nur zu einer verabredeten Zeit anrufen, und sie konnte auch nur zu einer verabredeten Zeit an einem bestimmten Apparat erreicht werden. Im Eßsaal war niemand als die Aufwärterin, ich hatte mit ihr einen kleinen Testkrieg. In Japan nimmt keiner ein Trinkgeld an. Ich hatte der Aufwärterin schon am ersten Tag ein Trinkgeld zugeschoben. Ich fand die Münzen bei der nächsten Mahlzeit unter der sorgfältig gefalteten Serviette, ich legte noch etwas dazu, und gestern abend hatte ich ihr, als ich das Bier bezahlte, eine größere Summe spendiert. Ich fand zum Frühstück alles wieder, in der Serviette, die täglich gewechselt wurde. Jetzt wollte ich die Serviette nicht benutzen und verbarg das ganze Geld in ihren Falten, damit die gute Frau nicht ihr Gesicht verlor.

Yuriko kam. Sie trug ein Kleid, ein dunkelrotes gemustertes Seidenkleidchen, das ihre Figur sehr schön zur Geltung brachte. So sagte ich: «Yurikochen, du siehst reizend aus in diesem Kleid!»

Sie machte sofort große Augen, griff sich an die Nase und fragte mit kleiner Stimme: «Sonst nicht?»

«Yuriko, du bist süß und ich liebe dich.»

Aber Yuriko blieb hartnäckig: «Ja, aber ich bin doch häßlich, nicht wahr?»

«Nein! Verdammt noch mal! Du bist hübsch, du bist schön, du bist für mich alles, was du willst!»

(Pause)

«Aber – meine Augen, sind sie nicht sehr schräg? Ich meine, oh, wie sagt man deutsch ... Epikanthus?»

Und sie riß ihre Augen auf und starrte mich ängstlich an.

«Yuriko, das ist doch ein charme de plus.»

«Bitte, was ist das?»

«Es gibt Frauen, die haben schöne, große Augen, und es gibt Frauen, die haben schöne, kleine, mit Epikanthus, mit Mongolenfalten! Du aber hast beides! Und das ist das Schöne an dir, und nun sei mal ein bißchen stolz und gewöhne dir deine Minderwertigkeitskomplexe ab!»

Worauf Yuriko strahlend ausrief:

«Ich weiß! Sigmund Freud!»

Die Aufwärterin kam mit dem Frühstück, dem üblichen

Frühstück, und für Yuriko, ohne daß ich es ihr gesagt hatte, ein Fruchtsalat. Ich sagte: «Yuriko, bitte sag ihr, ich wollte eine andere Serviette!» Und schob der Bedienung die frisch gefaltete zu. Yuriko sagte einige Worte auf japanisch und die Aufwärterin nahm schweigend die Serviette und ging in ihre Anrichte.

Yuriko, der ich den Fruchtsalat hinschob, zauderte: «Eigentlich habe ich schon gefrühstückt.»

Die Aufwärterin kam und baute schweigend eine gefaltete Serviette auf. Sie war weiß, wie die erste, hatte aber die Initialen des Prince-Hotels rot aufgestickt.

Yuriko nahm die Serviette und entfaltete sie, das Geld fiel auf den Tisch. Yuriko verstand sofort: «Bitte, das ist meine Schuld, ich hätte Ihnen sagen sollen, daß in Japan Trinkgelder nicht wohlerzogen sind!» Sie schob mir das Geld in die Seitentasche meines Jöppchens, und dann schob sie die Schale mit dem Fruchtsalat ebenso energisch fort: «Danke, ich habe schon gefrühstückt!»

«Aber Yuriko, gestern hast du auch mit mir gefrühstückt, Fruchtsalat, und es hat dir geschmeckt.»

Yuriko erhob sich und sagte: «Bitte essen Sie schnell, draußen wartet schon der Wagen!»

Jetzt hatte dies Kind mein Drängen, mit mir zu frühstücken, einer Art von Trinkgeld gleichgesetzt – so streng sind hier die Bräuche: «Yuriko – ich wollte dich doch nicht beleidigen!»

Yuriko war schon einige Schritte entfernt, sie blieb stehen, sie sagte: «Ich will nur am Wagen Bescheid sagen ...!» Und sie lächelte mit den schrägsten Augen, die sie präsentieren konnte, und sagte: «Und gestern hatten Sie auch etwas in den Fruchtsalat getan, das hat mir sehr gut geschmeckt», und ging.

Ich aß hastig, die Aufwärterin kam schweigend aus ihrer Anrichte zurück, ein Fläschchen in der Hand.

Yuriko kam wieder und löffelte, während ich nun die Melodie mit dem Text anstimmte: «Freunde, das Leben ist lebenswert ...» Und von wem das war, wußte Yuriko nicht, und ich weiß es auch nicht.

Ich hatte während des Marsches durch die Stadt viele Wagen gesehen, einige wenige amerikanische Straßenkreuzer, viele Mercedes, aber weniger Volkswagen und an deren Stelle eine ganze Menge opelähnlicher Fahrzeuge, es waren dies japanische Marken, und ich hatte gegenüber Yuriko so ganz nebenbei bemerkt, ich würde gern einmal einen japanischen Wagen erproben.

Vor dem Annex stand ein Wagen japanischer Machart, ich freute mich über Yurikos Aufmerksamkeit, sie hatte immer so nebenbei eine Überraschung für mich. Ein pointenreiches Frauenzimmer!

«Wohin fahren wir denn, Yuriko?»

«Aber Sie haben doch gesagt, Sie wollen japanisches Leben kennenlernen!»

Um den Wagen herum kam Herr Makato Shimizu, der Professor für Zivilrecht und mein Dolmetscher.

Yuriko sagte: «Das kann Herr Shimizu viel besser zeigen.»

Aus dem Fahrersitz beugte sich lächelnd eine junge japanische Dame, mit langem schwarzglänzendem Pferdeschwanz.

Ich blieb stehen: «Yuriko, du?»

«Oh, heute ist doch der erste Tag Redaktionsausschuß, und ich muß Mr. Pinkerton helfen.»

«Ach», sagte ich, «Mr. Pinkerton, den habe ich ganz vergessen.»

«Ja, er sagte, wenn ich ihm helfe, dann kann er Sie entbehren.»

Harte Arbeit!

Jetzt sah mich Yuriko mit großen Augen an, wie immer, wenn sie etwas wissen wollte. Ich sagte: «Yuriko, du spielst mit dem Feuer», und sogleich lächelte sie aus schrägen Augen sehr listig und sagte: «Bitte, es ist alles geregelt, so wie es am besten ist ... für Sie.»

Herr Shimizu begrüßte mich: «Meine Frau wird Sie fahren.»

Yuriko sagte: «Ich kann nicht fahren, leider!»

Ein paar lange, schlanke Beine unter sehr kurzem Rock schoben sich aus dem Wagen. Frau Shimizu war reizend, sehr elegant, nach französischer Mode der Haute Couture, ein Prunkstück der allermodernsten japanischen Frauen. Ich küßte ihr in angemessener Weise die Hand, was sie sichtlich genoß, mit einem kleinen triumphierenden Seitenblick zu ihrem Mann.

Sie sagte, sozusagen formvollendet: «Ich freue mich, Sie kennenzulernen. Mein Mann hat mir schon so viel von Ihnen erzählt!»

Und ich sagte: «Auch ich freue mich, gnädige Frau, ich sehe es ist alles geregelt, wie es am besten ist...»

Madame warf einen kurzen Blick auf Yuriko, die mit ihrem rührenden Kleidchen und ganz ohne Maquillage neben mir stand, und sagte: «Und von Ihnen hat mir mein Mann erzählt, wie tüchtig Sie sind.»

Yuriko erwiderte: «Oh, sicher erzählt Ihr Mann Ihnen nicht alles!»

Halt, die Klingen blitzten. Ich küßte also nun sozusagen demonstrativ die schmale Hand meiner kleinen Yuriko, blickte ihr dabei tief in die großaufgerissenen Augen und sagte: «Au revoir, Yuriko! Auf Wiedersehen, und wie sagt man es auf japanisch?»

Und Yuriko lächelte listig schräge: «So ähnlich wie auf bald.»

Ich saß neben Madame Shimizu vorne. Sie fuhr lässig und elegant. Der Wagen schien mir wie ihr angemessen. Hinter mir saß ihr Mann und erläuterte, wenn wir einige bemerkenswerte Gebäude passierten, deren innere und äußere Qualitäten, aber die Fenster des Wagens waren offen, ich verstand so wenig, daß ich gar nicht mehr hinhörte, ich sah auch die Gebäude nicht an, sondern war völlig beschlagnahmt durch Madame, die mit zentimeterlangen Wimpern zu klimpern vermochte und die kurz berockt mit langen Beinen und hochhackig die Pedale bediente und mit ihren schlanken Armen, die in langen, weißen Handschuhen steckten, das Steuer. Ich hatte mich in Erwartung Yurikos recht ausgiebig mit 4711 bestäubt, aber das Duftwasser des trefflichen Mister L. wich bescheiden vor der Welle von «Mystikum» oder «Mitsou» – «Chanel 5» war es nicht, das kannte ich von zu Hause – und nichts auch vom frischen Duft der Haut Yurikos.

Vor einer Kreuzung der vierbahnigen, breiten Straße in der Innenstadt streifte vor uns beim Bremsen ein klappriger Gemüsewagen einen blanken Mercedes – die beiden Fahrer unterhielten sich durch die Fenster.

«Streiten die sich denn gar nicht?» fragte ich.

Herr Shimizu erwiderte: «Doch, natürlich, sehen Sie, sie tauschen ihre Visitenkarten!»

«Aber schweigend, ist das in Japan so?» Herr Shimizu beugte sich vor: «Das muß so sein, wir leben mit so vielen Menschen auf unseren kleinen Inseln zusammen, wären wir nicht leise und höflich zueinander, dann gäbe es Mord und Totschlag! Das ist das ganze Geheimnis der berühmten japanischen Höflichkeit! Wir haben gar nicht den Stolz, vorbildlich zu sein!»

Ich blickte Madame an, die gedankenvoll die Wimpern auf- und niederschlug, und sagte: «Aber die Japaner können stolz sein auf eine Erfindung, die in der ganzen Welt für vorbildlich gehalten wird.»

«Was ist das?» fragte Herr Shimizu ein wenig zu schnell.

Ich sagte: «Die japanischen Frauen», und spähte zu Madame.

Madame reagierte spöttisch, sie machte das Kaninchenschnäuzchen meiner Yuriko und sagte schnell: «Das ganze Geheimnis ist, die japanischen Männer erzählen ihren Frauen nicht alles.»

Und fuhr an, ein wenig zu hastig, Herr Shimizu räusperte sich.

Wir parkten vor den kaiserlichen Gärten im Herzen Tokyos, und ich sah zum erstenmal im Lande der aufgehenden Sonne die Sonne. Sie strahlte aus blauem Himmel, und blau schien das Wasser in den großen Teichen und Kanälen, die den Garten umgaben, wie die Gräben einer Festung. Ein leichter Wind kühlte wie ein Fächer. An den breiten Straßen reihten sich in gleicher Flucht die repräsentativen Gebäude. Zum erstenmal sah ich das Filigran des spitzen Funkturmes in seiner ganzen Länge, fern in den Himmel ragen. Man hörte kaum das Brausen des Verkehrs, die Luft an den Gärten war erfüllt von dem eintönigen Zirpen der Grillen aus den großen Büschen, welche die Gärten dunkelgrün umsäumten. Der Mikado, der göttliche Tenno, wohnt in einer Oase des Friedens, und dieser Platz sollte wohl auch den Eindruck erwecken, es sei dies so. Es war sozusagen «alles dran» an diesem Platz. Die abschließenden Häuser an den drei Seiten und am Horizont der Funkturm und die einzelnen Wolkenkratzer, und zwischen zwei breiten Autostraßen und den überbrückten Kanälen noch hübsche, quadratisch eingefaßte Springbrunnen zwischen den mit Büschen und Bäumen bestückten Rasenflächen, von geraden Wegen durchschnitten. Und doch schien irgend etwas nicht zu stimmen.

Mein freundlicher Mentor und seine Frau, die mir «das japanische Leben» zeigen wollten, hatten sich noch am Wagen zu schaffen gemacht, nun kamen sie auf mich zu und waren behängt mit Kameras, den kleinen, zuverlässigen Fotoapparaten japanischer Machart, Meisterwerke der Feinmechanik, und fast jeder Japaner trug wie fast jeder Tourist so ein Dings. Natürlich, jetzt war ich dran: Der Delegierte für Westdeutschland auf dem Platz vor den kaiserlichen Gärten von Tokyo ...

Ich war sieben Jahre alt und stand vor einer Leinwand, auf welcher ein Segelschiff abgemalt war, und neben einer staubigen Palme, die aus einem Kübel sproß. Und der Fotografiermeister hinter der viereckigen, mit einem schwarzen Tuch verhängten Kiste, die auf Spinnenbeinen montiert war, fragte meinen Vater: «Soll ich dem Knaben erst das Gesicht abnehmen?» Der Knabe schrie und strampelte unter der nervigen Faust des Vaters, der nicht zu begreifen schien: Mir sollte wieder etwas abgenommen werden, diesmal gar mein Gesicht! – Den psychischen Schock spüre ich noch heute bei jeder den freundlichsten Zwecken dienenden «Aufnahme».

Aber Herr Shimizu rüstete sich, den wohl so oft mustergültig aufgenommenen Platz nun auch seinerseits «abzunehmen». Ein Postkartenbild, zu ewiger Erinnerung. Und plötzlich fand ich den Zugang zu meinem kleinen Unbehagen: Dieser Platz war ein Allerweltsplatz, es schien ihn nichts typisch Japanisches auszuzeichnen, und er war viel kleiner, als er schien, seine Weiträumigkeit war das Ergebnis der Perspektive.

Das Stichwort oder die Ausgangslage «Perspektive» leitete eine dreistündige Diskussion ein, die rund um den Parkplatz und außerhalb der kaiserlichen Gärten bei Grillengezirpe und fernem Autogebrause aus- und durchgehalten wurde, nachdem Madame, hoch- und spitzhackig, nach einer Weile erklärt hatte, sie führe jetzt «Shopping», und die Herren sollten ihre Rückkehr an dieser Stelle erwarten. Die Diskussion wurde eingeleitet und weit fortgeführt durch einige provokante Fragen über Probleme der japanischen Kunst, über die sich der Delegierte für Westdeutschland unüberhörbar einige Gedanken gemacht hatte, indes der Zivilrechtsgelehrte aus Tokyo für solche Überlegungen offensichtlich noch keinen zwingenden Anlaß gefunden haben mochte. Die Ausdrucksmöglichkeiten der Japaner scheinen vordringlich nicht durch das Wort, durch die Literatur bestimmt, sondern durch das Bild, das gezeichnete, das gemalte und das fotografierte. Eine einzige Fahrt durch Tokyo zeige, daß die eindringlichen «Aussagen» durch jenen Wald von Fahnen und Transparenten vermittelt werden, die wiederum in der Anordnung der japanischen Schriftzeichen durch ihren Bildschrift-Charakter zur «Mitteilung» besonders prädestiniert seien. Der Knabe lerne, mit Tusche und Farbe zu schreiben, Erzählungen und Sagen erhielten durch die zahlreichen Zeichnungen ihre Aussagefülle. Die Kunst des Blumensteckens und auch der Teezeremonie sei offensichtlich nicht so sehr durch den Prozeß, sondern durch ihre Bildwirksamkeit bestimmt. Im Grunde scheint eigentlich jeder Japaner ein geborener Maler. Die Gemälde und Drucke der japanischen Malerei seien ihrem Wesen nach erzählerisch, es geschehe etwas auf diesen Bildern, in Farbe und Konstruktion auf unübersehbare

Art charakteristisch japanisch. Die japanischen Zeitschriften strotzten von Bildern, die hoch künstlerisch die Thematik überhöhen, auch und gerade in der Fotografie, welche noch am ehesten geeignet ist, durch sehr eigenartige Perspektiven die nackte Realität zu sublimieren, während doch zum Beispiel die Malerei Chinas, insbesondere die Landschaftsmalerei auf den typischen Rollbildern, vollständig ohne Perspektive sei und gerade dadurch ihre eigene Wirkung erziele, ein Umstand, der in der Kunstbetrachtung des Westens ein wesentliches Kriterium der asiatischen Kulturen darstelle...

«Aber wir sind keine Asiaten!» rief Herr Shimizu aus, der bislang gedankenverloren einige Motive geknipst hatte und nun begann, seinerseits sich über die Dinge auszubreiten, über welche er sich offenbar Gedanken gemacht hatte, indes der Delegierte für Westdeutschland dazu nicht recht einen zwingenden Anlaß verspürt zu haben glaubte.

«Wir Japaner sind nicht vom asiatischen Festland gekommen und haben unsere Inseln besetzt, sondern wir kamen von den Inseln der Südsee, wir sind Polynesier, etwa in dem Sinne, wie sich die Deutschen auf die Germanen berufen. Die Ureinwohner in Japan sind bekanntlich die Ainus, Weiße, reinblütige Weiße, keine Albinos. Woher sie stammen, ist gänzlich unbekannt. Sie kamen möglicherweise über die Kurilen von Alaska her, zu einer Zeit, als Mongolen auf dem gleichen Weg Amerika besiedelten – die Indianer sind Mongolen –, und sicherlich sind mongolische Einflüsse bei den Polynesiern enthalten. Angesichts der großen, starken und mächtigen Nachbarschaft mit den Chinesen in Asien, einem Volk von hoher, durch lange Zeiträume entwickelter Kultur, haben wir gern ihre Kultur, soweit sie der unseren überlegen war, angenommen und nie geleugnet, daß sie uns geprägt hat. Japan wurde niemals von China aus bedrängt oder gar erobert, es wurde über ein Jahrtausend lang überhaupt nicht bedroht, wir konnten uns durchaus nach unserem eigenen Drängen entwickeln und unsere innere Ordnung bestimmen. Die Ainus, die immer friedlich unter unserer Ordnung gelebt haben und heute noch leben – in

Hokkaido und auf den Inseln um Sachalin –, blieben, wie sie waren, sie fühlten sich glücklich auf dem Niveau, das ihre Lebensform bestimmte von der Steinzeit an ...

Wir leugnen gar nicht, daß wir von anderen Kulturen angenommen haben, was uns brauchbar dünkte – so auch vom Abendland. Jeder hundertste Japaner ist Christ – freilich herrscht bei uns der Buddhismus, wenn auch in einer uns angemessenen Form im Shintoismus, mit der vertieften Ehrung der Ahnen und der Vergöttlichung des Tenno, der ein Mensch ist und als unser Gott gilt. Er ist kein Gottessohn, wie Christus in der Religion des Abendlandes, wir kennen keine Mystik und auch keine Metaphysik, wir leben nach den Prinzipien und Geboten der Ethik, die unser Zusammenleben bestimmen, wir suchen nicht, jeder für sich, den Weg zu Gott, wir glauben nicht, sondern meditieren, wir wollen wissen und durch Konzentration des Geistes zu unseren Einsichten gelangen. So kennen wir also keine Intoleranz auf religiösem Gebiet.

Sie fragen, was wir denn nun dem Abendland zu verdanken haben, und die weltgültige Meinung ist die, das Abendland habe uns den Sinn für Technik vermittelt, die wir durch Nachmachen zu unseren Gunsten anwenden und ausbeuten. Das ist ein großer Irrtum. Als 1854 der amerikanische Kommodore Perry mit Gewalt unsere Häfen öffnete, erkannten die Japaner, daß hier Mächte mit modernen Mitteln stärker geworden sind als wir mit den unseren. Es ist wahr, daß wir noch in einer mittelalterlichen, ständischen Ordnung lebten, aber diese Ordnung hatte uns absolut genügt. Wenn wir aber durch stärkere Mächte gezwungen werden konnten, so war es logisch, daß wir die gleichen Mittel anzuwenden suchten, mit denen wir denen der Mächte begegnen konnten. Die Technik war nicht das Geschenk der Mächte des Abendlandes an uns, ihre Möglichkeiten und Fertigkeiten lagen von vornherein schon in uns, wir hatten es nur nicht nötig, sie anzuwenden. Wie sehr wir auch ein technisch begabtes Volk sind, das geht wohl klar genug daraus hervor, daß wir nur 40 Jahre nach unserer Begegnung mit den Amerikanern imstande waren, die größte abendländische

Landmacht, Rußland, zu schlagen und die große Armada der Russen bei Tsushima. Und bitte, sehen Sie sich um in Japan, die technische Entwicklung steht keiner einzigen der Weltmächte nach ... Was aber haben wir wirklich unserer Begegnung mit dem Abendlande zu verdanken? Nun, man dankt für ein Geschenk, und ein Geschenk ist etwas, das man wirklich nicht selbst besitzt. Wir haben vom Abendlande ein Geschenk bekommen, das innerhalb unseres kulturellen Denkens keine Basis hatte – und wir haben es dankbar angenommen: den Humanismus ...!»

«Was denn», schrie der Delegierte für Westdeutschland, «den Humanismus? Respice finem!»

«Das ist uns vollständig gleichgültig, was das Abendland aus seinem Humanismus gemacht hat, uns geht nur an, was wir daraus machen werden!»

«Das ist ein stolzes Wort!»

«Nein, es will nur besagen, daß wir weder Asiaten noch Abendländer sind, wir sind eben nur Japaner! Wir wollen nicht, und wir können auch gar nicht vorbildlich wirken, einfach weil wir unserem Wesen und unserer Lage nach unnachahmlich sind!»

Der dreistündige Marsch rund um den Parkplatz vor dem Kaiserlichen Palast wurde beendet, als Madame Shimizu von ihrem «Shopping» zurückkehrte, sie war beladen mit großen und kleinen Paketen, von denen jedes in Seidenpapier eingewickelt und mit bunten Schleifen verziert war.

Als ich mit Yuriko davon sprach, daß ich gern «das japanische Leben» kennenlernen wollte, meinte ich nicht sosehr auch die japanische Landschaft, sondern ich wollte ein «Problem» studieren, das der japanischen Arbeiterschaft, das Weltproblem der Arbeiterfrage in Japan überhaupt. So war es also nicht sehr verwunderlich, als mich Herr Shimizu fragte, welche Fabrik ich gerne besichtigen wollte.

Wir fuhren in ein großes Werk der Feinmechanik, in dem kleinste Fernsehapparate hergestellt wurden. Wir wurden ohne jede Formalität durch die Pforte gelassen und betraten dann einen großen Montagesaal, in dem etwa 1000 junge Mädchen am laufenden Band beschäftigt waren. Der Saal war sehr hell, hatte Klimaanlage und blinkte vor Sauberkeit. Die jungen Mädchen und Frauen hatten alle weiße Hauben auf und trugen weiße Arbeitsmäntel. Sie saßen in langen Reihen nebeneinander vor dem Band, auf dem winzige Teilchen, Räder, Federn, Stifte und Kabel lagen. Keine der Arbeiterinnen blickte auf, sie saßen konzentriert vor ihrer Arbeit, sie sortierten mit spitzen Fingern, deren Nägel rot lackiert waren, jede das ihr zufließende Material und bauten ein, was einzubauen war. Wir gingen die langen Reihen auf und ab und bewunderten die Fingerfertigkeit der jungen Mädchen und Frauen, die fast rhythmisch abgestimmt war auf eine rieselnde Musik aus unsichtbaren Lautsprechern. Hier wäre jede Frage an eine der Arbeiterinnen eine Störung des Arbeitsprozesses gewesen, und ich wollte schon weitergehen, um vielleicht in einem anderen Saal mit einer der Arbeiterinnen sprechen zu können. Aber die anderen Säle waren ebenso organisiert, ich konnte einen Blick durch eine Tür in den nächsten Saal werfen.

Da trat durch diese Tür ein kleiner, etwas dicklicher Herr in einem Anzug, den ich in Europa schon lange nicht mehr gesehen hatte. Der japanische Herr in mittleren Jahren trug einen Cut mit gestreiften Hosen, wie etwa die Diplomaten zu Beginn unseres Jahrhunderts. Er war begleitet von zwei kräftigen Gestalten, die Stapel von Paketen und Blumensträußen trugen. Niemand beachtete diese Gruppe, und diese drei Männer beachteten auch uns, die Fremden nicht.

Nun trat der Cut auf eine der Frauen zu und verbeugte sich. Die junge Frau erhob sich und erwiderte die Verbeugung. Der Cut wählte unter den Paketen, die alle ziemlich gleich groß, doch immer anders verpackt waren, mit Schleifen in allen möglichen Farben. Der Cut überreichte der Frau einen der Kartons und nach einigem Wählen einen der Blumensträuße. Die Frau bedankte sich, schob Karton und Blumen unter ihren Sitz und saß gleich darauf wieder vor ihrem Band.

Nun begrüßte uns der Cut, sprach einige Worte mit Shimizu, reichte mir die Hand und einen Fächer zur Erinnerung, den er sich von einem seiner Begleiter geben ließ, und schritt auf ein anderes Mädchen zu, bei dem sich die Prozedur wiederholte.

Der Mann war der Personalchef des Werkes, ein leitender Direktor, und machte täglich seinen Rundgang, um den Geburtstagskindern der Belegschaft ein Geschenk der Direktion zu überreichen. Jeder der 365 Tage war schließlich ein Geburtstag, und es waren Tausende von Arbeitern in diesem Betrieb beschäftigt. Nun bewunderte ich natürlich diese freundliche Geste und konnte also über das Betriebsklima völlig beruhigt sein, aber es war mir klar, daß es nicht das war, was mir Auskunft über die Fragen geben konnte, die ich eigentlich stellen wollte. So achtete ich also auf die Teilnahme der übrigen Belegschaft im Saal angesichts der gewohnten täglichen Zeremonie, zumal mir die Reaktion der Geburtstagskinder ziemlich japanisch gleichmütig schien. Und dann sah ich es:

Während sich eine der jungen Frauen erhob, und dabei natürlich die Arbeit an ihrem Band einstellte, griffen die Kolleginnen rechts und links von ihr, mit der eigenen Arbeit voll beschäftigt, von rechts und von links nach dem Platz der Kollegin und verrichteten mit erhöhter Geschwindigkeit, was diese im Augenblick versäumen mußte. Das geschah gewissermaßen automatisch, kein Blick wurde getauscht, kein Dank erwartet, es war selbstverständlich, daß das Band weiterlaufen mußte. Es war nicht selbstverständlich – aber ich wußte nun, daß es mir nicht vergönnt sein werde, zu erfahren, welche Kräfte hier wirksam waren und aus welchen Quellen sich die Haltung der Arbeiterinnen speiste, und der Arbeiterschaft Japans überhaupt.

«Wir müssen uns beeilen», sagte Herr Shimizu, und Madame lenkte den Wagen durch die engen, überfüllten Gassen der Innenstadt, die bunt behängt waren mit diesen Fahnen und Transparanten, wie die Hafengassen von Neapel mit trocknender Wäsche, die schmalen Schluchten lagen im Schatten der

Wolken flatternder Tücher, die, mit Schriftzeichen bemalt, den Blick zum Himmel verbargen.

Der Wagen mußte, die Wogen der Menge spaltend, langsam fahren. Mitten im dichtesten Gedränge sagte Herr Shimizu: «Wir dürfen hier eigentlich nicht halten, bitte, steigen Sie schnell aus, Sie werden hier erwartet!» Der Wagen hielt, Herr Shimizu stieß die Tür auf, ich war aus- und abgeladen. Ich stolperte auf den schmalen Bürgersteig und sah verwirrt dem davonfahrenden Wagen nach. Aus einer schmalen Haustür trat Yuriko.

Sie war in einen Kimono gehüllt, einen festlichen Kimono aus blauer Seide mit einem bronzefarbenen Obi, sie trug Getas, hölzerne Sandalen, und weiße Strümpfchen, die an den Zehen wie ein Ginkgo-Blatt geteilt, es ermöglichten, den Riemen der Sandale einzuführen.

Professor Yasui hatte etwa zehn seiner fremden Gäste zu einem schlichten, japanischen Mahl geladen, in einem der besten Etablissements der Stadt, in welchem jede Gesellschaft einen eigenen Raum zur Mahlzeit zur Verfügung hatte, so daß sie absolut ungestört und im Zuge eigener Geselligkeit dem Genuß der japanischen Gerichte frönen konnten. Der Raum war geräumig und leer und jeder Gast hatte ein niedriges Tischchen vor sich stehen und mußte mit gekreuzten Beinen auf einem kleinen Kissen sitzen. Es waren nur Herren zugelassen, aber irgendwer hatte Professor Yasui zu verstehen gegeben, daß der Delegierte für Westdeutschland sowohl wegen seines Umfanges wie seiner ehrwürdigen Jahre gewisse Schwierigkeiten haben werde, die so bequeme, aber ungewohnte Sitzart nach Gebühr zu schätzen. Und so war für diesen Fall die Dolmetscherin für Deutsch – und alle Geladenen verstanden Deutsch –, mit ihrer Kenntnis der Bedürfnisse der ehrenwerten Gäste, sozusagen für die Funktion einer modernen Hostess geradezu prädestiniert.

Und Mr. Pinkerton nun, er hatte schon Platz genommen, mit gekreuzten Beinen, und er saß zwischen Polen und der Tschechoslowakei, und ich bemerkte mit Befriedigung, daß er sich lebhaft und fröhlich mit seinem unmittelbaren Nachbarn unterhielt: auf deutsch. Ich hockte mich neben den Professor Yasui und exerzierte ihm, der mir lächelnd zusah, sogleich die Schwierigkeiten vor, die ich hatte, wenn ich versuchte, meine Beine unter den niedrigen Tisch zu placieren – welches Lächeln gewissermaßen das Zeichen für Yuriko war, sich ein Kissen zu holen, es neben das meine zu legen und auf ihm Platz zu nehmen, um sofort das Schwanken meines Oberkörpers zu blockieren, indem sie den meinen mit dem ihren stützte – die japanische Kontaktfreudigkeit feierte dergestalt genau die Triumphe, die nicht nur mich, sondern offensichtlich jedermann im Etablissement mit großer Sympathie erfüllten.

Dann hatte die Besitzerin des Lokals ihren großen Auftritt. Sie betrat die Szene in kostbare japanische Gewänder gehüllt, einen riesigen Fächer in der Hand, mit dem sie den Aufzug von zehn ebenso reich geschmückten jungen Mädchen leitete und mit geheimnisvollen, fast unmerklichen Bewegungen dirigierte. Die kleinen Geishas – wenn es welche waren, dann hatten sie natürlich mit den Luxusgeschöpfen japanischer Erotik nichts gemein als eben die Hauptsache, nämlich den Wunsch, die Gäste zu unterhalten, indem sie sie bedienten –, sie trugen ihre Tabletts mit den ersten Speisen herein, wandten sich wie einexerziert jede «ihrem» Gast zu und setzten, indem sie graziös niederknieten, das Tablett auf den Tisch.

Nur das junge Ding, welches mich bediente, erhob sich sofort wieder, nicht ohne einen kleinen, fast unmerklichen, aber doch vorwurfsvollen Blick auf Yuriko zu werfen, und war dann der pompösen Madame behilflich, mitten im Kreise der Tische feierlich einen Apparat aufzubauen, bei dessen Anblick sich Yuriko mit verzückter Miene «Sukiaki!» auszurufen nicht enthalten konnte. Ich hatte weder Zeit noch Lust noch Gelegenheit, mich um das zu kümmern, was um mich herum geschah, ich war vollständig gefangen durch die Berührung mit Yuriko, welche, an mich gelehnt, mir mit leiser Stimme die einzelnen Gerichte erklärte, die in Schalen und Schälchen das Tablett verzierten, die Horsd'œuvres und die Suppe und den Reis und die

Soße und die verschiedenartigen Gewürze: im Ofen gebräunte und gesalzene Kastanien, Muscheln in Würfeln und mit Petersilie in der eigenen Schale gebacken, kleine gekochte Pilze, in Senf gewürzt, rohe rote Fischchen, die vorzüglich schmeckten. Die Suppe war ein trübes Gewässer, mit einem kleinen Fisch, der mich mit erschreckend großen Augen anblickte, und Yuriko versicherte, das werde mir gewiß nicht schmecken. Die Augen dieses armseligen Fischchens seien eine besondere Delikatesse, aber wer sich von ihrem Anblick erschrecken ließe, solle auf den Genuß lieber verzichten, und sie reichte mir die Schale mit Reis.

Auf dem Tablett waren Messer, Gabel und Löffel in Seidenpapier gehüllt, aber auch die Eßstäbchen, nicht gewöhnliche weiße aus einfachem Holz, wie sie auch im Annex serviert wurden, sondern rötliche, mit bunten glitzernden Intarsien eingelegt: Yuriko sollte mich endlich in die Geheimnisse des Essens mit diesen Stäbchen einweihen, der Reis war körnig, und ich versuchte, wie Yuriko es mir zeigte, diese Speise nach japanischer Sitte aufzunehmen. Yuriko erklärte mir, daß die Schale mit Reis dabei in die Hand genommen und dicht vor dem Mund gehalten werden müsse, so daß kleine Häppchen des Reises wie von selbst aus der Schale in den Mund hüpfen konnten. Es sei dies zwar sehr leicht zu erlernen, erklärte Yuriko eifrig flüsternd, aber ganz unnützlich, die Japaner seien es eben gewohnt, ihre Speisen nur in kleinen Mengen zu genießen, wer dies aber nicht gewohnt sei, dem sei anzuraten, sich des Löffels und der Gabel zu bedienen und den Genuß in der Menge zu suchen ... Und tatsächlich, ich aß mit dem Löffel und empfand es angenehmer, nachdem Yuriko mehrfach versucht hatte, ihrerseits mit den Stäbchen hantierend, mir die geringen Mengen des Reises in den Mund zu stecken. Ich hatte bislang im Annex auch mit den japanischen Gerichten geübt, Hühnerfleisch, Krebse, Fische sonderbarer Art, in Reis gekocht, mit allerlei exotischen Gemüsen wie Bambussprossen, Algen und sonstigem, ich konnte mich nicht beklagen, aber im Grunde schmeckte diese Art bürgerliche Mahlzeit immer gleich, und nun köstlich in Grundsubstanzen eines japanischen Festmahls. Denn nun begann es im ganzen Raum gar köstlich zu duften. Madame persönlich hatte nun begonnen, auf dem kleinen Kochapparat in der Mitte des Kreises der Tische das Hauptgericht zuzubereiten. Und Yuriko erklärte mir, daß zu dem geschmorten Rindfleisch im Topf, schichtweise mit in Öl gedünsteten Gemüsen nur das Fleisch besonders gepflegter Rinder verwendet werde. Es gab, außer in der Nordprovinz Hokkaido, nur wenig Rinder in Japan. Ihr Fleisch verdankte seine unerreichte Güte der täglichen Massage, und gefüttert wurden die angenehmen Tiere mit dunklem Bier.

Sukiaki war einmalig! Im Raum herrschte eine andächtige Stille. Aufmerksam hockten die Mädchen vor ihren Gästen und verfolgten mit glänzenden Augen jeden Bissen, der in den Mündern der sehr ehrenwerten Fremden verschwand.

Yuriko lehnte sich, mich stützend, an meine Schulter. Aber als ich ihre Augen glänzen sah, erschrak ich und sagte: «Yuriko, du wirst jetzt mit mir essen.»

Jetzt erschrak Yuriko: «O nein, bitte nicht, ich esse nachher mit den anderen Mädchen.»

Ich sagte: «Yuriko, wenn ich jetzt mein Gesicht verliere, weil ich darauf bestehe, daß du jetzt und hier mit mir ißt, so ist mir das völlig egal, und wenn du Angst hast, dein Gesicht zu verlieren, dann kann es dir auch egal sein. Ich habe dir dann dein Gesicht genommen und werde es aufheben und behalten mein Leben lang!»

Ich hatte es laut gesagt und Professor Yasui lächelte mir zu und sagte einige Worte auf japanisch. Und schon kam eines der Mädchen und setzte ein Tablett mit Sukiaki auf meinen Tisch. Und Yuriko aß und nicht mit Stäbchen, also auch mit Heißhunger.

Madame schwebte herbei und füllte mir persönlich die Schale Sake neu, den heißen Reiswein. Mr. Pinkerton grüßte mich lachend mit geballter Faust. Polen erhob sich mühsam, seine prickelnden Beine zu strecken, eine Art gelöster Fröhlichkeit breitete sich aus nach dem Genuß einiger Schalen Sake, und die kleinen japanischen Mädchen kicherten Yuriko zu. Aber ich hatte ja gerade eben gelernt, daß die japanischen Sitten und Gebräuche nicht vorbildlich sein sollten, weil sie eben unnachahmlich sind.

Mit ernster Miene hatte mir Yuriko «schwere Arbeit» für diesen Tag angesagt, aber dank der japanischen Tüchtigkeit klappte alles wie geölt, es fügte sich alles nahtlos, und selbst das kleinste und banalste Detail schien im großen Netz der Bezüge seinen Platz und seinen besonderen Sinn zu haben. Yuriko trat ebenso überraschend, wie sie in ihrer Szene aufgetreten war, auch wieder ab mit einem beziehungsreichen «Auf bald»! Und Professor Seiei Shinohara trat aus der Kulisse. Ich mochte Shinohara gern. Er hatte ein Talent, praktisch zu denken, und wenn ein geradezu teuflisches Grinsen über seine Miene zog, war er offensichtlich damit beschäftigt, aus Tabus, Sitten und Gebräuchen und manchem ideologischen Überbau den praktischen Kern des geheimnisvollen Gehabens offenzulegen.

So bedauerte er sehr, daß ich mir immer noch keine Visitenkarten besorgt hatte, bat sich jene letzte Karte aus, auf welcher er rückseitig seine Adresse aufgezeichnet hatte, radierte diese sorgfältig aus und erklärte mir bei der Prozedur, daß diese Visitenkarten ausländischer Gäste vom Finanzamt als Belege für Speisen gelten, nur die Bewirtung ausländischer Kunden konnte abgezogen werden. Und er vermutete richtig, daß ich die Ausgabe für die Herstellung der Visitenkarten scheute, weil ich nicht genügend japanisches Geld bei mir hatte. Meine Bitte, mir einen Hundertmarkschein einzuwechseln, beantwortete er mit einem wahrhaft mephistophelischen Mienenspiel; jeglicher Besitz ausländischer Devisen bei einem Japaner werde mit mehreren Jahren Zuchthaus geahndet, geleitete mich aber sofort, einen Vortrag über die amerikanische Devisenkontrolle zum Schutze der Währung haltend, durch die Straßen zur Bank von Tokyo, und auf der kilometerlangen Wanderung durch die Schalterhallen dieses illustren Institutes bis zu einem dort beschäftigten guten alten Freund, der mir mit Bestimmtheit den besten aller möglichen Kurse für mein gutes und stabiles Geld heraussuchen werde, wobei der Professor harte Worte fand für die modernen und gefährlichsten Methoden des Dollarkolonialismus: Die Amerikaner seien Könige in der Kunst, ein Dumping gegen sich selbst zu organisieren und dabei noch zu verdienen. Der gute alte Freund des Herrn Shinohara berechnete mir kaltlächelnd für den US-Dollar gute 4,00 DM, und ich benutzte dankbar die Gelegenheit und wechselte 300 DM – meine Brieftasche beulte sich gefüllt mit einem Paket von 1000 Yen-Scheinen. Unterwegs philosophierte ich aus gegebenem Anlaß über den Gebrauch der Sinne, die einen Eindruck vom japanischen Leben vermitteln. Ich sagte, ich fände die japanische Sprache ungemein wohllautend, doch wenn ich meinem Gehör vertraue, so vernehme ich mit Lust das Zirpen der Grillen als typisch für Japan, und für mein Auge werde die japanische Schrift als Eindruck unvergeßlich sein. Nun aber mußte ich mitteilen, daß der Geruch von Weihrauch sich mit meiner Vorstellung von Tokyo fest verbinde.

Sogleich verwies mich Shinohara auf eines der roten, geschweiften Holztore, vor denen, ebenfalls in Holz und recht bunt, das Bildwerk eines wilden Haudegens mit grimmigen Gesichtszügen die harmlosen Passanten mit gefährlichen Werkzeugen bedrohte. Das sei nicht etwa ein böser Geist, erklärte Shinohara, sondern im Gegenteil ein guter, ein Wächter gegen eindringende böse Geister, und das Tor sei der Eingang zu einem der zahlreichen Tempelchen. Ich warf einen scheuen Blick auf den Wächter, aber er ließ mich unangerührt durch das Tor, das mitten in der Straßenschlucht zum Meditieren einlud. Es war nur ein Tempelchen mit einem kleinen Buddha, vor welchem ein Mönch hockte und, neben sich eine Reisschale, in einem Buche las, ohne von uns Notiz zu nehmen. Zwei Säulen waren durch einen langen und schmalen Tisch verbunden, dessen Platte dicht mit Sand gefüllt war. In der Ecke stand eine rote Dose, eine brennende Kerze, und neben ihr ein Gefäß mit Rauchstäbchen. Shinohara warf einige Yen in die Dose, nahm eines der Stäbchen, entzündete es an der Kerze und steckte es aufrecht in den Sand, um dann die aneinandergelegten Hände bis an die Brust zu heben und sich tief zu verbeugen. Ich folgte seinem Tun in allen Punkten, während er mir erklärte, er meditiere während der beiden Minuten, bis das Stäbchen niedergebrannt sei. Die Meditation diene etwa nicht einer besonderen Konzentration, sondern im Gegenteil der Entspannung, sie sei eine Art geistiger Freiübung.

Das Weihrauch-Stäbchen brannte, und ich stellte mir zur Entspannung vor, ich säße auf dem elektrischen Stuhl und der Strom werde in genau zwei Minuten durch meinen Körper gejagt. Ich hatte in der Tat nicht gewußt, wie lang zwei Minuten sein können. Als das Stäbchen aufgeraucht war, richtete ich mich mühsam und in der Gewißheit auf, mein Leben lang ein entschiedener Gegner der Todesstrafe zu sein.

Wir standen vor einem kleinen Eckladen, der hell erleuchtet war, und in gläsernen Vitrinen und auf vielen Regalen mit Schuhen und Sandalen der verschiedensten Art bestückt war. Hier wohnte Shinohara, seine Frau besaß den führenden Schuhladen in dieser Gegend an der Grenze zu den Slums von Tokyo, einen sehr gutgehenden Laden offenbar, denn Shinohara erklärte mit verblüffender Offenheit, von den Honoraren seiner Universitätstätigkeit könne er nur seinem Hobby frönen. Von dem Laden seiner Frau lebe seine Familie.

Die junge Geschäftsfrau, sie mußte etwa 20 Jahre jünger sein als ihr Mann, begrüßte mich gewandt, bat, sie zu entschuldigen, sie müßte in den Laden, der mit der Wohnung verbunden war, versprach mir aber einen japanischen Tee – ohne die zeitraubende berühmte Teezeremonie. Sie war in Bluse und Rock gekleidet; eine moderne, arbeitende Frau, ihr gelehrter Mann, der ihre Plaudereien übersetzte, zeigte mir die Wohnung, ganze Höllengewitter zuckten über sein Gesicht, als er erklärte, Fremde vermuteten, Japaner lüden sie nur ungern in ihre Wohnung ein, weil sie sich ihrer Armut schämten. Nichts dergleichen, die Japaner schämen sich nirgends, die japanischen Wohnungen seien so leer an Möbeln, weil sie ebenfalls der Entspannung dienten, überflüssige Gegenstände machten unnütze Arbeit und beschäftigten den Geist, der sich zu Hause ausruhen möchte. In der Tat war die Wohnung geräumig und doch beruhigend, der Tisch niedrig und von Polsterkissen umgeben, aber an der Wand befand sich doch eine Bank, auf welcher sich der intellektuell beanspruchte Hausherr sitzend von der Entspannung des gewohnten Hockens erholen konnte. Wenige Schränke und viele Bücher ergänzten die Bedürfnisse des Hausherrn, auf einem kleinen Podest stand unter vielen Blumen eine Büste von Beethoven.

Gefragt, ob Musik sein Hobby sei, lachte Shinohara unverhohlen und schob die nur mit einigen japanischen Blumenstükken geschmückte Wand beiseite. Beethoven, erklärte er, sei in allen musikalischen Haushalten Japans vertreten – sein Hobby sei: die deutsche Reichsbahn.

Der Nebenraum war vollgepfropft mit Requisiten der Eisenbahn, der deutschen, mit Modellen aller Lokomotivtypen, aber auch mit Signalgeräten, mit roten Stationsvorstehermützen, Trillerpfeifen, Abzeichen jeder Art, eine ganze Spieleisenbahn mit Tunnels und Stationen waren naturgetreu aufgebaut, Dampflokomotiven und elektrische, und Dieselloks aller Jahrgänge. Eine vollständige Sommer- und eine Winteruniform deutscher Eisenbahner hingen unter Glas, es fehlte so gut wie nichts.

Die Deutschen glaubten, lachte Herr Shinohara, die lieben japanischen Verbündeten damals seien alles Spione, Geheimagenten und Industrieausforscher gewesen – aber Deutschland war einfach ein Paradies für begeisterte Hobbysucher, und es gab eben in diesem vorbildlich ausgestatteten Lande für die Japaner soviel Interessantes: Wenn in Tokyo eine internationale Industriemesse stattfinde, so habe er, Shinohara, als Privatmann mit Privatspleen einen eigenen Stand, der oft besucht und bewundert werde, den Stand der deutschen Reichsbahn. Und der gute Shinohara wollte sich schon daran machen, ganz ohne den Abglanz irgendeiner teuflischen Laune, mir die verschiedenen Güterwaggons und Abteile 4. Klasse zu demonstrieren – 4. Klasse besonders selten, da schon lange abgeschafft –, als Madame Shinohara erschien und zum Aufbruch mahnte, denn Herr Shinohara wollte mir nach dem Eindruck, den ich in den kaiserlichen Gärten und in der Fabrik gewonnen hatte, das Gegenstück japanischen Lebens vorführen – die Slums.

Dies war in der Tat eine andere Landschaft und Herr Shinohara schien direkt stolz auf sie zu sein. An schwärzlich dunklen, träge dahinfließenden Gewässern, Flüssen oder Kanälen, es war nicht recht zu unterscheiden, baute sich direkt wie aus dem Sumpf gewachsen das Gehölz skurriler Hütten auf, wirr durcheinander und aufeinandergetürmt, wie die Leidenschaften ungebändigten Lebens, grau, bizarr und unerbittlich, ohne einen bunten Fleck. Hier gab es keinen Reklameirrsinn. Stur nach den Bedürfnissen einer übergeordneten Gewalt gebaut, überdacht von den metallenen Bögen der städtischen Kommunikationen, vermochte kein Auto sich durch den Dschungel der Häuser an engen verwinkelten Gassen hindurchzuquälen. An den Ecken der Gassen standen die Betonklötze der Polizisten, die schwerbewaffnet aus schmalen Schlitzen spähten. Die Polizeiwachen glichen Festungen mit hohen Mauern und vergitterten Fenstern, Bastionen der Herrschaft, die der Ordnung nicht sicher ist.

«Das Erdbeben von 1923 und die Bomben des Krieges haben dies ganze Gebiet bis in den Grund zerstört, eine vorsorgliche Stadtplanung wollte die verbrannten Slums in Parks und Grünflächen verwandeln, aber ehe auch nur die Pläne fertig waren, standen die Slums wieder, sie sind eine elementare Erscheinung, und Tokyo, das Stadtungeheuer, hat heute noch zu einem großen Teil keine Kanalisation», sagte Shinohara.

Die Gassen waren durchwogt von Menschenmassen, die Hütten von Menschen bis an den Rand gefüllt. Die Amerikaner wissen genau, daß die Slums nicht nur der Unterschlupf der Unterwelt sind, in ihnen lebten in vollkommener Sicherheit auch die zahlreichen Leute, die auf den Listen der Amerikaner als Kriegsverbrecher verzeichnet waren. Die Slums waren Schlupfwinkel also in des Wortes wahrster Bedeutung mit unterirdischen Gängen und überirdischem Gewirr. Shinohara sagte, die Amis fuhren mit Panzern auf, die kamen nicht durch, hier hatten auch die Bomben nach jener von Hiroshima keinen Sinn, die Slums sind unüberwindlich. Dort lebten also unorganisierbare Massen von Menschen allein in der Organisation des Zwanges ihrer Umwelt. Sie leben nach eigenen Gesetzen, keine Gefahr für die Fremden, wie die Touristik in ihren Reklamen erklärt. Keine Gefahr für Touristen, die ihr Geld freiwillig dalassen, unmöglich aber zu betreten für die Ami-Soldaten, «Off limits», auch für die Ami-Huren, Bordelle genug, Lokale genug, nicht für die Besatzung, für die ist der Besuch lebensgefährlich.

Ich hatte mein Jöppchen im Schuhladen gelassen, so streunte ich also mit schweißdurchtränktem Hemd durch die Slums, meine von vielen Yens gebeulte Brieftasche lugte aus der hinteren Tasche meiner Hose.

«Keine Angst, Ihnen geschieht nichts! Aber nein, nicht weil ich mit Ihnen gehe, mich kennt hier auch niemand, und selbst wenn – aber ich kenne das Stichwort.»

Sehr behaglich war es nicht, sich in einer Menge von Menschen zu bewegen, welche ihre Zugehörigkeit durch ihr Äußeres zu betonen schienen, Typen, wie sie sich hier um mich drängten, waren freilich nicht vor den kaiserlichen Gärten und im Park des Prince-Hotels zu sehen. Typen wie jene, die mich gleichmütig zu begleiten schienen – der Mann, der mir zur Rechten ging, war so gut wie nackt, er trug nur ein schmales Tuch um die Lenden und war über und über tätowiert. Er war sehr muskulös und sein Gesicht von Narben zerrissen – jedem Filmregisseur mußte das Herz im Leibe lachen, wenn er auf der Suche nach einem veritablen Schurken diesem Manne begegnete, aber er ging friedlich neben mir her ... Und vor mir ging eine gleiche Type. Shinohara sagte: «Ihnen geschieht garantiert nichts, lassen Sie mich nur machen.» Neben ihm ging ein Mann sturen Angesichts, er blickte nicht rechts und nicht links, er schritt, sich leicht in den Hüften wiegend, und seine Muskeln spielten unter der Tätowierung eines nackten Mädchens, das sich bei jedem Schritt des Mannes in einem Bett von Ornamenten wollüstig zu wiegen schien. Es fehlte nur noch ein Mann dieser Art hinter mir: Und da war er!

Es war klar, wenn der Mann neben mir geruhte, mich anzureden, mich in ein mehr oder minder heftiges Gespräch zu verwikkeln, und da gab es ja viele Möglichkeiten, von der Frage an, ob mir das Wetter gefiele, bis zu der Behauptung «Mein Herr, Sie haben mich beleidigt» – ich wußte mit den Methoden der Ganovenwelt ziemlich gut Bescheid: Meine Brieftasche war schon weg, bevor ich mich zu irgendeiner Gegenwehr rüsten konnte. Der Mann hinter mir hatte sie schon längst weitergegeben an den Mann neben Shinohara ...

Und da geschah es! Der Mann neben mir fragte, ohne den Kopf zu wenden und mit fast geschlossenen Lippen – oh, ich beobachtete ihn genau: «You are British?»

Shinohara lachte teuflisch auf: «No, German», sagte er und tippte auf das blaue Schildchen auf meinem Hemd.

«German!» sagte der Mann etwas lauter, aber immer noch wie vor sich hin – und war verschwunden. Er war einfach weg, der Mann vor mir war weg, der Mann neben Shinohara, der Mann hinter mir.

Und meine Brieftasche?

Die war noch da.

Und da war ich stolz, daß ich ein Deutscher war!

«Ja», sagte Herr Shinohara, «die Kerle wissen genau, daß Deutsche nie viel Geld bei sich haben, es lohnt sich nicht!»

«Sie sind ein Herzchen, Herr Shinohara», sagte ich, und Herr Shinohara lachte teuflisch: «Verausgaben Sie sich nicht! Ihr Herzchen erwartet Sie in zwei Stunden im Hauptbahnhof! Sie fahren heute nacht nach Hiroshima!»

Ich war Manns genug, mich wie ein Orchideenjäger mit der Machete in der Hand im Dschungel zu bewegen, ich hatte den richtigen Bahnhof auf Anhieb gefunden, den richtigen Schalter erst nach einigen Fehlversuchen, und fuhr nun im überfüllten Stadtbahnzug, aber eben doch wieder im Vollgefühl des japanischen Lebens, meiner kleinen Yuriko entgegen, von allen Seiten angequetscht – aber gegen meinen Bauch drückte sich doch ein junges japanisches Mädchen, welches den Kopf hochrichten mußte, um zu erkennen, wessen ich bedurfte. Das Mädchen hob den Kopf, lächelte und fächelte mich – offenbar hatte auch Yuriko in der gleichen Situation nur nach gutem japanischem Brauch gehandelt. Aber ich sollte nun mit ihr nach Hiroshima fahren, und sie hatte mir die Vorfreude genommen, sie als die Dame meines Herzens zu behandeln, stolz und teuer mit ihr im Taxi zum Hauptbahnhof zu fahren und schon im Augenblick zu genießen, was sich auf der Reise an Genuß notwendig bieten mußte: die schlicht schöne Zweisamkeit des Ginkgo-Blattes. Ich beschloß, sie zur Strafe erst einmal recht eisig zu begrüßen.

Da waren die üblichen Menschenmassen in der Halle des Hauptbahnhofes; aber wie ein Fels, an dem die Flut brandete, stand da Kuba im Dschungelkampfanzug, sehr kriegerisch aufgemacht, allgemein angestaunt, und schlicht die Tschechoslowakei, bürgerlich angenähert wie die Gewaltigen des Kreml mit Schlips und Homburg. Das Ganze aber war hübsch gruppiert um Yuriko. Aber welch eine Yuriko! Sie hatte sich als Touristin verkleidet, mit einem schwarzen, enganliegenden Pulli und einem geraden, strenggeschnittenen Rock. Sie trug ein graues Kostümjackett lässig um die Schulter gehängt und einen grauen, runden Hut dazu, und vor ihrer Brust baumelte ein veritabler Fotoapparat, an einem langen Riemen hing eine Tragetasche allermodernster Art, klein, aber oho, mit nicht viel mehr Raum, als es für Nachtzeug und Waschbeutel notwendig war. Dies internationale Luxusgeschöpf lächelte mir entgegen, tat aber keinen Schritt auf mich zu, sondern streckte mir huldvoll die Hand zum Küssen hin.

Ich küßte ihr die Hand mit allem Schmelz, wie ein k.u.k.-Kavalier, ein Ereignis, welches offensichtlich nicht nur sie genoß, sondern mit Kuba und der Tschechoslowakei auch das ganze aufmerksame japanische Volk. Nur La Passionara, ganz spanisch–Grande Dame sonst, lachte herzlich über die Hofetikette, sie begrüßte mich mit einem männerhaften Händedruck, den ich männerhaft erwiderte.

Der Bahnsteig für die Luxuszüge war nicht überfüllt. Yuriko zeigte mir auf meiner Fahrkarte, die sie besorgt hatte, die kleine Nummer zehn und unterwies mich, daß genau an der Säule Nummer zehn der Zug nach Hiroshima mit der Tür zum Wagen Nr. 10 halten werde.

Da fuhr der Zug schon ein, elegant und geräuschlos, die hellerleuchteten Pullman-Wagen glitten vorbei, die Tür von Wagen 10 hielt genau an der Säule, vor der wir standen, sie öffnete sich automatisch, und ich ergriff Yurikos Arm, der sich für eine Sekunde an den meinen drückte, und betrat den Wagen. Er war nur zur Hälfte besetzt, die Sitze mit weißem Leinenzeug überzogen, der Boden mit Matten belegt. In der hinteren Hälfte des Wagens, zu beiden Seiten des Ganges, waren die Vorhänge zu den Pullman-Schlafgelegenheiten zu sehen.

Ein kleiner weißgekleideter Schaffner, mit einer scheußlichen Mütze geschmückt, deren Vorbild die alte preußische Schildmütze der Infanterie zu sein schien, hielt eine Liste in der Hand. Yuriko gab ihm meine Karte, wie ich sehen konnte, die ihre nicht, der Schaffner verglich meine Karte mit der Liste, er wies mir höflich den Platz, einen Fensterplatz, neben welchem der Platz zum Gang noch frei war. Jetzt führte Yuriko Kuba und die Tschechoslowaken weiter in den Wagen hinein. Japan bewunderte die Invasion der fremden Riesen.

Ich wies Yuriko den Platz neben mir an. Sie sagte: «Oh, bitte nein.»

«Was soll das heißen?» fragte ich, sah ihr unglückliches Gesicht und packte ihre Hand.

Sie sagte: «O bitte, ich fahre mit demselben Zug ...» kleine Pause «... oder heißt es mit dem gleichen ...?»

«Das ist etwas ganz Verschiedenes!» sagte ich strenge. «Heißt das, daß du keine Fahrkarte für den Pullman hast? Dann werde ich sofort nachzahlen!»

Ich hielt immer noch Yurikos Hand fest, dabei spürte ich, daß sie dort ein Papier verborgen hielt. Yuriko sagte: «Dieser Zug fährt gleich ab ... bitte ... Sie werden alles erfahren!»

Sie zog ihre Hand zurück, wandte sich in der Tür noch einmal um, sagte: «Gute Nacht», und trat auf den Bahnsteig hinaus. Sofort schloß sich die Tür hinter ihr.

Jetzt stand der kleine Schaffner neben mir, ich starrte auf den Bahnsteig, ich sah, wie Yuriko auf einen Zug zutrat, der auf dem nächsten Gleis soeben eingefahren war, während unser Zug sich langsam in Bewegung setzte. Ich zeigte auf den anderen Zug, der schon überfüllt war, und fragte: «Hiroshima?» der Schaffner nickte «Hiroshima», und fügte hinzu: «Nix Pullman.» Ich hatte als Gepäck eine aus Reisstroh gefertigte lächerlich kleine Wurst, die mein ganzes Gepäck enthielt. Ich hatte im Annex nur noch zwei saubere Hemden gefunden und mir von der stummen Bedienerin diese japanische Tasche ausgebeten, in welcher nun also diese meine Wäsche, ein paar Socken und einige Taschentücher und der Kulturbeutel enthalten waren. Der Schaffner nahm mir die Tasche ab. Nun erst öffnete ich die Faust und las den kleinen verknitterten Zettel, den mir Yuriko in die Hand gedrückt hatte.

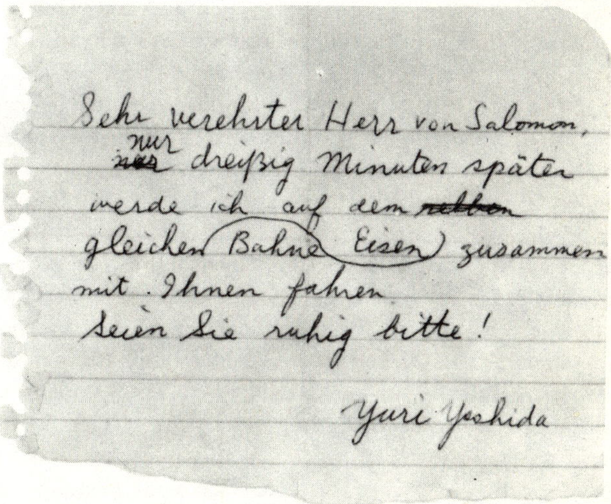
Sehr verehrter Herr von Salomon,
nur dreißig Minuten später
werde ich auf dem
gleichen Bahne Eisen zusammen
mit Ihnen fahren
Seien Sie ruhig bitte!

Yuri Yoshida

In einer Ecke des Wagens hatten Kuba und die Tschechoslowakei Platz gefunden und unterhielten sich laut und angeregt auf deutsch. Neben mir der Platz war leer – und Yuriko fuhr mit dem überfüllten Zug, sie mußte stehen, stellte ich mir vor, gepreßt an ihre japanischen Mitpassagiere.

Durch den Gang mit dem Bettabteil kamen zwei junge Mädchen in einer sehr kurzweiligen Uniform in den Farben des Zuges. Sie lenkten einen blitzenden Aluminiumkarren, auf welchem in buntes Seidenpapier gehüllte und mit herzigen Schleifchen versehene Kartons lagen – und verschiedene Flaschenhälse ragten aus einem kleinen Eisfach. Dieser Luxusexpreß hatte keinen Speisewagen, dafür aber die kleine angenehme Überraschung dieser Mahlzeiten: der Karton kostete nur 300 Yen, das war unglaublich billig, und enthielt jeder eine komplette Mahlzeit, die je nach der Farbe der Schleifchen verschieden war. In meinem befanden sich in Plastiknäpfchen neben anderen kleinen Horsd'œuvres auch die berühmten roten Fischchen, in einem größeren Napf das Hauptgericht aus Fisch, Geflügel und Reis, es war auch reichlich Krebsfleisch dabei, es schmeckte vorzüglich, wie auch die süße Nachspeise aus eingemachten Früchten; und dann war da noch eine Blechdose, leicht zu öffnen, die ein klares eisgekühltes Wasser enthielt, dazu Stäbchen. Mir hatte die Hostess, die mich bediente, sofort ein in Seidenpapier gehülltes Besteck reichen wollen, ich bedankte mich aber für diese Aufmerksamkeit und bedeutete der jungen Dame, daß ich ihr und Japan zu Ehren mit Stäbchen essen wolle, was sie mit einem vieldeutigen Lächeln quittierte. Aber ich suchte mit der kleinen Schwierigkeit, mit Stäbchen zu essen, nur einen inneren Ausgleich für Yurikos Mühe, die in einem Zug fuhr, der mit Bestimmtheit weder einen Speisewagen noch eine freundliche Hostessenbedienung hatte – und die Fahrt nach Hiroshima dauerte über sieben Stunden, und Yuriko hatte sicherlich nicht zu Abend gespeist. Der Zug, mit dem sie reiste, war sehr schnell, das war der einzige Luxus. Ich war nicht ruhig, ich war wütend, daß ich nicht zusammen mit Yuriko reiste, nicht nur Yuriko war zu niedrig eingeschätzt, auch ich kam mir einfach minderwertig vor im Gitterwerk der Maßstäbe des Geldes.

Jetzt kamen die Mädchen und sammelten die leer gegessenen Verpackungen ein, und nach den Mädchen kam der Schaffner, er ergriff meine Reisstrohwurst und ging auf die Schlafabteilung zu, welcher auch Kuba und die Tschechoslowakei zustrebten, aber keiner der japanischen Passagiere. Der Vorhang, beiseite geschoben, enthüllte ein Bett, welches den ganzen Raum ausfüllte und auf dem, hygienisch verpackt, ein Kimono sowie ein paar Pantoffeln bereitlagen. Der Schaffner sagte – auf deutsch! – «Gute Nacht», und ich kletterte auf das Bett, und er zog die Vorhänge zu. Das breite Fenster, so breit wie das Bett, hatte keine Vorhänge. Ich zog mich mühsam aus, warf meine Schuhe einfach durch den Vorhang auf den Gang, konnte aber den Kimono nicht anziehen, er war mir nicht gewachsen, und dann dachte ich an Yuriko.

Am Tage freilich lockt die Versuchung, vor der hungrigen Wolfsmeute der Zweifel zu Yuriko zu flüchten, des Nachts aber heult es in den Wäldern, und grüne Augen funkeln mordgierig aus dem Gebüsch.

Die Ausgangslage beruhte auf einem Mißverständnis. Das spielt man durch wie am Sandkasten der Kriegsschule eine militärische Lage. Der kritische Augenblick tritt mit der Feindeinwirkung ein, mit den Realitäten, die nur berechenbar sind, wenn genügend Informationen einlaufen.

Die Informationen in Sachen Kongreß waren betrüblich unzureichend. Zunächst mußte es auffallen, daß im Grunde nur die Staaten des Ostblocks und der sogenannten Dritten Welt durch größere Delegationen vertreten waren, hinreichend angewärmt durch die Grußbotschaften der Mächtigen dieser halben Erde, aber außer dem braven Briefmarkensammler aus England und einem wilden Kommunisten aus Italien war nur der Delegierte für Westdeutschland erschienen. Warum war Frankreich nicht vertreten? Warum nicht Irland, die skandinavischen Staaten, die Länder der EWG? Warum war Österreich nicht erschienen, warum nicht die Schweiz? Und warum – außer Kuba – nicht ein einziger Staat aus Südamerika? Das Bekenntnis zum Frieden, der Abscheu vor der Atombombe und der Wille zur Abrüstung war doch sozusagen ein «Weltwille», da gab es keinen einzigen der Machthaber der Welt, der nicht von Zeit zu Zeit von Friede, Freiheit und Gerechtigkeit tönte. Konnte es wirklich sein, daß die Friedensbewegungen in allen Ländern der Welt im sogenannten «Westen» sich scheuten, mit der «kommunistischen Welt» in ihren Zielen identifiziert zu werden? Aber ihr Nichterscheinen auf diesem internationalen Kongreß tauchte den Westen in das Licht einer bodenlosen Heuchelei und spielte die Initiative zu einer so segensreichen Idee wie der des Weltfriedens den «Ostblockstaaten» geradezu in die Hände. So kann es auch einfach keine stichhaltigen Gründe geben für die Kirchen des Abendlandes, nicht ihre Vertreter gesandt zu haben, wie es die Sowjetunion so eindrucksvoll mit den ihren tat. Und der Delegierte für Westdeutschland hätte es auch viel lieber gesehen, in Tokyo hätte ein Priester seine Stellung eingenommen, für die er einfach nicht qualifiziert war. Und Amerika? Die Vereinigten Staaten von Amerika hatten eine beträchtliche Anzahl von Delegierten gesandt. Polen bemerkte dazu spöttisch, das seien gar keine Delegierten, sondern Touristen, welche eine billige Reise buchen konnten: «Die ganze Friedensbewegung von Amerika kann in einem Omnibus befördert werden.» Und China hatte mit seiner großen Delegation aus achtbaren Vertretern des politischen und kulturellen Lebens am Ende doch nur die eine einzige Forderung an den Kongreß: für die Zulassung der Chinesischen Volksrepublik zur UNO einzutreten.

Und hinwiederum: Es waren Nationen, die sich hier vertreten ließen, und was sie forderten, war in jedem Falle eine nationale Forderung, mit den Argumenten handfester Interessen. Da legte sich Jugoslawien mit der Sowjetunion an und Kanada mit Taiwan, der Kongo mit dem Sudan, und Kollege Mascher machte es sich leicht, zu erklären, was «Faschismus» eigentlich sei: das Bündnis der Nationen mit dem Kapital. Jedesmal wenn er dem Delegierten Jugoslawiens begegnete, verfehlte er nicht, zu fragen, wieviel Dollar Tito von den Amerikanern erhalte.

Ganz sonderbar aber mußte das Gebaren sämtlicher Delegierten anmuten: Ein jeder Teilnehmer der Beratung war, dafür hatte die präzise Organisation der Japaner gesorgt, in Hiroshima gewesen, aber es fiel kein Wort über Hiroshima, das über den Symbolgehalt des Namens hinausging. Es mochte also wohl keine echte Erschütterung durch den Besuch dieser verwüsteten Stadt ausgelöst worden sein. Die Forderungen des internationalen Kongresses an die Welt blieben in jedem Falle ein Politikum, entweder nur für den Augenblick gültig oder praktisch für eine Zukunft, die schon begonnen hat und die im Kongreß nur einer vertrat und dies in höchst eindrucksvoller Art, der Vertreter Rumäniens, der von Beruf Atomphysiker war. Für alle, so schien es, gab der Schatten von Hiroshima nur Gelegenheit, die politischen Fakten unserer zerrissenen Welt an die Stelle von grundsätzlichen Erwägungen zu setzen, die zu einer nun wirklich verbindlichen Philosophie führen mußten, zu einer Moral, zu der sich jedermann bekennen könnte – einer Philosophie, geboren aus schrecklichen Erfahrungen und geeignet, auch den Hunger und die Liebe in sich einzuschließen.

Dem Delegierten für Westdeutschland ging es nicht um Politik. Er konnte mangels jeglicher Macht, die hinter ihm stehen könnte, in keinem Falle irgend etwas betreiben, das ihm als Politik ausgelegt werden mochte. Er hatte sich aus dem großen Mißverständnis der Ausgangslage durch den Entschluß herausgeschlieft, seine Rolle in dieser Versammlung als «ehrlicher Makler» zu spielen, aber eben doch auf einer Ebene, die über jedes politisches Verständnis hinausgehen mußte. Wirklich angerührt hatte ihn nur die Parallelität der japanischen Entwicklung mit der deutschen. Die Japaner unter dem Schatten von Hiroshima hatten, so mußte es erscheinen, nicht nur als Initiatoren dieser Form der Friedensbewegung, sondern auch durch den Willen, mit den Gesetzen einer Zukunft zu leben, die es allen Völkern erlaubt, sich nach neuen moralischen Grundsätzen zu richten, eine Vorform eben jenes Humanismus zu erstreben, die von den Völkern des Abendlandes achtlos verschenkt, Japan die Aufgabe setzte. Ob sie zu lösen war oder nicht: es war der bislang tapferste Versuch, der sich aus der allgemeinen Verwirrung unserer historischen Überlappungsperiode ergab, und für den Delegierten für Westdeutschland die Versuchung, sich in Hiroshima zu wappnen, um sich in Tokyo stellen zu können.

In Japan fahren die Züge sehr schnell und in dichter Folge. Wenn sich zwei Züge begegnen, so mit einem schmetternden metallischen Krach, begleitet von einem grellen, pfeifenden Mißton. An Schlaf war kaum zu denken, und zu denken, daß Yuriko nun im Drang von fürchterlicher Enge langsam, aber sicher zu zerknittern drohte, während ich mich auf den weichen, kapitalistischen Pfühlen des Luxuszuges dehnte, ließ ohnehin einen ruhigen Schlaf nicht zu. Gegen vier Uhr schreckte ich wieder auf. Der Zug fuhr langsam, und ich blickte aus dem Fenster. Der Zug schlich an einem Abhang entlang, unten waren Lichter zu sehen – die Umrisse einer Fabrik mit hohem Schornstein. Wir glitten an ihm vorbei, aber merkwürdigerweise verlor ich das Gebäude nicht aus den Augen, bis ich bemerkte, daß der Zug sich in einer langen Schleife um eben dieses Tal wand. Als er sich der Fabrik wieder näherte, konnte ich einen großen Raum erspähen, der hell erleuchtet war: Hunderte von japanischen Arbeitern hatten sich zu Boden geworfen, alle mit hellen Hemden und dunklen Hosen bekleidet, und nun erhoben sie sich sogleich wieder. Ob dies Gebaren mit einem Gebet verbunden war oder der japanischen Sitte, sich immer wieder mit Freiübungen zu entspannen, war nicht auszumachen, aber zweifelsfrei blieb, daß hier mitten in der Nacht, um vier Uhr, die Arbeit begann.

Ich konnte nicht wieder in den Schlaf verfallen, suchte aber mit aufkommender Dämmerung da draußen Teile des «japanischen Lebens» zu erfassen. Wir fuhren durch eben jene Gebirge, welche dem großen Marsch von Hiroshima nach Tokyo so viele Schwierigkeiten geboten hatten. Da klebten die kleinen

Bambushütten der Bauern an den Abhängen, denn jedes einigermaßen ebene Land war mit Wasser bedeckt, aus dem die Reiswimpel ragten. Hier war jeder Quadratmeter ausgenutzt. Sonderbar langgestreckte offene, scheunenartige Gebäude waren auf Pfählen über dem Wasser errichtet, in ihnen hockten Tausende von weißen Hühnern auf den Stangen, die weißen Leghorn, welche dazu verurteilt waren, dort gefesselt ihre Eier zu legen. Die Hähnchen wurden, modernste Geflügelhaltung auf engstem Raum, wahrscheinlich zur rechten Zeit aussortiert und auf den Markt gebracht. Ich hatte mit Erstaunen vernommen, daß in den großen Geflügelfarmen Europas Japaner engagiert waren, bei den Küken die Hähnchen von den Hühnern zu scheiden, sie waren die einzigen, die das Geschlecht des Kükens sofort erkennen konnten.

Zwischen den sauber gerichteten Reisreihen stelzten weiße Kraniche – der Kranich war das Symboltier Japans. War das Gewässer von sanften Hügeln umgeben statt von steilen Felsen, so boten diese auch nicht den Raum für irgendwelche bäuerlichen Gebäude: Dicke, runde, graugrüne Walzen zogen die Hänge der Hügel empor – Tee.

Kollege Mascher hatte für die Japaner ein Buch mitgebracht, Karikaturen über das japanische Leben, in der DDR hergestellt. Da waren zwei einander gegenüberliegende Seiten, die linke unter dem Titel «Altes japanisches Dorf» zeigte eine Reihe von Bambushütten mit ihren geschweiften Dächern, und gegenüber unter dem Titel «Modernes japanisches Dorf» waren genau die gleichen Häuser abgebildet, nur ragten aus jedem Dach die gespinstigen Arme von Fernsehantennen. Weder ich noch die Japaner, denen Kollege Mascher die Karikatur gezeigt hatte, fanden hinreichend Anlaß, sich über diese zu amüsieren. Der Karikaturist hatte aber richtig beobachtet, da zogen sich die Häuschen den Abhang hoch und jedes hatte seine Antenne.

Jedesmal wenn ich im Prince-Hotel-Annex durch die Halle ging, spendete der dort aufgestellte Fernsehapparat die neuesten Sportnachrichten. Jedesmal aber auch, wenn ein Gast die Halle betrat, boten die Angestellten des Hotels einen anderen der Kanäle an. So hatte ich die Gelegenheit, einen Western zu sehen, der in Japan hergestellt war. Mit unglaublicher Tapferkeit kämpften dort kleine, dunkelhaarige Cowboys, die genau wie Japaner aussahen, mit kleinen dunkelhaarigen Indianern, die ebenso genau wie Japaner aussahen, aber freilich rot angestrichen waren. Und einmal betrachtete ich mir einen Film, der im besetzten Paris spielte und in dem kleine dunkelhaarige SS-Leute unerbittlich gegen kleine dunkelhaarige Franzosen der Résistance vorgingen – es war ihnen die Mongolenfalte gemeinsam, sonst nichts. Und die «Katze», das berühmte Mädchen, das in Paris für die SS agentierte, sah rundherum aus wie Yuriko, mit schrägen Augen, wenn sie einer Falle entschlüpfte, und mit großen angsterfüllten, wenn sie bemerken mußte, daß es mit ihr und dem Film einem bösen Ende entgegenging. So ist es eben, das japanische Leben: Es waren die Japaner immer Menschen wie andere Menschen auch.

Und ebenso war es mit den Tieren. Ich sah auf der ganzen Reise hier zum ersten- und letztenmal eine Kuh. Sie stand mitten in einem Reisfeld, es war eindeutig eine Schwarzbunte aus der berühmten Zucht Schleswig-Holsteins, ich winkte ihr zu, und sie reckte den Kopf sehnsüchtig und rief: «Muh, Muh, grüß mir mein Itzehoe!»

Die Hauptstrecke von Tokyo nach Hiroshima, die längste auf der Hauptinsel Hondo, streifte die Millionenstädte Osaka und Kyoto, aber auch auf den Bahnhöfen der kleineren Städte drängten sich die Schüler morgens um 6 Uhr massenweise, die Knaben mit der schrecklichen Mütze auf dem Kopf, die auch der Schaffner trug, nur mit anderen Emblemen, die Mädchen kicherten für sich in kleinen Gruppen, sie trugen alle Matrosenblusen und an den strammen Waden weiße Strümpfe. Jede einzelne eine kleine Knospe zu einer späteren Yuriko. Ich wußte nichts von Yuriko, nichts auch von ihrer Gegenwart, von ihrer Jugend und von ihrer Zukunft, nichts, außer daß sie da war und mir als ein Rätsel aufgegeben.

Und nach dieser Kraftanstrengung mußte ich doch wohl wieder in den Schlaf gesunken sein. Ich erwachte durch die große

Unruhe des Aufbruches, wir mußten in wenigen Minuten in Hiroshima sein, ich stieg in die Hosen und fiel durch den Vorhang aus meinem Bett. Ich mußte sehr komisch gewirkt haben, denn ganz Japan, ankunftsbereit, empfing mich mit einem herzlichen, aber sympathisierenden Lächeln, Kuba lachte lauthals, und die Tschechoslowakei erklärte mir, während ich zum Waschabteil eilte, daß ich die allgemeine Sympathie durch mein grandioses Schnarchkonzert erworben habe. So bedankte ich mich nach japanischer Sitte mit einer tiefen Verbeugung und mit aneinandergelegten Händen für den Beifall, wartete aber im Waschabteil, bis der Zug endlich hielt und ich sicher sein konnte, den Wagen verlassen zu finden.

So kam es, daß ich auch am Ziel der Fahrt ins Blaue die Farce eines Bühnenauftritts exerzieren konnte, ohne es geplant und gewollt zu haben. Auf dem Bahnsteig von Hiroshima warteten der Bürgermeister von Hiroshima und der Rektor von der Universität, um die Delegierten des ständigen Kongresses zu empfangen, und mit ihnen warteten die Delegierten, und unter einem Vordach des noch recht lädierten Bahnhofs vor dem Dienstzimmer des Stationsvorstehers wartete eine starke Gruppe von Arbeitern mit ihren Mappen und Henkelmännern, darunter junge Mädchen, sie hatten sich zusammengefunden, als sie erfuhren, daß die Delegierten empfangen werden sollten und darum gebeten, diese mit einigen Liedern erfreuen zu dürfen. Sie setzten mit dem Gesang ein, als der letzte Delegierte, und das war ich, den Waggon des Luxuszuges verließ, und die Schaffner und Beamten des Bahnhofes standen stramm und salutierten. Der Gesang endete erst, als der nächste Zug einlief, er kam aus Tokyo, er war überfüllt und ihm entstieg, frisch und appetitlich und in keiner Weise zerknittert, Yuriko.

Sie verstand sofort die Situation und nahm die Sache in die Hand. Sie bedankte sich bei den Arbeitern in wohllautendem Japanisch, und sie mußte genau die richtigen Worte gefunden haben, denn die Arbeiter riefen ihr und uns offenbar recht herzliche Grüße zu, um dann eilig den Zug zu stürmen. Und die Magnifizenzen machten erfreute Gesichter, und ich küße Yuriko ostentativ die Hand. Und diese Hand enthielt wiederum eine Überraschung. Yuriko hatte Visitenkarten mit meinem Namen auf japanisch und deutsch besorgt und auf diesen Karten den Delegierten für Westdeutschland stracks zum Direktor für Wissenschaft und Literatur ernannt, und überreichte sie als Angebinde den beiden hohen japanischen Herren, welche erfreut und in bestem Deutsch die Delegation «Willkommen in Hiroshima» hießen und uns ihrerseits ihre Visitenkarten in die Hand drückten. Dann stellte Yuriko Kuba und die Tschechoslowakei vor, bat, uns zunächst in ein kleines japanisches Hotel zum Frühstück zu führen und beileibe nicht in eines der großen modernen amerikanischen Hotels, wobei sie recht deutlich zu verstehen gab, es sei der ausdrückliche Wunsch der Delegierten, das japanische Leben kennenzulernen, das Leben in Hiroshima vor und nach der Bombe, und fand während der ganzen Zeremonie kein einziges Wort, das direkt an mich gerichtet war. Sie sandte mir nur von Zeit zu Zeit einen Blick aus schrägen Augen, der mit Spott gespickt zu sein schien.

Der Bahnhof von Hiroshima war alt und häßlich. Einige verkrümmte Eisenträger und geplatzte Platten auf dem Bahnsteig waren noch Spuren einer teilweisen Zerstörung, die Häuser um den Bahnhof waren schlichte, neue Betonklötze, grau und schmucklos, wir bestiegen einen großen Wagen alten Modells und fuhren auf einer breiten, mehrbahnigen Betonstraße, die sorgfältig mit weißen Richtungspfeilen versehen war. Professor Moritaki, Chairman des «Hiroshima Council against A & H Bomb», saß am Steuer, neben ihm La Passionara, in der zweiten Reihe saßen Yuriko und ich, hinter uns die beiden Kubaner und die Tschechoslowakei. Ich versuchte, Yurikos Hand zu ergreifen, sie saß aufrecht da und starrte aus dem Fenster. Aber als ich sagte: «Jetzt fahren wir zusammen, auf einem guten Weg», wandte Yuriko ihr kleines Gesicht mir zu, sie hatte ihre größten Augen aufgesteckt und erwiderte mit brüchiger Stimme, indem sie den Kopf auf meine Schulter fallen ließ: «Wir fahren auf der Asche von 10000 Menschen!»

Hiroshima liegt 900 km von Tokyo entfernt, im Westen der Hauptinsel Hondo an der Inlandsee, die durch die beiden großen Südinseln Kyushu und Shikoku zur Hauptinsel gebildet wird. Die Inlandsee wiederum ist dicht bestückt mit zahlreichen kleinen Inseln, durch deren Gewirr der Seeweg zum Hafen von Hiroshima führt, einem sehr geschützten und gut ausgebauten Hafen. Die Umgebung von Hiroshima ist sehr gebirgig. Aus einem mächtigen Gebirgszug, parallel zur Japansee, der das Rückgrat des Inselfestlandes bildet, entspringt der Fluß Ota, der, wie alle diese Flüsse des vulkanischen Gebirgslandes, auf seinem kurzen Weg bald stromartigen Charakter annimmt. Der Ota-Fluß durchbricht den Schneidepunkt zweier Hügelketten im Norden und teilt sich in diesem Tal, in welchem sich die Stadt Hiroshima ausbreitet, in sieben Arme, die in der Inlandsee münden und so den Hafen der Stadt bilden.

Im Jahre 1593 baute ein Feudalfürst ein Schloß und nannte es «Hiro-Shinu-jo» (Großes Inselschloß). Folgende Geschlechter fürstlichen Ranges übernahmen die Herrschaft über den gesamten Distrikt zwischen den Hügelreihen, ermunterten Industrie und Handel und legten so das Fundament zur Schloß-Stadt Hiroshima. Im Jahre 1889 wurde die Stadtverwaltung eingesetzt und der Hafen ausgebaut sowie die Eisenbahnverbindung nach Kobe östlich und nach Shimonosaki am Ausgang der Inlandsee zur Japansee 1894 hergestellt. Während des chinesisch-japanischen Krieges 1894/95 hatte sich das Hauptquartier im Hiroshima-Castle etabliert. Vor dem Zweiten Weltkrieg im Jahre 1940 war Hiroshima die siebtgrößte Stadt in Japan mit einer Bevölkerung von 343 968 Einwohnern. Die Stadt war zu dieser Zeit Sitz eines alten Daimyo-Schlosses, eines Appellationsgerichts, einer Militärakademie und einer Handelskammer und war das Zentrum des japanischen Kunstgewerbes und Handels, erzeugte Moskitonetze, Kleister, Indigo, Seiden- und Baumwollwaren und betrieb einen vorzüglichen Austernhandel. Die Stadt war also im japanischen Zeitalter der Industrialisierung gewachsen, sie bestand aus einem

Gewirr der kleinen, aus leichtestem Material gebauten Häuschen, mit wenigen Durchgangsstraßen und nur einigen steinernen Brücken über die fünf Arme des Flusses, welcher die Innenstadt durchströmte. Im Zentrum der Innenstadt ragte nur ein einziges modernes Bauwerk, ein europäisches Industrieausstellungsgebäude über die Dächer der Häuser rundum, und im Norden das immer noch stattliche Schloß, das nun Verwaltungszwecken diente. Während des Zweiten Weltkrieges wurde die Stadt mit Rüstungsindustrie angereichert, vornehmlich im weiträumigen Hafengelände, dessen Terrain etwa doppelt so groß war wie die übrige Stadt. Gegen das Kriegsende hatte diese Rüstungsindustrie bei immer stärker werdendem Mangel an Rohstoffen eine spürbar nachlassende Kapazität. Nur der Hafen mochte für die Kriegführung einige Bedeutung haben, die Werften hatten mit Reparaturen mehr denn je zu tun. Aber am 6. August 1945 morgens um 8.15 Uhr fiel die Bombe im Zentrum der Innenstadt und detonierte 500 m über der Aidi-Brücke, welche die beiden mittleren Arme des Stromes eben dort überquerte, wo sie sich trennen.

Herrn Professor Moritaki war nun die Aufgabe zugefallen, das, was am 6. August 1945 in Hiroshima geschah, dokumentarisch festzuhalten und zum Gedächtnis der Welt aufzubewahren. Er wandelte das eigentliche Zentrum der Zerstörungen in den sogenannten Friedenspark um, in eine Grünfläche von etwa 4 Quadratkilometern mit den verschiedenen Monumenten der Erinnerung an die Katastrophe. Am Südrand des Parks errichtete er 1955 die «Peace Memorial Hall» – ein zweistöckiges Gebäude in modernem Stil, einen langen, auf Stelzen stehenden modernen Glaskasten, der in seinem unteren Teil ganz ausgefüllt war von einer großen Halle und einem Ausstellungsraum, berechnet für den gleichzeitigen Besuch von 2500 Menschen. In dieser Halle war alles an Dokumenten, Materialien und Fotografien enthalten, was mit der Bombe von Hiroshima in Bezug gesetzt werden konnte.

Während der Fahrt zu diesem Dokumentenzentrum hatte

Yuriko ihren Kopf nicht von meiner Schulter genommen. Ich streichelte ihre Hand, und niemand sprach mehr ein Wort. Beim Aussteigen nahm ich Yurikos Arm und geleitete sie in das Haus. Professor Moritaki führte uns. Die große Halle war nur wenig besucht, es war kaum ein Laut zu hören. Die Leute flüsterten nur, und auch der Professor gab seine Erklärungen nur flüsternd ab. Es war mir, als ob wir ein Krematorium betreten hätten. Und dieser erste Eindruck blieb bestimmend. In der Mitte der Halle war eine Art Rondell aufgebaut, in welchem an den Horizonten der Hügelketten wie im Tal des siebenarmigen Stromes die alte Stadt Hiroshima als Panorama fotografisch sehr geschickt aufgebaut war. Durch den Druck auf einen Knopf verwandelte sich mit einem Lichtwechsel das Bild in das der durch die Bomben zerstörten Stadt.

In dem Bericht, in welchem ich versuchte, den Eindruck zu vermitteln, den ich im Dokumentenzentrum erhalten hatte, schrieb ich, nachdem ich gewissermaßen mit der Bitte um Verzeihung versichert hatte, es sei eben wirklich «unbeschreiblich»: Man kann diese Reste einer lebendigen Stadt, dies traurige Chaos von explodierten Menschenleibern und verbogenem Material nicht anders sehen, als von Ekel gepackt über das, was den Menschen möglich ist. Ich vernahm, vor dem Panorama stehend, nichts von den geflüsterten Erläuterungen, die in einiger Entfernung Professor Moritaki den Herren gab, ich spürte das Zittern Yurikos an meinem Arm, und es vermittelte mir, was sie empfand, und plötzlich stand auch La Passionara neben mir, starrte auf das Bild der Zerstörung und drückte im kräftigen Impuls meinen andern Arm. Es fiel kein Wort. Das einzige, was ich selber empfand, war die dumpfe Verzweiflung über die angesichts dieser Bilder nun wohl eklatante Tatsache, die mich auf dieser ganzen Reise gequält hatte, nämlich, daß meine Erlebnisfähigkeit sich in einem bestürzenden Maß verringert haben mußte. Bemüht, durch Formulierungen festzuhalten, wessen ich mich zu erinnern hatte, mußte ich erfahren, daß mich die technische Perfektion der Darstellung mehr berührte als das Dargestellte selber. Ich versuchte, die schweigende Erregung der beiden Frauen an meiner Seite zu teilen, aber es gelang mir nicht. Ich blieb einfach kalt und entschuldigte mich gleichzeitig vor mir selber über die billige Unanrührbarkeit mit der ebenso billigen Feststellung, daß mir angesichts dieser im Bilde festgehaltenen Zerstörung – und Bilder halten eben den Prozeß der Zerstörung «fest», statt ihn in deren Ablauf verständlich zu machen – andere Bilder einfielen, die ich mit diesen sehr wohl in Vergleich setzen konnte. Ich hatte die Zerstörung vieler deutscher Städte gesehen, und die Bilder der zerstörten Städte Berlin, Hamburg, München, Dresden, Würzburg und so vieler anderer, sie hatten neben der natürlichen Trauer über das Dahingesunkene, nie wieder in ihren alten und mehr oder weniger schönen Formen Herzustellende, immer wieder das Vergleichbare in den Prozessen der Zerstörungen gesucht und in den Ruinenlandschaften das gleiche entdeckt – was stehenblieb, das waren die Fassaden, welche die Phantasie aufforderten, wieder zu füllen, was nun entleert war. Hiroshima aber in diesen Bildern schien so bis auf den letzten Rest zertrümmert, so völlig zur Tabula rasa gemacht, zu einem Schuttfeld, in welchem kein einziger Gegenstand mehr nach Form und Bestimmung zu erkennen war, zu einer endgültigen Entelementarisierung, zur Lebenslosigkeit selbst, daß wirklich nicht das Herz angerührt werden konnte, nicht das Auge, selbst der Magen nicht, keiner der Sinne außer dem sechsten: dem Wahnsinn.

Wir sprachen kein Wort miteinander. Wie sollte ich auch diesen beiden Frauen verständlich machen, was mich bewegte: daß hier der Tod nicht mehr vom Leben zeugte.

Wie hätte ich Yuriko von der sentimentalischen Bewegung, die mich im zerstörten München ergriff, erklären können, als ich dort das Eckhaus sah, in welchem eine Bombe die Fassade weggerissen hatte und nur die nackten Wände von oben bis unten von dem Leben erzählten, das hier durch Generationen eingewachsen war: die Bilder an den Wänden, die hängengeblieben waren, oder die hellen Flecken an der Stelle, wo sie hingen, die zerfetzten Gardinen und das Badezimmer, jenes Badezimmer, dessen Wanne in der Luft hing und im Winde bedrohlich schaukelte, all die Spuren, die erzählten – hier erzählte nichts. Eine japanische Stadt, bebaut wie alle, mit den kleinen Häusern aus leichtestem Material, auf vulkanischem Boden, der durch seine Erdbeben das Leben in der ständigen Bereitschaft vor der Zerstörung hielt und nunmehr ohne eine Spur von diesem Leben. Im Vordergrund eines Gemäldes an der Wand einer rostroten Höllenfarbenorgie, in welcher die Farben jede Kontur vernichteten, war ein verbogenes Fahrrad, das einzige, was als menschliches Erzeugnis gerade noch zu erkennen war. Da waren Zeugnisse malerischer Dokumentation an den Wänden, sie dünkten mich «interessant» wie der technische Lichteffekt am Panorama, ich sah das künstliche und das künstlerische – und da war eine Nachbildung der Bombe, ein dunkelmetallener Zylinder, dick und plumptonnig, ein dumpfdummes Urgehäuse, so tot, daß nicht einmal der Tod, den es beherbergte, in ihm glaubhaft schien. Die Vernunft weigerte sich, sich vorzustellen, welch eine Summe des menschlichen Verstandes, des Forschens und Konstruierens, in dies Gefäß eingeschlossen, die Elementarkräfte gebändigt versammelt hatte, um eben diese elementaren Kräfte zu entfesseln, und dies im Wissen oder Nichtwissen von einer «Eskalation», welche leichthin «Kettenreaktion» benannt wurde, unberechenbar, nur noch die Möglichkeit, über den Augenblick der Entfesselung hinaus bis in die Ewigkeit die tödliche Strahlung, wie als sei es Gottes Willen, in das Weltall zu setzen, die Hybris zu vollenden.

Und da hingen an den Wänden die Fotos in Lebensgröße, die Opfer der Bombe, Menschen die nicht mehr menschenähnlich waren, festgehalten im Bilde, erstarrt mit geplatzten Körpern, verrenkten Gliedern, zerfetzten Knochen, unbekannte Menschen, fremde Menschen, weit entfernte Menschen durch ihren grauenhaften Tod, in welchem selbst der Schmerz und das Leid, in den Gesichtern entfremdet, erstarrte, im Empfinden nicht mehr vorstellbar. Und daneben getötete Materie in Form und Farbe zur Unkenntlichkeit verdammt, Kleiderfetzen verbrannt und nur noch als Staubgewirk zusammengehalten. Steine, selbst deformiert, in ihrer ursprünglichen Dinglichkeit nicht mehr erkennbar, wie jenes kleine Stück, welches Professor Moritaki in der Hand hielt und, als Yuriko, La Passionara und ich uns ihm näherten, flüsternd erklärte: «Dies Stück sonderbarer Materie war einst ein Dachziegel, ein Gegenstand der Keramik, und deshalb von besonderer Bedeutung, weil an ihm der Grad der Hitzeeinwirkung wissenschaftlich festzustellen war: um diesen Ziegel so völlig durchzuschmelzen, mußte die Explosion der Bombe eine Hitze von 5000 Grad Celsius entwickelt haben.»

Respekt vor Professor Moritaki, der mit wissenschaftlicher Besessenheit zu jedem Detail seine außerordentlich interessanten Erläuterungen abzugeben wußte – und ich hatte sie mir nicht angehört.

Aber angesichts dieses kleinen Stückchens Dachziegel glaubte ich plötzlich zu begreifen, warum in Tokyo keiner der Delegierten des Kongresses sosehr beeindruckt schien von dem Besuch in Hiroshima, daß außer von dem Symbolwert der Bombe nicht von ihr und Hiroshima weiter die Rede war. Durch die aufopfernde Tätigkeit des Professors Moritaki war nur ein weiterer Wert der Bombe zutage gekommen, und dieser Wert war negativ gerichtet, dieses Dokumentarium war museal. Die museale Atmosphäre durchdrang die ganze Ausstellung, sie ließ flüstern, wie in Museen geflüstert wurde, sie isolierte den einzelnen angesichts des Gezeigten, indem sie etwas festhielt, was gewesen war und im Erlebnis nicht mehr wiederholbar, so schien es mir. Wir verbrachten Stunden im Museum, wir sahen alles, was zu sehen war, und das war nicht wenig. Aber im Louvre und in den Uffizien von Florenz konnten die Menschen es als eigentümlich, als etwas uns Eigentümliches betrachten, als Stufen der Reife, der Erkenntnis – das Anrührbare in uns erkennen. Das mochte daran liegen, daß es Kunst war, mit was der Mensch dort in den großen Galerien der Museen konfrontiert wurde, aber Verwandtschaft zu denken und zu empfinden war auch in den Museen für Völkerkunde, war auch im Deutschen Museum in München, dem weltbesten technischen Museum möglich: Aber hier, so schien es mir, in diesem Museum der Erstarrung und des Todes, konnte es nicht anders ansprechen als im Staunen vor dem Unmöglichen. Das Unmögliche war neu, und das konnte museal nicht gezeigt werden. Neu war die Entfesselung von 5000 Grad Celsius als Mittel der Zerstörung. Denn nichts anderes hatte Hiroshima getroffen als eben dies: Die Bombe schleuderte keinen Stahl, keines der bislang wirksamen Zerstörungsmittel und Explosivkörper, sie erzeugte den tödlichen, zerstörerischen Druck nicht durch geschleuderte Materie gegen feste Materie, sondern einzig und allein mit der atomaren Spaltung die Hitze, das zerstörerische Element an sich, die Kernenergie, die Energie an sich, die bewegende Kraft der Zukunft.

Die große Halle der Ausstellung hatte Klimaanlage, aber sie verlor nichts von ihrem Charakter einer Gruft. Sie lag hinter mir wie ein Albtraum, als wir in das gleißende Sonnenlicht traten. Es war glühend heiß, aber die grüne Fläche des Friedensparkes lag vor uns, wie eine Verheißung des Paradieses. In geringer Entfernung vom Dokumentenzentrum lag, in moderner betonklotziger Form errichtet, so daß es schien, die beiden Gebäude dienten einer mißglückten Einheit der Repräsentation, das von den Amerikanern errichtete neue Hiroshima-Hotel, Gaststätte für die amerikanischen Touristen, welche sich in geschlossenen Reisegesellschaften billig auf den Weg machten, Hiroshima als Sehenswürdigkeit heimzusuchen.

Ich hatte gefürchtet, Professor Moritaki werde an mich die Frage richten, welchen Eindruck ich von dem Besuch der Ausstellung gewonnen habe. Aber er enthob mich der Antwort, indem er sie selber gab. Das sei das Problem gewesen, sagte er, das ihn bewegt habe, als er sich entschloß, der Ausstellung den Charakter eines Museums zu geben. Ursprünglich sei es seine Absicht gewesen, das Areal des bis zur Evidenz zerstörten Zentrums Hiroshimas in seinem völlig desolaten Zustand zu belassen, ein Stück toter Erde als Anklagepunkt. Aber die Anklage lautete ja, daß die Amerikaner zu einem Zeitpunkt, da Japan schon als besiegt und am Boden liegend zu gelten hatte, ihre Macht als Drohung vor ihren Fähigkeiten demonstrierten, den Tod selbst seines individuellen Wertes beraubten, die totale Vernichtung als mögliches Machtmittel einsetzten und damit ein für allemal die eigene Herrschaft über die besiegte Nation mit allen deren Ansprüchen fundamentierten. Sie hatten ja vor dem Abwurf der Bombe deren Wirkung in ihren Wüsten getestet und waren selbst überrascht über den weit über die eigene Erwartung strahlenden Erfolg, die immensen Möglichkeiten des Strahlenden eingeschlossen, ohne sie noch berechnen zu können. Sie hatten die tödliche, weit über den Augenblick hinaus tödliche Wirkung in alle Zukunft durch die Strahlen des gespaltenen Atoms gleich einkalkuliert wie die mögliche Kettenreaktion, in welcher sich die Elemente selber auffressen bis zu einer schon kaum mehr kontrollierbaren Vernichtung allen Lebens auf der Erde. Die Bombe von Hiroshima war propagandistisch begleitet von der Verkündung, sie sei imstande, die Materie selbst zu töten, den Staub unfruchtbar zu machen für alle Zeiten, eben jenen Staub, aus dem der Mensch wie alles Leben stamme, um wieder zu Staub zu werden. Dies war eine Drohung, vor der jeder Widerstand erlahmen mußte, die brutalste Machtanmaßung, deren menschlicher Geist fähig zu sein schien. Die Verwandlung des Totenfeldes im Zentrum von Hiroshima in einen frisch ergrünenden Park, der zum Frieden rief, schien dem planenden Geist des Idealisten Moritaki das großartigste Experiment, die Drohung eines ewigen Todes durch die Gewalt des Willens zum Leben unserer Welt zu widerlegen.

Und da lag die weite, öde Fläche vor uns mit noch niedrigen, aber frischen lebensvollen Büschen, aus dem strahlenverseuchten Boden sprießend – um als Erscheinung dem Symbolwert von Hiroshima eine besondere Bedeutung zu geben. Der ganze Park war nach dem Plan Moritakis nach diesem Aspekt angelegt. Im Mittelpunkt und alles beherrschend lag der Gedächtnis-Zenotaph für die Opfer der Atombombe. Von ihm aus war der ganze Park zu überblicken, mit allen seinen verschiedenen Gedächtnisstätten und Gedenkmälern.

Im Stil der japanischen Bogenform waren die Pfeiler errichtet, die sich oben zusammenschlossen, den alten japanischen Grabmälern nachgeformt. Sie umschlossen, nach zwei Seiten offen, einen riesigen Epitaph aus schwarzem Porphyr, in welchem die Rollen mit 76000 Namen jener Atombombenopfer aufbewahrt und gewissermaßen so beigesetzt sind, die identifiziert werden konnten. Auf dem Epitaph war in japanischen Schriftzeichen eine Inschrift angebracht, die mir Yuriko übersetzte: «Ruht in Frieden, ihr bezeugt, daß ein Tod wie der eure nicht wiederholt werden darf.»

Es waren dies die ersten Worte, die Yuriko und ich wechselten, nun löste sie den Arm von dem meinen. Wir verneigten uns nach dem Beispiel Moritakis schweigend vor den Toten.

Dann hörten wir Lärm. Vor dem neuen, amerikanischen Hiroshima-Hotel waren Touristen-Autobusse angekommen, die nun ihre Masse-Menschen ausschütteten, und dann stürmten die amerikanischen Touristen schnatternd auf das Mahnmal zu, vorzüglich amerikanische Damen mit ihren Topfhüten, die aus lauter künstlichen Blumen in schreiender Buntheit zusammengetürmt waren, und mit ihren großflächigen Gebissen und gezückten Kameras.

Fassungslos sagte bei diesem Anblick meine kubanische La Passionara:

«Sie schämen sich nicht! Nein, sie schämen sich nicht!»

Dann wandte sie sich furios um, ihre Haare flammten, und ihre Augen glühten, und sie schrie den ankommenden Touristinnen entgegen: «You are not ashamed?? You are not ashamed??»

Aber die Amerikanerinnen verhielten keinen Augenblick. Sie rissen wie automatisch ihre Fotoapparate hoch und knipsten das erfreuliche Souvenir: Zwei Fliegen mit einem Schlag. Hiroshima und die Schweinebucht von Kuba.

Professor Moritaki schüttelte den Kopf, wandte sich zu seiner Begleiterin und sagte leise: «Gehen wir.» Die beiden Dschungelkämpfer schienen bereit, La Passionara mit Brachialgewalt vor dem Ansturm des Haufens fröhlicher Weiber zu retten, aber das zornsprühende Mädchen hatte sich nun schon umgedreht und sagte zu mir: «Gehen wir, ich ertrage dieses Pack nicht.»

Aber ich ging nicht, ich sah Yuriko an. Sie stand einige Schritte abseits, hatte ihren Fotoapparat in der Hand und war sichtlich gerade im Begriff gewesen, uns vor dem Epitaph aufzunehmen – doch die Lederkappe vor dem Objektiv war noch nicht abgenommen, und so stand sie sichtlich verwirrt, mußte sie sich doch sagen, daß sie im Begriffe war, sich des gleichen Vergehens schuldig zu machen, das unsere stolze Kubanerin zu ihrem Ausbruch veranlaßt hatte. Ich legte Yuriko den Arm um die Schulter und sagte: «Yuriko, ich möchte mit dir allein sein, du wirst mir diese Sehenswürdigkeiten besser erklären als Herr Moritaki», erschrak gleichzeitig, daß mir das Wort «Sehenswürdigkeiten» entschlüpft war. Dies einfühlsame Geschöpf mußte den kleinen Unterton des Wortes verstanden haben. Sie hängte sich wieder den Fotoapparat um, wobei sie in dieser Bewegung verstand, sich meiner Berührung zu entziehen und sagte: «Ja, bitte, es sind doch Sehenswürdigkeiten! Sie sollen doch gesehen werden, all das hier, es soll doch gesehen werden von vielen, von allen und nicht vergessen.»

Und dann sah sie mich voll an, während wir uns langsam von dem von Amerika belagerten Epitaph entfernten und fragte: «Warum hat denn die Dame aus Kuba die anderen Damen so angeschrien?»

Wie sollte ich es ihr erklären? Ich sagte etwas mühselig: «Sie hat in Kuba im Dschungel gekämpft, sie haßt die Amerikaner!»

Yuriko erwiderte: «Aber es ist nicht gut, man soll nicht hassen!» Jetzt legte ich ihr doch wieder den Arm um die Schulter und sagte: «Yuriko, hassen, das ist doch keine Tätigkeit, sondern ein Grad der Leidenschaft. Wer nicht richtig hassen kann, der kann auch nicht richtig lieben.» Yuriko schwieg. Aber sie versuchte auch nicht, sich meiner Berührung zu entziehen. Schließlich sagte sie: «Ich liebe den Frieden, also darf ich nicht hassen!» Und in einem kleinen schrägen Blick blinkte ein bißchen der Stolz, eine so gute Antwort gefunden zu haben. Ich drückte sie fester an mich und sagte: «Das ist die beste Philosophie, die ich je gehört habe! Du hast recht!»

Aber es war nun doch wieder eine verwandelte Yuriko, die mir nun die «Sehenswürdigkeiten» zeigte. In der Ferne pilgerte der Professor mit den anderen. Yuriko führte mich zu einem riesigen Granitblock, der anscheinend unversehrt geblieben war. Sie sagte: «Hier hat ein Buddha-Tempel gestanden, nein, nicht hier, weiter weg. Und von dem Tempel ist nichts mehr da. Auf diesem Sockel stand ein Buddha, ebensogroß – dort liegt er, 30 Meter weiter weg – weggeschleudert von der Hitze.» Und sie hob Aufmerksamkeit heischend einen Finger: «5000 Grad Celsius! Das hat allein die Hitze getan!» Und nach einer winzigen Pause: «Soviel Grad darf keine Leidenschaft haben.»

Diese kleine Frau mußte doch bemerkt haben, daß ich um sie warb. Ich hatte immer die Berührung mit ihr gesucht und sie hatte sich dieser nie entzogen, ich hatte ihren Arm gehalten, die ganze Zeit im Dokumentarium, und es war gewiß nicht allein die animalische Wärme, nach welcher ich in der Kälte des Empfindens angesichts der Greuelbilder suchte.

Yuriko mußte gespürt haben, daß sie mir diente wie ein Seismograph, daß ihr Zittern, Ausdruck ihres innersten Gefühlslebens, mir mehr mitteilte, als ich selber zu empfinden imstande war.

Das Denkmal der Jugend, ähnlich errichtet in der Form der Bogenpfeiler wie der Zenotaph, nur mit einer modernen Metallplastik, einem aufwärts schwebenden Jüngling, war mit Kränzen und Blumen geschmückt. Wir hatten keine Blumen zur Hand, und im schattenlosen Park blühten keine. Ich erzählte Yuriko vom Grabmal des Heinrich Heine in Paris, dessen Stele am Fuße die Visitenkarten der Besucher in einer steinernen Schale aufnahm. Und Yuriko legte eine meiner Karten zwischen die Blumen, nachdem sie auch ihren Namen in japanischen Schriftzeichen und in deutscher Schrift auf die Karte geschrieben hatte. Dabei fiel mir auf, daß sie «July» schrieb, statt wie sonst «Yury».

«Aha», meinte ich, «in der ganzen Welt wird behauptet, die Japaner könnten kein R aussprechen.»

«Welch ein Unsinn», sagte Yuriko.

«Bitte, sag einmal, wie du wirklich heißt.»

Sie sagte: «Yuriko!» und ließ das R rollen.

«Und wie heiße ich?»

«Errrnst, o bitte, das ist aber schwer, so viele Konsonanten!»

«Yurikochen, wenn du an mich denkst, wie nennst du mich dann?»

«Das sage ich Ihnen, wenn Sie mich schon ganz vergessen haben.»

«Tja, ja, ich verstehe, es muß ein sehr zärtlicher Ausdruck sein, und sicher duzt du mich, wenn du heimlich mit mir sprichst, nicht wahr?»

Yuriko war entsetzt: «O nein, das ist viel zu schwierig, zu schwer – da muß ich immer, wie sagt man, die Zeiten, die Fälle, nein, die Verben wechseln ... so wie du müssen jetzt ganz ruhig sein.»

«Also Yuriko, das würde mich überhaupt nicht stören.»

Ich weiß, aber mich. Ich will nicht etwas schwierig haben, wenn ich mit Ihnen spreche.»

«Yuriko, du sprichst so wunderbar deutsch. Der Mann, der dich hat zweimal durchfallen lassen, muß ein fürchterlicher Trottel sein!»

«O nein, gewiß nicht! Er ist sehr klug, aber auch streng.»

«Wer?»

Professor Shinohara.»

(Pause)

«Yuriko, warum hast du Deutsch gelernt?»

«Oh, ich liebe das Deutsch und die Deutschen, die Literatur und überhaupt alles, und da, die Kirche, die schöne Kirche, sie ist gebaut 1954 von dem deutschen Jesuitenpater Hugo Lasalle zur Ermahnung an den Frieden! Und die Glocken, vier große Glocken in dem schmalen Turm, sind gestiftet von den Deutschen aus Bochum, und die Orgel, die größte in Japan, von den Bürgern in Köln ... und die Glocken läuten dreimal am Tag für den Frieden, und man hört sie in ganz Hiroshima – da ... es ist Mittag – sie läuten!»

Das Geläute der deutschen Glocken für Hiroshima umbrauste sonor im Friedenspark die kleine, zarte japanische Yuriko und den schwergewichtigen Delegierten für Westdeutschland, die nun eng umschlungen vor dem Denkmal der Frauen von Hiroshima standen. Eine gebeugte japanische Mutter hatte ihr Kind im Obi nach vorne an die Brust geschleudert, um es im Niedersinken vor dem weißen Blitz, vor 08/15 zu schützen. Das Geläute der deutschen Glocken von Bochum umwogte uns, und als es zu Ende war, suchte Yuriko lange nach Worten, um dann in die Richtung zu deuten, in welcher westwärts des siebten Armes der Ota die Hügelkette sichtbar war: «Dort drüben ... in den Hügeln ... meine Mutter ... da wohnte sie ... und da kam die Bombe.»

Sie zitterte in meinen Armen. Der Seismograph funktionierte wieder: Da war der Weg, der Zuweg zu diesem Geschöpf, das ich so sehr liebte. Ohne irgend etwas anderes zu wissen, als daß sie irgend etwas so spielerisch rätselhaft verbergen mußte. Sie zitterte in meinen Armen, und ich wußte, daß der Überschwang der Gefühle, der sie aussprechen ließ, was sonsthin ihr soviel Wagnis bedeuten mußte wie ein Sprung über den Graben, den die japanische Sitte in den japanischen Menschen gezogen hatte, mir nicht gestattete, zu versuchen, alles Weitere zu ergründen, was mir gestattet hätte, sie ganz zu mir zu nehmen. Ich wußte ja nichts von ihr, außer, was sie mir zu zeigen sich gestattete, aber was wußte sie denn von mir?

«Ich bin ein Menschenfresser», sagte ich, «Yuriko, du mußt wissen, daß ich immer alles ganz haben will oder gar nicht.»

Und sie sagte: «Ich weiß.»

Sie wußte alles von mir, ich war bereit, alle meine Schaufenster für sie zu öffnen. Das war ein oft bewährtes Mittel der Verführung. In meinen Büchern, die immer nur von mir handelten, weil ich glaubte, ich vermöchte nur das mitzuteilen, was ich erlebte, hatte ich alles ausgebreitet in dem Versuch, das Leben bewußt führen. Ich versuchte nun, Yuriko von mir zu erzählen, und kaum hatte ich eine betrübliche Tatsache aus meiner Vergangenheit zu erwähnen begonnen, sagte sie: «Ich weiß.»

Sie wußte alles von mir. Sie hatte meine Bücher nicht gelesen. Die deutsche Literatur war ohne mich an ihr vorübergerauscht, aber sie wußte alles, was an Tatsachen bemerkenswert war: Mr. Pinkerton hatte es ihr erzählt! Aber ihr Arm zitterte nicht in dem meinen, wenn ich ihr im leichtfertigen Zynismus die schrecklichsten Dinge erwähnte, er begann erst zu zittern, als wir auf die Brücke kamen, auf jene Brücke, auf welcher neun Menschen standen, als der weiße Blitz sie mit 5000 Grad Celsius im tausendsten Bruchteil einer Sekunde so schnell und vollständig auslöschte, daß ihr Schatten, in den Beton eingebrannt, das einzige war, was vom neunfachen menschlichen Leben übrigblieb. Aber es blieb für alle Zeiten übrig: Seit 16 Jahren waren Menschenfüße über die Schatten hinweggegangen. Autos waren in ungezählter Menge über die Schatten gefahren, sie waren im Beton begraben, sie waren geblieben, die Schatten von neun Menschen, die am Geländer der steinernen Brücke standen und in den Himmel gestarrt hatten, wo hoch da oben ein einsames amerikanisches Flugzeug zu sehen war, das einen dunklen Gegenstand am Fallschirm zu Boden geschickt hatte.

Yurikos Arm zitterte, wie ihr kleines Herz zittern mochte. Ich hatte mich ein schriftstellerisches, ein darstellendes Leben lang gemüht, begreiflich zu machen, daß ich nicht zu schildern vermochte, was ich nicht erlebte. Ich betonte, daß mir völlig die Phantasie fehle – nun, ich mochte so wenig Phantasie haben, wie sie jene munteren amerikanischen Piloten und Schützen besaßen, als sie die Bombe fertig machten und abwarfen über das Zentrum einer Stadt, von der sie weiter nichts wußten, als daß sie Hiroshima hieß. Sie hatten nie von ihr gehört, bis zu dem

Befehl, der sie nötigte, gewisse Handgriffe zu tun, die sie einexerziert hatten, und sie taten sie... Aber Yurikos Phantasie ließ ihre Arme zittern, und sie war der Seismograph vieler Empfindungen für mich, die ich, verflucht und ausgeschlossen von dem, was Phantasie zu bewegen vermag, ein Leben lang abgetan hatte mit dem billigen Satz, daß es immer die Dinge und die Ideen waren, die mich interessierten, nicht aber die Menschen.

Wir standen auf der Brücke, auf der durch die Schatten von neun Menschen weltberühmt gewordenen Brücke, und es war heiß, und Yuriko wischte den Schweiß von der Stirn, und fächelte mir Kühlung zu. Unter der Brücke rauschte, hellgrün und wasserklar, der Nebenarm des Stromes Ota, und da war auch das eigentliche Wahrzeichen der zerstörten und nun wieder neuerbauten Stadt, jenes europäische Industrieausstellungsgebäude, das im Bruchteil einer Sekunde ausgedörrt war bis zur stählernen Dachkonstruktion, mit leeren Fensterhöhlen im geschwärzten Stein. Moritaki hatte es so stehenlassen, man konnte die Silhouette sehen über dem Zenotaph im Park des Friedens durch die Bogenpfeiler hindurch, die Sehenswürdigkeit im Kontrast. Und auf der Treppe, der wohlerhaltenen Marmortreppe, war wiederum ein Schatten, der Schatten eines Mannes, der sich anscheinend niedergelassen hatte auf dieser Treppe, um nach dem eigentümlichen Gegenstand zu blicken, der da vom Himmel fiel an einem Fallschirm bis 500 Meter über der Erde, über dem Zentrum der Stadt Hiroshima.

Und dort, eben dort, vor der Ruine, die wie ein drohender Zeigefinger Gottes den Park des Friedens beherrschte, wie die Ruine der Gedächtniskirche in Berlin den sündigen Kurfürstendamm, dort bestand Yuriko darauf, von mir eine Aufnahme zu machen, mich «abzunehmen», und ich erzählte ihr, wie sehr ich Fotos von mir verachtete, seit sie in Steckbriefen gegen mich verwendet wurden – aber Yuriko blieb in ihrer stillen Hartnäckigkeit dabei: «Bitte, du müssen», sie kauerte sich in gebührender Entfernung, den Apparat einzurichten, vergaß nicht, züchtig den Rock über die Knie zu ziehen, und sagte unbarmherzig: «Bitte ich will Sie haben, allein, zur ewigen Erinnerung», und knipste. Es war das einzige Foto, das sie von mir machte: «Bitte, du müssen», hatte sie gesagt.

«Yuriko, du weißt soviel von mir, du weißt auch, daß ich dich liebe?»

«Ich weiß.»

«Und du?»

«Auch.»

«Warum?»

«Du bist ... oh, richtig, du sind, geht nicht, Sie sind so ...» kleine nachdenkliche Pause – «so großartig ...!»

Schneller schräger Blick.

Ich war also großartig. Ich wußte mit Sicherheit, daß sie etwas meinte, was sie nur so übersetzen konnte. Was mochte sie in ihrem japanischen Sinne meinen? Wenn ich sie zu einem Vergleich bewegen könnte – aber Yuriko schüttelte nur den Kopf: «Bitte nicht, es ist zu schwierig!»

Wir gingen am Ufer entlang. Da war dicht an der Straße angesiedelt eine Reihe von Nissenhütten, häßlichen Blechwürsten auf staubigem Grund. Vor den Hütten hockten und lagen Japaner, fast nackt die meisten, tätowiert viele, Männer und Frauen, wenige Kinder, die zwischen ihnen spielten. Sie sahen nicht auf, als wir vorübergingen, Yuriko und ich. Da war ein Kiosk, in welchem eine alte Frau Postkarten zu verkaufen hatte. Ich kaufte ein paar, der Arm der Frau, die mir die Karten reichte, Karten mit den Bildern der Zerstörung, aber auch solche der modernen Stadt, war verkrüppelt, von Brandnarben tätowiert, ein fast obszöner Anblick, wie es so demonstrativ dargeboten war.

Yuriko zitterte. Sie gab mir die Erklärung. Dies waren Atomopfer. Diese Menschen waren brave, fleißige japanische Bürger und Arbeiter. Die Bombe hatte sie zwar körperlich verletzt, sie waren am Leben geblieben, aber sie waren nicht so sehr an Armen und Beinen getroffen, sondern im Innersten. Sie waren Asoziale geworden, des Sinnes ihrer Existenz durch die Bombe beraubt, sie waren wie gelähmt. Sie lebten nicht mehr, sie vegetierten. Sie lehnten stumpf jede Arbeit ab, einst fleißige Arbeiter, wie alle Japaner, nun nicht mehr. Sie saßen vor diesen grauenhaft gräßlichen Nissenhütten, sie spielten Go, sie sahen nicht auf, wenn jemand vorüberging, sie antworteten auf keine Fragen – tote Seelen.

Es war sinnlos, etwas für sie tun zu wollen, sie erhielten eine kleine Rente, die sie gerade am Leben erhalten mochte – sie wollten nicht mehr, als daß man sie in Ruhe ließ.

Yuriko sagte: «Sie bekommen gerade das, was alle Kriegsopfer vom Staat erhalten. Die Leute in Tokyo wollen für Hiroshima, für die Opfer der Atombombe, auch für die von Nagasaki, nicht mehr tun als für alle anderen, die vom Kriege geschädigt waren. Die Leute von Tokyo sagen, Tokyo hätte viel mehr gelitten unter den pausenlosen Bombenangriffen, auch Tokyo brannte, war bis auf den Grund zerstört worden, es sind mehr Menschen in Tokyo in den langen Bombennächten zugrunde gegangen als in den wenigen Minuten der Zerstörungen in Hiroshima und Nagasaki, sie sagen, es wäre ungerecht, die einen mehr zu entschädigen als die anderen.»

Und was sagt Yuriko dazu?

«Bitte, ich weiß nicht, ob das richtig ist. Die Menschen in Tokyo können vergessen. Die in Hiroshima nicht. Sie leben noch unter dem Schock, der so plötzlich kam, und sie glauben, daß die Bombe mit ihren Strahlen noch immer weiter tötet, täglich, stündlich, immer weiter, Kinder und Kindeskinder vergiftet hat.»

Ich sagte: «Yuriko, aber ich weiß nicht, doch ich glaube, du warst heute ein bißchen erschrocken, daß ich bei allem, was ich gesehen habe, so absentminded war, so kalt, so gar nicht erschüttert.»

Yuriko sagte leise: «Ja.»

«Du weißt aber auch, daß ich daran dachte, vielleicht einmal das zu tun, was ich eben nicht getan habe, nämlich einen Film über Hiroshima zu schreiben.»

«Ja.»

«Nun, ich habe viele Filme geschrieben, auch über den Krieg, aber ich habe die Erfahrung gemacht, daß es sinnlos ist, das große Elend in der Masse darstellen zu wollen. Man kann mit noch so großer Kunst und Wahrhaftigkeit Massenmorde darzustellen versuchen, tausend Tote, hunderttausend Tote – all den Jammer der Zerstörung, es wirkt auf den Magen, nicht auf das Herz, wenn du mich verstehst.»

«Ja!»

«Man kann die Tragik des Menschen nur an der Tragik eines Menschen messen, an einer Gestalt, mit der man sich identifizieren kann. Man muß sich selber in der Rolle sehen, um sie zu begreifen, um mit ihr zu leben und erschüttert zu werden. Es ist dies ein altes Gesetz der Literatur, wie des Theaters, wie auch des Filmes ...»

«Ja ... aber diese armen Menschen da ...»

«Die sind tot, Yuriko, seelisch tot, die kann ich nicht fragen, weil sie nicht mehr antworten können, Yuriko, dieser Besuch in Hiroshima, also ich habe hier nicht gefunden, was ich gesucht habe.»

Yuriko sagte: «Aber wir müssen heute abend zurück nach Tokyo, die Karten sind schon gekauft, alle fahren zurück!»

«Wir nicht, Yuriko, wir beide noch nicht! Yuriko, jetzt kommst du mir vor wie in einem amerikanischen Comic strip, mit einer großen Blase vor dem Mund und darin steht ein Seufz ...»

Ich war mir nicht ganz sicher, ob nicht Yuriko mit ihrem merkwürdigen Gespür nicht doch empfunden hatte, wie sehr ich mich für die Dame aus Kuba interessierte, für La Passionara, die mit der Leidenschaft des Hasses begabt war und also meiner leichtfertigen Behauptung nach zu schließen, auch mit der des Liebens. Ich war immer ein Frauenlob und muß bekennen, daß ich den starken Druck ihrer Hand im Dokumentzentrum eben doch auch nicht nur wie das Zittern des Armes meiner sanftmütigen Yuriko als lediglich seismographisch empfand, sondern als einen atmosphärischen Gruß anderer und ebenfalls willkommener Art. Die Dame aus Kuba gefiel mir, sie hatte mir vom ersten Augenblick ihres Auftritts an gefallen, und wenn es auch nicht der Coup de foudre war, der mich traf, so hatte ich doch das Nahen einer Gewitterwolke gespürt, deren Entladungen die schwüle Luft zu reinigen versprachen, in der ich mich in Tokyo bewegte.

Die Liste der Delegierten hatte mir verraten, daß Esten Noriega Molina, Dr. of Education, Direktor der Federation of Cuban Women, zwar nicht die Sprecherin, aber doch die Hauptperson der kubanischen Delegation war, die beiden Herren im Dschungelkampfanzug waren wohl um die Revolution des Fidel Castro höchstverdiente Personen, beide auch Doctores, der eine ein Mittelschullehrer, der andere ein Zahnarzt. Die schöne Reise um die Welt nach Tokyo schien gleichwertiger Dank für ihre Verdienste. La Passionara aber hatte klipp und klar einen politischen Auftrag, und nicht nur den, die nationale und sozialistische Revolution mit ihren Tendenzen und Erfolgen in die politischen Bestrebungen des ständigen Kongresses einzubauen, sondern auch wohltätige Verbindungen anzuknüpfen, was den Export Kubas von Zucker und Tabak betraf. Kuba war durch Kennedy nach dem Siege Fidel Castros handelspolitisch isoliert, auf Rat und Anleitung des John Foster Dulles, der nicht nur die imperialistischen Ziele der Vereinigten Staaten in Europa durchzusetzen hatte, unter Eisenhower wie auch unter Kennedy, sondern auch in ganz Südamerika auf die modernste und undurchsichtigste Art. So entstand das raffinierte System des neuen Kolonialismus mittels des Kalten Krieges – dies die Worte, mit denen La Passionara mir die Lage erklärte.

Ich hatte aus Gründen der Beschäftigung mit der Pilsener Stammwürze verabsäumt, die frohe Botschaft anzuhören, die der Zahnarzt aus Havanna mit den Worten des Fidel Castro dem Kongreß in Tokyo verkünden ließ. Kuba hatte die Friedensflagge zuerst im bewaffneten Kampf gegen die blutige Tyrannei durch den nordamerikanischen Imperialismus hochgehoben, und sie flatterte abermals den tapferen Streitern für die Souveränität und wirtschaftliche Unabhängigkeit voran, als in der Schweinebucht die von den USA bezahlten und ausgebildeten Schergen des US-Imperialismus zurückgeschlagen werden mußten.

«Unter der Flagge des Friedens wird das Volk von Kuba, wohl wissend, daß jeder Imperialismus neue Angriffe vorbereitet, fähig sein, alle weiteren Aggressionen zurückzuweisen, in denen es sich in die große Front des Friedens einreiht, welche von allen Völkern der Welt den ständigen Kongreß in Tokyo ihre herrliche Solidarität bekennt... laßt uns in monolithischer Einheit zusammenstehen... die totale Abrüstung fordern und die friedvolle Koexistenz zwischen den Völkern... die allein die Sicherheit bringt, die Wohlfahrt, das Glück und den Fortschritt... und natürlich auch den Frieden. We shall win!»

Solche Worte in schönem rollenden Spanisch mußten den Sturm der Begeisterung erregt haben, mit welchem Fidel Castros Grüße an das japanische Volk aufgenommen wurden. Und obgleich kein spanischer Dolmetscher zur Hand war, so blieb doch allen Teilnehmern verständlich, daß hier zum erstenmal der Hund hinter dem Ofen hervorgelockt worden war und sein Name genannt: Ami hieß der Hund.

Die kubanische Delegation war nicht zur Ruhe gekommen. Sie wurde Tage und Nächte lang in Tokyo herumgereicht, genoß ihre Reise sehr und konnte in ihrer malerischen Aufmachung sogar die Aufmerksamkeit des Fernsehens erwecken, in den japanischen und in englischer Sprache erscheinenden Zeitungen verdrängte Kubas stolzes Bekenntnis zum Frieden mit Leichtigkeit die kurzen Notizen über die leidige und langweilige Berlin-Frage.

In Hiroshima wollte es sich Professor Moritaki nicht nehmen lassen, mit der Schar seiner engeren Mitarbeiter der Delegation von Kuba ein Abschiedsessen zu geben, bei dem La Passionara beredt zu erklären verstand, warum sie es so eilig hatte, nach Tokyo zurückzukehren.

Das Essen fand in dem kleinen japanischen Hotel statt, in dem wir schon gefrühstückt hatten, und La Passionara war der Mittelpunkt der Runde um den riesigen, niedrigen Tisch, in dessen Mitte die Speisen und Getränke zur Selbstbedienung einluden. Keine Bedienerin störte den Fluß der Rede, in der La Passionara mit lebhaften Gesten und blitzenden Augen von ihrer Begegnung mit Ceylon berichtete. Die indische Insel Ceylon, noch immer im britischen Commonwealth gehalten, hatte eine Frau als Ministerpräsidentin und war auch durch eine Frau im ständigen Kongreß in Tokyo vertreten, der Schriftstellerin und Vizepräsidenten des «Ceylon-Afro-Asian Solidarity Committee» – eine junge, zarte Inderin, in einen grünen seidenen Sari gehüllt, in welchem lauter Elefanten eingewirkt waren, mit einem funkelnden Edelstein über der Nasenwurzel und mit den langen, beweglichen Fingern ihrer 1000jährigen Kulturhände, die allgemein sehr wohltuend aufgefallen war. Sie hatte in einer der erregenden Tokyoer Nächte unserer La Passionara, mit viel Witz und Eleganz von La Passionara treffend wiedergegeben, von den Erfahrungen erzählt, die Ceylon mit der großen Idee der von Kennedy inspirierten und sofort in Angriff genommenen Hilfe für die unterentwickelten Länder gemacht hatte. Ceylon hatte sich, seit 1948, mit dem Dominion-Status dem britischen Weltreich angegliedert, bis jetzt recht eigentlich nicht für unterentwickelt gehalten, aber eine amerikanische Wirtschaftskommission des John Foster Dulles wußte es besser, sie befragte das Ministerium eindringlich, womit Ceylon am besten gedient sei, vielleicht ein Hospital? Ceylon dankte für die Teilnahme, aber die britischen Hospitäler waren recht gut und ausreichend. Dann ein Wasserwerk? Ceylon winkte lächelnd ab, oder eine Universität, Ceylon war glücklich, eine zu besitzen. Da wurden die Amerikaner streng: Ceylon sollte endlich bekennen, was es nicht habe, es werde geliefert werden! Ceylon wußte nicht recht, da wurde die Frage direkt und gezielt abgeschossen: Besaß Ceylon zum Beispiel schon eine Zuckerfabrik? Jetzt atmete Ceylon auf. Nein, eine Zuckerfabrik besaß Ceylon noch nicht! Die Amerikaner waren glücklich. Keine Sorgen! Ceylon soll Amerika, den großen Bruder nur machen lassen, sich gar nicht weiter bemühen – und so rollten sie an, die Amerikaner, mit ihren hervorragenden Industriestäben, mit Ingenieuren und Arbeitern, sie rückten an mit Baggern und Bulldozern, mit Kränen und Lastwagen und Materialien jeglicher Art. Und mit amerikanischer Fixigkeit, siehe da: binnen kurzem stand sie da, fertig bis zum letzten Nagel, die allermodernste Zuckerfabrik wurde feierlich der Regierung übergeben. Und die Regierung bedankte sich feierlich, und als im Parlament der Führer der Opposition aufstand und anfragte, welcher Entwicklung dies stolze Geschenk des großen Bruders eigentlich dienen sollte, konnte die Frau Ministerpräsident nur erwidern, einem geschenkten Gaul schaue man nicht ins Maul. Aber in ganz Ceylon werde doch gar kein Zucker angebaut, sondern seit je importiert... «Halt!» rief La Passionara und nahm damit die Pointe der kleinen Geschichte der Delegierten von Ceylon aus dem Munde: Cuba werde Zukker liefern zur Verarbeitung in der vortrefflichen amerikanischen Fabrik, beste Rohrzuckerstengel in rauhen Mengen, so viel, daß die Einfuhr amerikanischen Zuckers in Ceylon hinfort durchaus überflüssig werde. Und La Passionara hatte schon das Flugticket nach Ceylon in der Tasche, um auf der sympathischen indischen Insel über die letzten Details des Importabkommens zu verhandeln.

Ich war fasziniert von dieser Frau, von der zupackenden Art ihrer Leidenschaft, die auf das Ideale wie auf das Reale in gleichem Maße gerichtet war. Freilich schien Yuriko meine Begeisterung für La Passionara nicht unbedingt zu teilen, sie hockte mit untergeschlagenen Beinen neben mir, der ich in gleicher Haltung doch ihrer Stütze bedurfte, aber die Berührung vermittelte keinerlei seismographisches Zittern, und wenn sie mir irgendwelche Leckerbissen zuschob, war ich, glaube ich, weniger an diesen interessiert als an den Erzählungen der sympathischen Scheherezade – doch konnte ich zu meinem Vergnügen bemerken, daß Yuriko in unbewachten Momenten nun doch ihr Kaninchenmäulchen zog, ohne dies durch die Hand an der Nase zu kaschieren.

Denn nun berichtete La Passionara von dem Siegeszug der revolutionären Volksarmee Fidel Castros von der Landung der

«Granma» in der Sierra Maestra im Dezember 1956 an bis zur Eroberung von Havanna. Sie hatte tatsächlich selber im Dschungel mitgekämpft, und sie berichtete auf meine Fragen von jenem Argentinier namens Che Guevara und seinen Guerillas, dem «Leutnant» des Fidel Castro, von dessen sagenhaften Taten ich Sagenhaftes vernommen hatte und der mich ganz persönlich interessierte. Ich hatte die mageren Nachrichten vom Partisanenkrieg in Kuba mit Eifer studiert wie alle Beispiele einer nationalen Revolution, die ich einst in meiner Jugend Maienblüte selber ersehnt hatte – daß sie Formen annahm, die ich nicht vorausgesehen hatte, konnte mich fürderhin nicht daran hindern, den Phänomenen nachzuforschen, die für nationale Revolutionen gültig sein mußten, und da schien mir dieser Che in der Tat wesensverwandt mit dem, was ich vorzustreben einst bemüht war. Und La Passionara bestätigte mir, dessen Interesse für ihre Sache sie angenehm berührt haben mußte, daß in der Tat dieser Che alles das vertreten hatte, wessen ich mich einst bemühte: er war ein echter Vertreter des Gedankens, daß Revolutionen überhaupt nur auf nationaler Basis zu einer wirklichen Volksbefreiung führen konnten, er war ein Freikorpsguerilla, ein Partisan im Dschungel der Wälder, wie ich es einst im Dschungel der Großstädte für möglich hielt, er war sich bewußt, daß nur eine eigene Gerichtsbarkeit, die der Femegerichte, die Disziplin in der Guerillaformation aufrechterhalten konnte, und schließlich, daß der echte Nationalrevolutionär notwendig mit einem echten Sozialismus strengster Observanz zu einer echten wirtschaftlichen Befreiung vom internationalen Kapital führen konnte und daß dieser Kampf weltweit geführt werden mußte – und La Passionara versicherte mir, daß Che, wie ich ihn gewissermaßen vertraulich nannte, im Begriffe war, in ganz Südamerika die einzelnen Völker zur nationalen und sozialen Revolution aufzustacheln, womit denn am Ende dieses Kampfes, und freilich nicht zum Beginn, das hehre Ziel eines allgemeinen Friedens in greifbare Nähe gerückt, der beglückten Menschheit dient, wobei denn mir ganz persönlich freilich der Prozeß erlebnisträchtiger erschien als das Resultat, mit welchem selbst eine so interessante Persönlichkeit wie Fidel Castro schließlich recht langweilen muß. Ein Che Guevara aber eben nicht. Er muß ein Opfer des Prozesses werden, damit die Spuren seines Erdenlebens nicht in Äonen untergehen. Tatsächlich, und ich versuchte dies La Passionara mitzuteilen, schien mir die Revolution in Kuba die einzige durch den Willen der Revolutionäre wirklich durchgeführte Revolution der Geschichte nach der Französischen, der Russischen und nun auch der chinesischen Revolution.

Worauf die Passionara mit ihren beiden Dschungelsatrapen die schöne Revolutionshymne der einst spanischen Kolonialvölker anstimmte, «La cucaracha» mit ihrem mitreißenden Rhythmus und dem albernen Text, in welchem aufgefordert wird, die «Küchenschaben» auszurotten, die Geistlichen der Kirche.

Nun sangen natürlich die Japaner das «Hiroshima-Lied» – und ich bat Yuriko, mir den Text dieses Liedes zu übersetzen. Sie tat es geschwinde während des Gesangs, und ihre Finger flogen über das Papier, so daß ich fast gleichzeitig lesen und den Sinn des Liedes auf deutsch verfolgen konnte.

> «Seitdem Hiroshima bombardiert wurde, schreien blühende Blumen, und ihre Farben sind sehr rot.
> Seitdem Hiroshima bombardiert wurde, schreien die Vögel laut und schrill.
> Die Lieder, die in der Luft ertönen, sind Stimmen der Aufrichtigkeit.
> Hiroshima ist ewig eine Quelle des Geistes.
> Seit dem Tage, als Hiroshima bombardiert wurde, erhalten kleine Wellen, Schiffe auf der See, die See und die Gebirge die Demokratie für immer aufrecht.»

Ich war sehr beeindruckt von der Kunst der Japaner, das schreckliche Geschehen poetisch zu erhöhen und las den Text den Kubanern und meinen slowakischen Freunden vor, worauf La Passionara leidenschaftlich den Wunsch äußerte, ich möchte das Revolutionslied der Deutschen anstimmen. Ich hatte bei jedem Glas Lagerbier meinem slowakischen Freund höflich zugetrunken, um seine Stammwürze zu ehren, und glaubte mich nun berechtigt, zu berichten, daß dieser sehr schweigsame und bescheidene Mann im Aufstand der slowakischen Armee mitgekämpft habe und sicher über einen Schatz revolutionärer Lieder verfügte, welcher den meinen in den Schatten stelle, etwa «die Trommel des Ziska» – aber mein slowakischer Freund dankte höflich, mir zutrinkend, und nun mußte ich daran denken, daß es eigentlich nur das sogenannte «Heckerlied» des badischen Aufstandes 1849 gab, welches im Gedächtnis des deutschen Volkes an die gründlich mißlungene Revolution geblieben war und in seinem Refrain versprach: «Er hängt an keinem Baume, er hängt an keinem Strick, er hängt an einem Traume von der freien Republik», offenbar ungeeignet, die illustre Gesellschaft zu erfrischen, und so stimmten die in vorgerückter Stunde immer sangesfreudigen Japaner der Runde, höflich wie immer, das einzige deutsche Lied an, das jeder Japaner in der Schule gelernt hat: «Röslein, Röslein, Röslein rot, Röslein auf der Heiden ...»

Den alten Goethe, dachte ich, werde ich immer in Ehren halten, aber im Gedenken daran, daß er sich seinerzeit heftig dagegen äußerte, als sein Sohn ihm mitteilte, er möchte im Freikorps Lützow die wilde verwegene Jagd gegen Napoleon mitmachen, schien es mir doch geradezu blasphemisch, daß das schöne, von den Japanern andächtig und mit rauhen Stimmen hingegeben gesungene Lied vom gar so wilden Knaben, der das Röslein brach, irgend etwas mit meinem durch La Passionara und anderen Stammwürzen erweckten revolutionären Tatendurst zu tun habe, und sang endlich das schöne Lied, das mir ganz persönlich immer als eine echt nationalrevolutionäre Hymne erschienen war.

Ich sang nicht schön, aber ich sang laut, und Yurikos Arm an meiner Schulter bebte wie das Zelttuch am Pfahle:

«Der Gott, der Eisen wachsen ließ,
der wollte keine Knechte ...»

und war mir sofort der allgemeinen Zustimmung sicher,

«Drum gab er Säbel, Schwert und Spieß
dem Mann in seine Rechte ...»

was offensichtlich Professor Moritaki zum Nachdenken zu bewegen schien,

«Drum gab er ihm den kühnen Mut,
den Zorn der freien Rede ...»

allgemeines Aufatmen, und nun schlug ich bei jeder Silbe wie in vordenklichen jugendlichen Zeiten mit der Faust auf den Tisch:

«daß–er–be-stün-de–bis–aufs–Blut–
bis–in–den–Tod–die–Fe-he-de.»

und war durchaus bereit, mich mit dem großen Bärentanz aus den germanischen Urwäldern Westdeutschlands zu produzieren, aber der allgemeine begeisterte Aufstand verhinderte es. Mein slowakischer Freund prostete mir zu, und die Japaner waren aufgesprungen, die beiden kubanischen Dschungelkrieger wollten den Schlußvers unbedingt wiederholt wissen, Yuriko flüsterte mir zu: «Bitte, seien Sie ruhig, bitte ...», und nur La Passionara meinte, das mit dem Säbel, mit dem Schwert und dem Spieß erscheine ihr etwas atavistisch, sie zöge Maschinenpistolen und Handgranaten vor ...!

Das kleine japanische Hotel war, in einem Stadtteil weit ab vom Zentrum gelegen, noch reparaturfähig geblieben, und es war sicher nicht als Hotel gebaut, sondern ein schon wohl altes Wohnhaus eines Industriellen. Das Zimmer, in welchem wir zum rauschenden Abschiedsessen zusammengekommen waren, war klein, das Haus sehr verwinkelt und ohne eigentliche

«Rezeption», da war nur eine Art Büroverschlag neben der Küche, aber es hatte das Haus den echten, alten japanischen Stil. Kein modernes Möbel war im ganzen Hause, schmale, mit Matten belegte Gänge führten zu den verschachtelten Zimmern. Auf der Treppe zum Eingang hatte mich Yuriko am Morgen, als wir das Hotel zum Frühstück aufsuchten, gebeten, meine Schuhe auszuziehen. Und sofort war auch eine Aufwärterin im Kimono da, die mir schweigend eine kleine Blechnummer reichte, die Schuhe, die ich nur zögernd von den Füßen gezogen hatte, mit einer gleichen Nummer schmückte und mit ihnen verschwand. Natürlich war genau das geschehen, was ich befürchtet hatte, meine Socken hatten an den großen Zehen kleine Löcher, und die Sandalen und Getas, die auf der Treppe zur Benutzung einluden, waren viel zu klein.

Sumoringer schienen in diesem Hotel nicht zu verkehren. Ich betrat das Haus also auf Strümpfen, die Bastmatten schmeichelten den Sohlen, und ich bemerkte mit Vergnügen, daß auf dem Gang, in welchen mein Zimmer mündete, auch der Baderaum untergebracht war. Er stand offensichtlich für alle Gäste bereit, mit einer riesigen, durch eine Stufe besteigbaren, steinernen Sitzbadewanne, einem großen Kachelofen und einer lederbezogenen Massageliege. Mein Zimmer hatte papierdünne Wände, welche gleich wie die Schiebetür hinreichend Licht durchließen, und in ihm befand sich ein mit Laken bezogenes Mattenlager auf dem Boden mit einer hölzernen Kopfstütze, welche die schweigsame Bedienerin, die meine Reisstrohwurst an sich genommen hatte, sofort mit einer dicken, mit Reisstroh gefüllten Kopfrolle auswechselte. Sonst befand sich in dem Zimmer nur eine kleine Kommode, auf ihr und in allen Ecken Vasen mit Blumen. Klimaanlage? Keine! Ich haßte Klimaanlagen. Die Luft, die sie vermittelten, war erfahrungsgemäß zwar gekühlt, aber trocken und dumpf. Das Frühstück war eilig, wir hatten es im gleichen Raum eingenommen, in welchem wir uns zum Abschiedsessen eingefunden hatten. Als die übrigen Delegierten zu später Stunde Abschied nahmen, um sich zum Bahnhof zu begeben, schienen sie wie die Gastgeber anzunehmen, daß auch Yuriko und ich nach Tokyo zurückzukehren beabsichtigten. Ich mußte mich hinsichtlich alles weiteren auf Yuriko verlassen. Genau in dem Augenblick, als La Passionara sich besonders darauf zu freuen schien, die nächtliche Fahrt mit mir zusammen zu verbringen, flüsterte Yuriko: «Bitte es ist alles geregelt, wir können noch hierbleiben!» und sandte einen, wie es mir schien, mehr als schrägen Blick zu La Passionara, die jedoch keineswegs erbleichte, sondern mir nur kräftig die Hand schüttelte und sagte: «Auf bald!»

Und dann waren wir allein. Die Bedienerin, die ich «Silentia» zu nennen beschloß, wie ihre Seelenschwester im Prince- Hotel-Annex, hatte die traurigen Reste des Mahles abgeräumt und mit den klappernden, leeren Bierflaschen den Eßraum verlassen.

«Das viele Bier», sagte Yuriko, sie lächelte mich mit großen Augen an, und ich umarmte sie und sagte: «Jetzt freue ich mich auf das Bett!»

Sie erwiderte, ohne sich mir zu entziehen: «Es ist sehr gut.»

«Und schön breit!» sagte ich.

Sie sagte: «Ich wünsche eine gute Nacht!»

Ich ging Arm in Arm mit ihr die schmale Treppe hinauf und achtete nur darauf, daß sie die Löcher in meinen Strümpfen nicht sah, indem ich die Zehen einklemmte, und dann wies ich auf das Badezimmer und sagte: «Zum japanischen Leben gehört ein japanisches Bad!»

Und Yuriko blickte in den Raum und sagte: «Ja, ich werde dafür sorgen, daß es zur rechten Zeit gerichtet wird und auf japanische Weise.»

«Mit Massage.»

«Bitte, es wird alles so sein, wie Sie es wünschen!»

«Und dies ist mein Zimmer ...»

«Ich weiß – und wo ist deins?»

«Oh, ganz nahe, ich gedenke, keinen tiefen Schlaf zu tun. – Nacht muß es sein, wenn Friedlands Sterne strahlen ... Auf bald, Yurrriko!»

«Auf bald, Errrnst!»

Dies also war die Nacht! Auf dem Lager lag ein Kimono, ich zog mich aus und warf die durchgeschwitzten Sachen in eine Ecke. Der Kimono war groß genug für mich. Yuriko hatte an alles gedacht. Aber es war sehr heiß, so warf ich den Kimono wieder ab, als mir am ganzen Körper der Schweiß ausbrach. Ich begoß mich mit dem traurigen Rest meines 4711-Fläschchens, wanderte ein bißchen auf und ab und lauschte an der Tür. Es war sehr still in diesem freundlichen Gasthaus, es war kein Laut zu hören. Ich legte mich auf die Matten, ohne mich mit dem Leinenlaken zuzudecken. Das Reisstroh der Kopfrolle knisterte. So nahm ich die Kopfrolle, sie war so lang wie das Lager breit, und umarmte sie, sie knisterte und kühlte. Aber ich schwitzte sehr bald wieder und dachte an Yurikos kühle und blasse Haut. Das viele Bier! Warum hatte sie das gesagt? Aber sie hatte dabei gelächelt und mit großen Augen und ganz ohne Kaninchenschnäuzchen. Wie mochte La Passionara glühen? Hinweg La Passionara! Addios, muchachos, companieros! Hinweg mit der Küchenschabe, «la cucaracha!» Dies ist die Nacht von Yuriko ...

Noch ist die Woche nicht zu Ende, für die das Horoskop gesagt hatte: «Vor Abenteuern und Mißverständnissen wird gewarnt. Eine etwas unruhige Zeit durch eine neue Liebelei ... Sie müssen sich strenger kontrollieren ...»

Eine neue Liebelei? Du willst sie haben! Du willst Yuriko haben heute nacht. Du willst ihre kühle Haut spüren, die zarten Gelenke, du willst sie betätscheln und beschnuppern von oben bis unten, du denkst dir, wartend auf sie, die 36 Stellungen des Aretino aus, wie der alte Casanova, du Lustmolch!

Da liegst du und preßt die Kopfrolle an deinen fetten internationalen Luxuskörper – die Hollandfrouw der rötlich blonden, fetten Gummipflanzer Indonesiens, vor deren Bierdunst sich die zarten kleinen, bloßbusigen Mädchen der glücklichen Inseln nur mit Ekel unterwerfen. Das ist nicht wahr? Mach dir doch nichts vor! Yuriko, von der du nichts weißt, an der du immer mit deinen törichten Fragen herumbohrst, die soll sich nicht vor dir ekeln? Fein hast du dir das gerichtet, mit deinen billigen Methoden, du willst sie ganz haben, nicht wie eine kleine kostbare Geisha, sondern sie soll dich lieben, wie Madame Butterfly ihren Pinkerton? Aber du hast von den Liebesfähigkeiten und dem freien Liebeswillen der japanischen Frauen gehört, nicht wahr? Von ihrer großen Kunst, ihren Willen ganz auf das Vergnügen des Mannes zu richten! Und von den dicken Buddhas, denen so viele Japaner gleichen, von dem Schönheitsideal, den Sumoringern? Du bist so «großartig»! Und weißt doch, daß es die fremde Sprache ist, in die Yuriko ganz naiv übersetzt, andere Empfindungen mit anderen Begriffen. Die japanische Sprache drückt sich in der Schrift in Silben aus. Was heißt denn «groß», da liegt doch «dick» auch sehr nahe. Und «artig»? Artig sind die kleinen netten Affen im Käfig. Für Yuriko bist du großartig wie ein dicker Affe. Natürlich, hinter jedem Wesen steckt Sinniges, Hintersinniges. Du hattest ja, wie es sich für einen pubertären Jüngling gehört, deinen Kierkegaard studiert – das «Tagebuch eines Verführers», natürlich, das hat dir den großen Eindruck gemacht. Einen Dreck hast du von Kierkegaard verstanden.

Und da liegst du nun, wie der Ochs von Lerchenau im «Rosenkavalier».

«Da lieg ich nun ...» singt er, nach der schönsten Melodie des Richard Strauss, den großen Walzer, und jammert vor Sehnsucht nach seiner «Mariandel». Er singt und ist voll Tokaier, und du bist voll von deinem Bier, und der Ochs träumt sich als Don Juan, und du bist 60 Jahre alt und wiegst 200 Pfund und schwitzt aus allen Poren, und dich soll Yuriko lieben können? Für sie bist du ein lüsterner alter Trottel, zu dem sie freundlich sein muß, weil das zu ihrem Beruf gehört, und sie ist höflich, und vielleicht ist sie sogar willig – aber was bedeutet sie dir? Was ist sie dir wert? Du wirst sie sanft behandeln, mit allen deinen kleinen Tricks – ja richtig, die Japanerinnen sollen ja den zartesten Kuß schätzen, den Schmetterlingskuß, mit den Wimpern auf erogenen Stellen klimpern – sehr aufregend und zartfühlend für den Beginn – und dann zärtlich immer weiter, und hoffentlich macht Yuriko die Augen zu im entscheidenden Moment!

Wälze dich aus, mach auch du die Augen zu, vielleicht siehst du dann das Kaninchenschnäuzchen nicht, das dich so beschäftigt, und verlaß dich drauf, «aber ihre Seele kriegst du nicht, du Chund» mit deinen Spielerchen! schlaf ein, fang endlich an zu schnarchen, sie hört dich und wird befriedigt sagen: «Das viele Bier.» Und glaubst du vielleicht, die blonde Stewardess war vom Sturm der Leidenschaften geschüttelt gewesen, als sie dir auf den Bauch klopfte, «ganz hübscher Bauch!» – «Du Very Impotent Person!» Nimm dir bloß die falschen Haare von deiner Brust und schlaf ein, schlaf endlich ein.

Ich erwachte durch Klopfen. Ich sprang von meinem arg zerwühlten Lager hoch, warf mir den Kimono um und stürzte zur Tür, hinter der ich den Schatten sah. Ich wollte Yuriko nicht erschrecken, ich wollte von Anfang an zart und liebevoll sein. Ich sah auf die Uhr. Es war 5 Uhr. Sie mußte lange Zeit sich innerlich vorbereitet haben. Ich öffnete leise und langsam die Tür.

Vor mir stand Silentia im Kimono und hatte einen großen Korb in der Hand und in dem Korb ein großes Badelaken. Sie lächelte freundlich, sie nahm mir den Kimono von der Schulter und hüllte den Nackten in das Badetuch. Dann legte sie den Korb in das Zimmer und ging auf nackten Sohlen zum Baderaum.

Aus dem Badebottich dampfte es. Silentia schob noch einige Kloben in den Ofen, dann nahm sie mir das Badetuch ab und wies mich mit einer Handbewegung an, in die Wanne zu steigen. Das Wasser war kochend heiß, und es war nicht parfümiert. Ich steckte den Fuß in das Wasser und schreckte sofort zurück. Silentia sah mich erstaunt an, steckte ihre Hand ins Wasser, wedelte ein bißchen hin und her, fand es angemessen, zog die Hand wieder zurück, trocknete sie an einem kleinen, neben dem Ofen hängenden Handtuch ab und blickte mich mit aufmunterndem Lächeln an.

Also stieg ich ins Bad und dachte an einen Ausspruch Bismarcks, der einmal tierfreundlich befürwortete, Krebse nicht in das kochende Wasser zu werfen, sondern in das kalte, das dann auf dem Feuer die lieben Tiere bei zunehmender Wärme in gar muntere Bewegungen geraten ließ, bis sie endlich hübsch rot und gesotten waren – dann schmeckten sie besonders gut.

Silentia legte ein Laken auf die Massageliege, nickte mir freundlich zu und ging. Ich fand keine Seife, ich blieb in der Wanne, bis ich quoll und das Wasser lau wurde. Es dauerte lange Zeit, bis Silentia wieder erschien, mich aufforderte, auszusteigen, indem sie einfach das Wasser aus der Wanne fließen ließ. Ich stand nackt im Raum, sie legte ein großes Stück wohlriechender Seife in das Becken neben der Wanne und ließ geruhsam neues, kochendheißes Wasser ein und ging. Also seifte ich mich ein, und Silentia kam wieder mit einem Eimer kalten Wassers, das sie, als ich mich aus dem Sitz erhob, über mich goß. Sie nahm das Badetuch und rubbelte mich ab, und dann massierte sie mich.

Sie war eigentlich ganz ansehnlich, hübsch von Figur und mußte einmal sehr schön gewesen sein. Alles, was sie tat, war von einer erhabenen und nüchternen Anmut. Und ich ertappte mich bei dem Gedanken, wie gut es war, daß nicht Yuriko diese sachlich gerechtfertigten Handgriffe an mir vornahm.

Endlich konnte ich mich erheben. Silentia hüllte mich in das Badetuch, und Yuriko stand in der Tür in einem sehr süßen Kimono und mit einem sehr süßen Lächeln, und sie hielt in der Hand den Korb, den Silentia in meinem Zimmer abgestellt hatte, und in dem Korb war alle meine Wäsche, Yuriko hatte sie, während ich im Bade saß, gewaschen und gebügelt, und die Socken waren gestopft.

III

Hiroko

Ich liebte Yuriko mehr denn je. Sie war bei dem sehr frühen und sehr reichen Frühstück so heiter und gelöst, sie freute sich über den Tag, den wir endlich gemeinsam und allein in Hiroshima verbringen wollten.

«Wie hast du geschlafen, Yuriko?»

«Oh, bitte, es war so lustig, ich habe Ihr Schnarchen gehört –»

«Also, das war es, was dich störte?»

«Aber nein, ich wußte ja, das viele Bier ...»

Sie lachte, und dann machte sie mein Schnarchen nach, aber es war nicht das viele Bier, erklärte ich ihr, ich hatte vor 40 Jahren einmal einen Schlag auf meine Nase bekommen, und seit jener Zeit hütete ich mich vor den «Fünf-Löcher-Männern», Hals-, Nasen- und Ohrenärzten, sie wollten alle, alle sofort das Nasenbein, das gebrochene, operieren. Aber diesen internationalen Luxuskörper – bei diesem Ausspruch lachte Yuriko noch viel mehr – hat noch nie das Messer eines Chirurgen berührt. Freilich wußte ich, wie das klang, wenn ich schnarchte. Seglerkameraden hatten mir einmal ein Mikrophon auf das Kissen meiner Koje gelegt, sie führten mir dann das Tonband vor. Ich sägte nicht, sondern explodierte in unterschiedlichen Intervallen, und es klang gar nicht lustig, sondern wie ein Todesröcheln abwechselnd mit einem Babyschrei. Yuriko lachte, und ich machte ihr mein Schnarchen vor. Und sie fiel kunstgerecht ein in das Konzert. Fassungslos starrte Silentia, und ich erschrak. Spielerchen, diese gottverdammten Spielerchen, mit denen ich Yuriko näherkommen wollte, und ich meinte es doch ernst. Sie drückte meinen Arm wie La Passionara und lachte.

Aber meine Socken waren gestopft, und meine Schuhe geputzt, und es war ein herrlicher Morgen in Hiroshima, ich ging Arm in Arm mit Yuriko und nicht ihr Arm zitterte, sondern der meine. Sie lenkte meine Schritte, ich hatte ihr versprochen, alles zu tun, was sie wollte. Sie wollte zu einem Tempel etwas außerhalb der Stadt, auf einem der Hügel, welche die Stadt umschlossen. Es war ein hübscher kleiner Tempel, mit einer Terrasse, von welcher aus sowohl die Stadt zwischen dem Ota-Delta ganz zu überblicken war, bis zu jener Hügelreihe auf der anderen Seite, wie auch jene Vororte von Hiroshima, die hinter dieser Hügelreihe lagen. Und die Häuser dieser Orte hatten im Schlagschatten der Bombe gelegen und waren nicht zerstört.

«So sah die ganze Stadt aus», sagte Yuriko.

Es mußte eine hübsche japanische Stadt gewesen sein. Die kleinen Häuser mit ihren geschweiften Giebeln lagen dicht beieinander und jedes hatte sein Gärtchen, das künstliche japanische Gärtchen, wie jenes, das zu meinem Zimmer im Prince-Hotel-Annex gehörte. Die Gewalt der Bombe mußte sich an den Hügelreihen gebrochen haben. Der Friedensplatz, das Zentrum der Zerstörungen, war deutlich zu überblicken mit allen Gedenkstätten und der deutschen Kirche, deren Glocken nun wieder läuteten.

Ich stand neben Yuriko an der Balustrade der Terrasse. Ich hatte den Arm um ihre Schultern gelegt. Wir schwiegen vor der Gewalt der sonoren Glockenmahnung, die mich zu Yuriko drängte, und als sie begann, in meinem Arm zu zittern, zog ich sie noch enger an mich, dies war der Augenblick, den ich ersehnt hatte. Ihr Mund atmete dicht vor dem meinen, und sie sah mich mit großen Augen an. «Wenn das Geläute aus Bochum zu Ende ist», dachte ich, «dann wird sie mir aus ihrem Leben erzählen, von allem, und vor allem, was ihr die Bombe von Hiroshima angetan.»

Als die Glocken verstummten, sagte sie leise: «Bitte, gestern, als die Glocken läuteten, da habe ich gelogen!» Sie nahm vorsichtig meinen Arm von ihrer Schulter und blickte hinüber zur anderen Hügelseite, sie sagte: «Es war so schwierig – ich fand das Wort nicht – da habe ich es mir einfach gemacht. Aber heute nacht, da habe ich nachgedacht, und da ist es mir eingefallen, das Wort, das ich eigentlich wollte.»

Jetzt sah sie mich voll an und setzte entschlossen fort: «Da drüben, da ist nicht meine Mutter verbrannt – es war meine Schwiegermutter ...»

Ich wagte nicht, länger in ihre Augen zu blicken, ich sah hoch und über ihre Schulter hinweg: Da stand der kleine Tempel, er war unzerstört und deutlich war die Statue eines dicken Buddha zu sehen. Und Buddha lächelte.

Ich nahm Yurikos Kopf in die Hände und richtete ihn zum Tempel.

«Siehst du dort Buddha lächeln?» sagte ich, als nun auch Yuriko wieder zu lächeln begann, setzte ich fort: «Ist er nicht großartig?»

Yuriko hatte alles geregelt. Wir waren angemeldet und wurden erwartet vom Direktor des Rotkreuzhospitals Dr. Shigeto. Das große, hochgemauerte Gebäude mit seinen vielen Trakten und geschlossenen Gärten lag am äußersten Rande der Zerstörungszone, am Hafengelände von Senda-machi. Es war nur teilweise zerstört und konnte wieder ausgebaut werden, und in einem der Gärten stand der einzige Baum von Hiroshima, der nicht abgestorben war, ein riesiger Ginkgo-Baum, umgeben und im Schutzschatten der hohen massiven Trakte des Hospitals.

Dr. Shigeto war ein gedrungener Mann mit rundem Kopf und kurzgeschnittenem grauen Haar, der sofort den Eindruck gediegenen ärztlichen Wissens und beruhigender Sachlichkeit vermittelte. Er sprach langsam und wohlakzentuiert deutsch und war sofort bereit, Yuriko und mich durch das Hospital zu führen. Das Rotkreuzhospital war das größte und älteste Hospital der Stadt und während der Zerstörung das Hauptquartier der Notstandsmaßnahmen, damals schon unter der Leitung Dr. Shigetos, der es dann auch zum Hospital der Atomkranken bestimmte, auch zum Zentrum der Forschung der Auswirkungen der A- und H-Bomben.

Gegen Ende des Krieges vor 16 Jahren, erklärte Dr. Shigeto, waren die Munitionsvorräte der Bodenabwehr so zusammengeschmolzen, daß die Flak nur dann feuerte, wenn geschlossene Bomberverbände im Anflug waren. Einzelne Flugzeuge in großer Höhe, welche die Stadt überflogen, dienten offensichtlich nur zur Erkundung und Beobachtung und lösten keinen Fliegeralarm mehr aus, damit die Bevölkerung, die im geschlossenen Arbeitseinsatz war, nicht bei ihren letzten verzweifelten Anstrengungen der Kriegsproduktion gestört wurde. So kam der Abwurf der Bombe vollkommen überraschend. Die wenigen Zeugen, welche aus weiter Entfernung die Bombe hatten fallen sehen, einen dunklen Körper, der aus großer Höhe an einem Fallschirm herniedertaumelte, morgens um 8.15 Uhr, sahen nur noch den weißen Blitz. Und erblindeten.

Vom Hospital aus, in welchem man für Katastropheneinsätze gerüstet war, freilich nicht für einen solchen, konnte man, als der Donner der Explosion ertönte, in der Richtung zum Zentrum der Stadt nur den weißen, gewaltigen Pilz sehen, der sich ausdehnend zum Himmel wölbte. Jeder Versuch, zur Hilfeleistung bis an das Zentrum vorzudringen, scheiterte, es war unmöglich durch den Feuergürtel, der sich in einer Entfernung von etwa 3 kilometern radial um das Zentrum herumzog. Die enorme Hitze, die jedes Leben im Zentrum auslöschte, setzte in der nächsten Zone alle Häuser in Brand. Ein ungeheurer Feuersturm ließ auch die Menschen, ihre Kleidung und ihre Geräte aufflammen. Die Menschen liefen als brennende Fackeln durch die Gassen zu den Armen des Ota-Stromes und stürzten sich ins Wasser – aber dies kochte und schwemmte die Skelette, von denen sich das Fleisch gelöst hatte, bis weit in die Inlandsee hinaus.

Der Feuersturm blies die Asche der brennenden Zone hoch in den Himmel, bis zur Höhe des sich zu einem Schirm ausweitenden Pilzes. Dort vermischte sich die Asche mit der Substanz des Schirmes, sättigte sich mit den Strahlen des freigewordenen Atoms und stürzte als «schwarzer Regen» wieder auf die Erde, auch über die zweite Zone hinaus. Die strahlenverseuchte Asche des Regens bedrohte nun also auch die dritte Zone, ohne daß es sofort bemerkt wurde. In dieser dritten Zone, nur etwa

6 bis 8 Kilometer vom Zentrum entfernt, waren die Hilfsmannschaften bis zur Feuerzone vorgedrungen. Dort wurden die lebenden Fackeln in Empfang genommen, Hilfslazarette errichtet und ausbrechende Brände zu löschen versucht. Die Verseuchung mit den Atomstrahlen erzeugte die Mehrzahl der «Atomopfer», die überlebt haben und heute noch leben. In diese dritte Zone und darüber hinaus war der schwarze Regen hineingetrieben worden. Die Strahlen verursachten überall dort, wo sie hingelangten, schwere und bleibende, sich weiterfressende Verbrennungen. Die Hilfszone mußte bis zum Hauptquartier neben dem Rotkreuzhospital zurückgenommen werden, aber auch hier kam es zu Verbrennungen, und der ungeheure Druck der Hitzewelle vermochte selbst so feste Gebäude wie die in Richtung des Zentrums gelegenen teilweise zu zerstören.

«Wir nahmen bis zur Überfüllung alle Atomkranken und Verletzten auf, es fehlte bald an Medikamenten und Verbänden, und es dauerte lange Zeit, bis wir hier im Hospital in unseren Laboratorien und den Forschungsinstituten über die erste Hilfe hinaus Therapie betreiben konnten, wir hatten es ja mit bis dahin ganz unbekannten Phänomenen wie denen der Strahlenverseuchung zu tun. Wir wußten nichts von den Strahlen, nichts von der Strahlenkrankheit. Es ging anfangs das Gerücht um, die Bombe habe Giftgase enthalten. Viele Erkrankte behaupteten, sie hätten nach dem Fall der Bombe gesehen, daß sich ein feiner Nebel über dem Boden ausgebreitet habe. Als der schwarze Regen fiel, kam es zu Erstickungsanfällen, zu Durchfall, Erbrechen, Blutungen, es lag nahe, anzunehmen, daß dies durch Giftgase verursacht sei, und wir versuchten also, die Menschen mit den herkömmlichen Mitteln bei schweren Vergiftungen zu retten. Aber es mußte ein ganz unbekanntes Gift sein, erst Wochen später haben Obduktionen ergeben, daß wir es mit radioaktiven Strahlen zu tun hatten. Nun sind 16 Jahre verflossen, aber es sind noch viele Auswirkungen der Bombe ganz unbekannt. Die Forschung trifft auf die widersprüchlichsten Erscheinungen, und als nach der Kapitulation die amerikanischen Forscher kamen, um uns zu helfen, wußten sie auch nicht mehr als wir. Sie sammelten Studienmaterial. Im Grunde wissen wir noch gar nichts oder erst so wenig, daß wir mit wissenschaftlicher Exaktheit noch nichts zusammenfügen können. Wir haben hier im Hospital Patienten der ersten Stunde, aber auch solche, bei denen erst nach Jahren die Folgen der A-Bombe sichtbar wurden und ihre Ursachen noch vollkommen im dunklen liegen, und im dunklen liegen noch die Fragen der Vererbbarkeit, der Zusammenhänge mit anderen Krankheiten und also auch der Ansteckungsgefahr.»

Dr. Shigeto erhob sich, wusch sich umständlich die Hände, zog seinen weißen Mantel über und sagte: «Bitte begleiten Sie mich, es ist Zeit zur Visite. Ich kann Sie nur durch die Flure geleiten, die Patienten, die Sie dort sehen und sprechen können, sind, hoffen wir, auf dem Wege der Heilung und können bald zur Pflege in der Familie entlassen werden. Eine Ansteckungsgefahr ist hier nicht mehr gegeben!»

Yuriko begleitete mich tapfer, sie klammerte sich gewissermaßen an mich, als wir durch die breiten Gänge des altmodischen Krankenhauses gingen. Auch auf diesen Gängen und Fluren befanden sich Betten an den Wänden, die Betten der Kranken, die in ihren weißen Kitteln oder den blauen Krankenhauskimonos auf den Fluren herumstanden. Dies waren also die «leichten» Fälle, die als fast gesundet bald entlassen werden sollten, um anderen, neuen Kranken Platz zu machen, 16 Jahre seit die Bombe fiel. Wir gingen langsam, Dr. Shigeto mit einigen Assistenten und Helfern, unter ihnen auch Ärzte aus anderen Ländern und Völkern, verschwanden in den einzelnen Sälen zur Visite. Auch diese Säle waren überfüllt, wie ein kurzer Blick durch die Tür wahrnehmen konnte. Die Patienten auf den Fluren beachteten die Kolonne der Ärzte kaum, es war in diesem Trakt keine Frau zu sehen, keine Patientin und auch keine Krankenschwester. Es roch säuerlich nach Schweiß und Desinfektion, nach aufgewischten Dielen und Fäkalien. Die Patienten standen herum, allein oder in kleinen Gruppen, die kaum Platz machten, als wir die Gänge passierten. Einige lagen oder hockten auf den Betten, und wenn sie miteinander sprachen, so waren es wenige, wohl belanglose Worte. Viele trugen weiße Verbände um die Arme oder Beine, viele der Gesichter waren von Brandnarben wie zerfetzt, einige der meist älteren Männer waren vollständig haarlos, auch die Augenbrauen und Wimpern fehlten, viele trugen recht zerzauste und unregelmäßig gewachsene Bärte. Yuriko und ich sprachen kein Wort miteinander. Yuriko mußte bemerkt haben, daß ich verlegen war, daß es mich genierte, mich neugierig umzusehen. Wir blieben unwillkürlich passiv, wie diese Kranken auch. Sie werden bald aus diesem Hause entlassen und sie werden in den Nissenhütten an den Ufern des Stromes leben. «Asoziale», wie man in Tokyo sagte, seelisch Tote, die nichts mehr wollten und nichts erwarteten im Schatten der schwarzen Schwingen des unausweichlichen natürlichen Todes, der ihnen als ein unnatürlicher Tod begegnet war.

Yuriko in ihrem kleinen schlichten Reisekleid mit dem runden grauen Hut, den sie tief in das blasse Gesicht gezogen hatte, sie trug ihren Fotoapparat nicht und auch nicht ihre kleine Tragetasche – Yuriko verharrte mit gesenkten Augen vor der Tür eines Saales, in welchem sie Dr. Shigeto bei seiner Visite wußte, und der Druck ihres Armes, der mich an ihrer Seite hielt, ließ nicht nach. Als sich die Tür öffnete, sah ich einen bärtigen Mann in seinem Bett, über dessen Kopfende ein großes Plakat mit japanischen Schriftzeichen an der Wand befestigt war. Ein Kreuz und eine Sieben schienen als Titel oder Unterschrift zu dienen. Der Mann sah mich eindringlich an, er wandte den Blick nicht von mir ab.

Dr. Shigeto kam zur Tür, und Yuriko wechselte mit ihm einige japanische Worte, sie schien eine Bitte ausgesprochen zu haben, denn der Doktor nickte begütigend, er wollte sich schon zum Gehen wenden, da rief ihn der Mann im Bett zu sich und die Tür schloß sich wieder.

«Wir wollen gehen, bitte», sagte Yuriko. Wir gingen durch die Gänge und Flure, ohne daß wir uns im Wege irrten, zurück durch die Gruppe der Patienten zum Büro des Dr. Shigeto, einem mehr altertümlich mit westlichen Möbeln ausgestatteten kleinen Raum. Ich legte den Arm um Yuriko, wir standen schweigend und warteten. Endlich kam Dr. Shigeto, er hatte eine Kopfbinde in der Hand und reichte sie mir.

Er sagte: «Der Mann im Saal sieben, den Sie gesehen haben und der Sie gesehen hat, hat mich gebeten, Ihnen seine Kopfbinde zu geben. Sie ist noch ein wenig feucht, wir haben sie desinfiziert. Der Kranke ist ein Opfer des ‹Pika-Don›. Sie verstehen: ‹Pika› heißt Blitz und ‹Don› Donner und wir nennen die Erscheinung der Bombe ‹Pika-Don›. Unser Patient trägt die Spuren der Bombe seit 16 Jahren, er war schon auf dem Wege der Heilung, als ihn eine uns noch unbekannte neue Krankheit ergriff. Er ist Christ und hat alle ‹Overseas›, wie wir die Besucher aus Europa und Amerika nennen, gebeten, für ihn zu beten.»

Auf der Kopfbinde war ein Foto des Mannes befestigt und sein Name angegeben: Toshio Muzoguchi – japanische Schriftzeichen bedeckten die Binde und am Ende standen die Worte: «Please, send a message to him her to encourage.»

Ich las und sagte, das werde ich tun. Dr. Shigeto sagte: «Bitte, gehen Sie nach unten in die Halle und warten Sie.» Er lächelte zu Yuriko hinüber und setzte fort: «Alles, was Sie wünschen, wird geregelt.»

Die große Eingangshalle war auf eine rührende Weise modern eingerichtet. Ein blausilbernes Kompositum, große Glasfenster ließen viel Sonne durch, der Boden war mit einer blauen, gebohnerten Kunststoffmasse bedeckt, silberglitzernde Metallmöbel, Stühle, Bänke und Tische waren mit blauem Samt gepolstert, und neben der Loge des Empfanges an einer marmornen Treppe war ein riesiger Blumenstand aufgebaut mit Blumen, in japanischer Art gebunden und gesteckt, reich versehen – auch andere kleine «Mitbringsel» in Vitrinen ausgestellt. Eine Reihe von verkaufsfertigen Blumensträußen lagen in Plastikhüllen auf dem Tisch, und überall in den Ecken und Winkeln standen Blumenvasen mit großen, bunt zusammengesteckten Blumen in vielen Varianten und in Büscheln grüner und gelber Gräserarten.

In einer schattigen Ecke, dem Warte- und Sprechraum, ließen wir uns nieder, Yuriko und ich. Die Ecke wurde durch einen Vorbau gebildet, in welchem sich der breite Aufzug für die Kranken befand, er war so breit, daß er auch Betten und Bahren aufnehmen konnte, und war durch eine doppelte Schiebetür gesichert und verschlossen. Wir hörten das Geräusch des Aufzuges, die Tür öffnete sich, und eine ältere Krankenschwester in ihrer weißen Tracht mit dem roten Kreuz war einem jungen Mädchen im blauen Krankenkimono behilflich, über die Schwelle des Aufzuges zu treten. Das Mädchen stützte sich auf ein mit kleinen Rädern versehenes, silbern blinkendes Aluminiumgestell, dessen Lenkeinrichtung mit blauem Samt bezogen war.

Yuriko und ich waren aufgestanden und blickten dem Mädchen entgegen. Es lenkte das Fahrgestell mit der rechten Hand und stieß sich mit dem rechten Fuß geschickt ab. Es begrüßte uns mit einem Lächeln, rollte auf die kleine, mit einer Lehne versehene Bank zu, deren Sitzfläche ebenso wie die Lehne blausamten gepolstert war, und ließ sich dort nieder, indes die Krankenschwester den Apparat an sich nahm und sich hinter die Bank stellte. Yuriko und ich setzten uns in zwei kleine Sesselchen ihr gegenüber, und Yuriko begann leise mit dem Mädchen einige japanische Worte zu wechseln. Der linke Arm und das linke Bein, das unter dem Kimono hervorragte, waren mit einem dicken, steifleinenen Verband umwickelt, jedoch waren die Finger der Hand und die Zehen des Fußes sichtbar. Dies Mädchen war schön. Es war unglaublich schön, das schönste Mädchengesicht, das ich in Japan gesehen. Ihr dunkles Haar war sorgsam frisiert mit einer kleinen Locke an der rechten Stirnseite, welche die Pariserinnen «accroche-cœur» nannten. Ihr Gesicht war hauchdünn gepudert und die schön geschwungenen Lippen mit sorgsamem Stift in einem roten Farbton nachgezogen. Ihre großen dunklen Augen waren nur leicht schräg gestellt, aber dies diente zur Erhöhung ihres Reizes. Sie waren mit langen Wimpern geschmückt, und ihre Augenbrauen, mit denen sie einnehmend zu operieren verstand, waren scharf gezeichnet und verlebendigten das schmal-ovale Gesicht. Sie lächelte mit leicht geneigtem Kopf, und sie sah mich prüfend an, als sie Yuriko mit einigen japanischen Worten eine leise, aber überaus wohllautende Antwort gab. Und die Fingernägel ihrer Hände, aber auch die schmalen Zehennägel ihres linken Fußes waren in dem gleichen Rot wie ihre Lippen poliert.

«Sie heißt Hiroko», sagte Yuriko leise, «und sie ist 17 Jahre alt.»

«Bitte sag ihr, wer ich bin und daß sie meine Aufdringlichkeit entschuldigen soll.»

«Das habe ich schon alles gesagt, bitte lassen Sie mich alles fragen, ich übersetze dann immer gleich, was sie sagt.»

Und so also erfuhr ich vom Leben Hirokos, ich unterhielt mich durch das Medium meiner Yuriko mit Hiroko. Wir fragten und antworteten nicht, wir plauderten miteinander, und das hinreißende Lächeln dieses Kindes, die Art, wie sie erzählte, zu mir und zu Yuriko gewandt, machte es mir leicht zu glauben, das Hiroko eine eigene Freude empfand, ihrer Art und ihren Auffassungen Ausdruck zu geben. Sie sprach gewandt und mit Lust an der Gewandtheit ihrer Aussagen und ohne Hemmungen, sie mußte vieles in sich überwunden haben und schien froh, sich dessen sicher zu sein, in einer souveränen Freiheit, die sowohl Yuriko wie mich im Herzen warm werden ließ, wie der Beginn einer echten Freundschaft.

Ihr liebliches Gesicht drückte beweglich aus, was sie zu empfinden schien, ihre Haltung war in keiner Weise verkrampft, nur verharrte ihr wohlgebauter kräftiger Körper in der einmal angenommenen anmutigen Position, die verletzten Gliedmaßen suchten keine Unauffälligkeit, und ihre rechte Hand ruhte unbeweglich auf ihrer Brust, die sich unter dem Kimono fest und stolz abhob.

Ihr Vater arbeitete als Ingenieur auf einer der Werften von Hiroshima. Er fiel als Marineoffizier in einer der Seeschlachten des Pazifik kurz vor der Geburt Hirokos. Sie hatte keine

Geschwister, und ihre Mutter bewohnte eines der schönsten Häuschen am Abhang der westlichen Hügelreihe, wo die Familien des gehobenen Mittelstandes mit dem bescheidenen Komfort ihrer Gärten ihre Heimstatt fanden. Gegen Ende des Krieges mußte ihre Mutter, wie alle japanischen Frauen, in der Rüstungsindustrie arbeiten und nahm das Baby in ihrem Obi mit, wie es allgemein Sitte war, wenn das Kind keiner häuslichen Pflege anvertraut werden konnte. Der Betrieb, in welchem ihre Mutter arbeitete, lag außerhalb der Stadt, und so mußte sie mit einem der stoßweise verkehrenden Arbeiterzüge fahren.

Am 6. August 1945 morgens um 8.15 Uhr, so war ihr erzählt worden, als der Pika-Don die Stadt zerstörte, hatte sich ihre Mutter in dem Zuge befunden auf der Fahrt zu ihrer Arbeitsstätte. Mit der instinktiven Bewegung der japanischen Frauen hatte ihre Mutter ihren Obi mit dem ein Jahr alten Kinde nach vorn geworfen und war dabei zu Boden gestürzt. Sie mußte sogleich tödlich getroffen worden sein, denn wenn sie die Detonation nur um Sekunden überlebt hätte, dann hätte sie auch dafür gesorgt, mit ihrem Leibe das Kind ganz zu bedecken, so ragten der linke Arm und das linke Bein unter dem Körper der Mutter hervor und waren der Strahlenwirkung ausgesetzt. Der Waggon war in Brand geraten, das Dach eingestürzt, im letzten Augenblick konnte das Kind von Helfern unter dem schützenden Metalldach hervorgezogen und gerettet werden, ihre Mutter verbrannte, und auch das Haus am Hügelrande war verbrannt und mit ihm alles, das ihre Eltern besessen hatten. Mit dem Hause verbrannten alle Papiere und Fotografien und so konnte sich Hiroko nicht an ihre Eltern erinnern.

Das erste Gesicht, an welches sie sich erinnern konnte, war das des Dr. Shigeto, der sich jeden Morgen nahe über sie beugte und mit ihr sprach. Sie verbrachte die ersten sechs Jahre ihres Lebens im Rotkreuzhospital, und erst als sie schulpflichtig war, kam sie zu einer entfernten Verwandten in Kyoto, der schönen alten, einzigerhaltenen japanischen Stadt der Künste – Kyoto wurde nicht zerstört. Sie ging gern zur Schule, die anderen

Kinder behandelten sie scheu, aber schonend. Sie war ja eines der Kinder von Hiroshima, und von ihr gingen trotz ihrer Gebrechlichkeit keine Strahlen aus als die ihrer heiteren Art. Toben konnte sie freilich mit den anderen Kindern nicht. Aber Dr. Shigeto hatte ihr diesen kleinen Apparat konstruiert, und sie hatte fleißig geübt, genau nach den Anweisungen der Ärzte von Hiroshima, so daß sie nach einiger Zeit die lästigen Verbände ablegen konnte, freilich behielt sie einen gummierten Strumpf an Arm und Bein, der die häßlichen Narben verbarg, und am Ende konnte sie sogar mit ihrem Roller schneller laufen als die anderen Kinder und einen Wettlauf gewinnen. Sie sollte sich aber nicht überanstrengen, und wenn sie auch nicht spürte, ob es mit ihren Verletzungen wieder schlimmer wurde, Dr. Shigeto spürte es, und sie durfte zu den Schulferien nicht in Kyoto, zu Hause bei der alten Tante bleiben, sondern mußte zurück zur neuerlichen Behandlung in das Hospital. Sie las viel, sie war gut in der Schule, ihre Zeugnisse konnten sich sehen lassen, und dann durfte sie in Kyoto studieren.

Was wollte sie denn studieren?

«Modern arts», sagte Hiroko. Sie hatte eigentlich Ärztin werden wollen, Kinderärztin, aber das ging nicht. Vielleicht hätte sie es bei einer Besserung körperlich geschafft, aber sie hatte eben doch erfahren müssen, daß sich die Patienten, auch und gerade die Kleinen vor einer Atomverletzten scheuten. Und das konnte sie auch verstehen, aber es kränkte sie doch ein bißchen, daß von den Atombetroffenen zuerst so viel Wesens gemacht wurde, dann aber, als es sich herausstellte, daß die Strahlenkrankheit sich nicht auf andere übertrug, die Leute gleichgültig werden ließ, oder aber schlimmer, sie trauten den Betroffenen nicht zu, daß sie seelisch über ihr Unglück hinwegkommen, es also nicht bewältigen könnten, und das mußte eben doch zu einer negativen Wertung führen.

Hiroko lachte auf. Sie sagte strahlend, so konnte sie sich also einen Beruf aussuchen, der ihren wahren, inneren Interessen ganz entsprach, sich mit lauter Dingen befassen, ihr Wesen studieren und sich ihrer Fähigkeiten bewußt werden, welche die

Schönheit in sich trugen, die in der Welt verschwunden zu sein schien und doch wieder Auferstehung feiern mußte – alles Schöne der Kunst –.

Modern arts – ja, freilich, hier kommt doch das Neue hinzu, die Bemühung um das Neue wie die seltenen, bislang ganz unbekannten Blumen im Friedenspark von Hiroshima, Blumen, die ihre Keime wohl ganz tief in der Erde hatten, die Hitze hat sie durch die durchglühte und nun aufgelockerte Erdschicht getrieben, wie ja auch die seltsamen, blütenartigen winzigen Pfeiler und kleinen Tröpfchen, die in den großen Granitblökken plötzlich durch die geglättete Oberfläche zu merkwürdigen und schönen Naturornamenten herauswuchsen, nicht kristallartig, sondern eben wie urtümliche Blüten – das möchte sie studieren, in ihren Formen, die vielleicht zu einer neuen Kunst führen, ja – alles was Kunst ist – Kunstgeschichte natürlich auch, aber Hiroko kann auch zeichnen und malen mit der gesunden Hand, sie sucht nach Elementen der Farben und Konturen, man nennt ein Teilgebiet im Westen «Pop-Malerei», und dann natürlich auch die Musik, sie wird selber kein Instrument spielen können, aber sie möchte gern singen lernen, nicht die Schlager und die gängigen Melodien, die doch einer Zeit angehören, welche verbrannt ist, sondern die Töne, die aus den elektronischen Instrumenten gezaubert werden können, das möchte sie gern alles studieren, aber da müßte Hiroko natürlich viel reisen können, die neuen Künste eben dort aufsuchen in den vielen Teilen der Welt, wo sie ganz unabhängig voneinander auftauchten und experimentiert wurden. Nun, sie steht ja noch im Anfang, aber vielleicht wird es einmal nicht nötig sein, daß sie in den Ferien immer wieder ins Hospital muß.

Aber es ging ihr doch besser, ließ ich durch Yuriko fragen, und Hiroko rief eifrig: «Ach ja, und ich hoffe so sehr, wenn das – das Leiden – nicht wieder aufflackert, daß ich einmal mich auch so frei bewegen kann wie alle anderen Menschen!»

Die Krankenpflegerin, welche unbewegt hinter Hiroko gestanden hatte, hob ihren rechten Arm und bewegte die geöffnete Hand, eine Geste, voll so hoffnungsloser Verneinung, daß ich erschrak. «Nie» ... sagte diese Geste. Ich blickte zu Yuriko, ihre Mundwinkel zuckten, ihr Kinn. Wenn sie zu weinen anfängt, ich konnte niemals Frauen weinen sehen, ohne daß es mich zwang, mitzuweinen. Yuriko weinte, ihr schossen die Tränen in die Augen. Die Krankenschwester nickte uns zu, auch sie weinte. Nur Hiroko, die still vor sich hingeblickt hatte, weinte nicht, sie sah uns erschrocken an, und dann weinten wir alle vier ein bißchen zusammen. Aber Hiroko schüttelte den Kopf, als schäme sie sich ihrer Schwäche, und sagte dann wie zur Entschuldigung: «Und wenn nicht, nun, ich kenne es ja gar nicht anders, es ist nicht so schlimm, es gibt ja so viele arme Leute, die träumen davon, einmal reich zu werden und wissen doch, das geschieht nie.»

Jetzt lächelte sie wieder. Sie sagte leise: «Das Leben bietet mir ja doch so viel, ich möchte alles haben, was möglich ist, ich möchte studieren, ich möchte reisen.» Und jetzt neigte sie den Kopf, sie blickte, als sei sie verlegen, abseits in die Halle und sagte: «Und vielleicht – heiraten ...»

Yuriko blickte mich hilflos an, ich ließ sie schnell fragen, was mit Hirokos rechter Hand sei, welche die ganze Zeit auf ihrer Brust ruhte ...

Hiroko war richtig erschrocken, sie hob ihre rechte Hand, um sie überrascht zu betrachten, und rief aus: «Die rechte Hand, die ist doch ganz in Ordnung ...»

Die Stelle ihres Kimonos, auf der die ganze Zeit Hirokos Hand geruht hatte, war durch einen Fleck verunziert. Hiroko hatte sich wohl beim Essen eines weichen Eies bekleckert ... Yuriko sah es auch. Sie kämpfte wieder mit einem Weinen, es wurde eine mühsame Mischung aus Weinen und Lachen, Hiroko blickte zu ihrer Brust herunter und begriff sofort. Sie begann zu lachen und rief, da sähen wir, wie eitel sie sei. Es war ihr der kleine Mangel an ihrem Kimono peinlich gewesen, sie hatte den Fleck nicht entfernen können, als sie zur Halle hinuntergerufen wurde und Yuriko ... Nie liebte ich meine kleine Yuriko so, wie in diesem Augenblick. Yuriko, welche die ganze Zeit mit übereinandergeschlagenen Beinen dagesessen hatte, wippte ihre Beine auseinander und zeigte Hiroko mit lebhaftem, mit tröstendem Geplauder, daß ihr Strumpf am Knie eine lange und ganz häßliche Laufmasche hatte. Die beiden Frauen lachten, und dann ruddelten sie miteinander, und Yuriko übersetzte rein nichts mehr. Die Krankenschwester blickte mich an und wies beziehungsreich auf ihre Armbanduhr. So erhob ich mich und ging zum Blumenstand. Dort stand ein westlich gekleideter Mann, der gerade einen Blumenstrauß gekauft hatte. Ich war so gewohnt, in Japan mit meinem Deutsch zurechtzukommen, daß ich dem Mädchen hinter dem Blumenstand auf deutsch sagte, ich möchte einen schönen großen Strauß. Das Mädchen verstand nicht und der Japaner erbot sich in gutem Deutsch, mir behilflich zu sein. Er hatte in einer großen, durchsichtigen Plastiktüte einen mächtigen Strauß gekauft, der mir der schönste in der Auswahl schien, und so bedankte ich mich und bat ihn, dem Mädchen zu sagen, ich möchte genau den gleichen Strauß haben, wie er ihn gekauft hatte. Ich erhielt die Blumen und der sympathische Kavalier war mir sogar behilflich, aus meinem Packen Sen die richtigen Lappen herauszusuchen.

Als ich mit meinen Blumen in die Ecke zurückkehrte, schob die Krankenschwester das blinkende Fahrgestell an die Bank, und Hiroko erhob sich gewandt. Jetzt war ich in großer Verlegenheit, der Strauß war riesengroß, wie sollte ihn Hiroko ergreifen? Aber sie bedankte sich herzlich, packte mit der rechten Hand die Blumen und verstaute sie geschickt zwischen ihrem linken Arm und ihrer Achsel und dann rollte sie, ihr Gestell mit der rechten Hand lenkend, davon, dem Aufzug zu, wobei sie gleichsam um zu zeigen, wie geschickt sie sich zu bewegen wisse, die eilig ausschreitende Krankenschwester überholte. Vor dem Aufzug, dessen Tür die Schwester öffnete, blieb sie stehen, sie brachte es sogar fertig, den Strauß vor ihrem Gesicht winkend in Bewegung zu setzen, wenn auch nicht in meiner Richtung. Gleich darauf ging der japanische Herr vom Blumenstand leicht hinkend durch die Halle zum Aufzug, in den nun Hiroko ihr Fahrgestell schob, wobei der Mann ihr behilflich war. Die Tür schloß sich.

Ich fragte Yuriko, was sie zum Schluß der kleinen tapferen Hiroko gesagt habe, und Yuriko erwiderte, oh, eigentlich nichts Besonderes, sie habe Hiroko nur erzählt, daß der Delegierte für Westdeutschland drei Töchter habe und einen Sohn und daß er sicherlich, wenn er seiner Frau und seinen Kindern von Japan erzählen werde, nicht vergäße, zu sagen, daß die Begegnung mit Hiroko ihn am meisten bewegt habe ...

Als ich im Hotel auf der Treppe meine Schuhe abstreifte, hörte ich aus dem kleinen Verschlag, der als Rezeption diente, das muntere Geplauder zweier Damen und lauschte dem Wohllaut der vokalreichen japanischen Sprache; sie klang nun so anders als etwa in den Reden des Professors Yasui oder den Übersetzungen meines guten Seiei Shinohara, weicher, zärtlicher, voll einer liebenswürdigen Intimität mit dem leisen Gekicher, das bestimmte Höhepunkte begleitete, mit dem Gezwitscher meiner Yuriko, und die Konsonanten waren alle ein wenig abgeschliffen, das R verwandelte sich ganz unwillkürlich in ein L. Ich trat ein, und es war Silentia, die schweigsame, die da meiner Yuriko einige kostbare Kimonos zeigte und prachtvolle Obis und offenbar ihren Schnitt und die Qualität der Stoffe pries. Und ich erfuhr, daß Silentia keineswegs eine Bedienerin war, sondern die Besitzerin des Hotels, und ich erfuhr noch mehr.

Madame Silentia erzählte mit der gleichen Unbekümmertheit, mit der sie mich gebadet, abgerubbelt und massiert hatte, von sich und ihrem Lebensweg, den sie durchaus nicht als ungewöhnlich empfand. Yuriko übersetzte mit der gleichen Selbstverständlichkeit, wie es dargeboten war: daß Madame vor dem Pika-Don Besitzerin eines größeren und eleganteren Etablissements gewesen war, eines wohl- und ehrengeachteten Unternehmens, des größten und angesehensten der Stadt. Als die Bombe ihr Haus in Trümmer legte, war sie allein mit dem Leben davongekommen, beinahe unverletzt, aber ihre zwölf Mädchen leider nicht. Sie hatten nach anstrengender Tätigkeit tags in der Fabrik und dann in der Nacht um 8.15 Uhr morgens in den Betten der oberen Stockwerke gelegen und waren nicht zu retten. Natürlich hatte Madame sich bestrebt, ihr Unternehmen so bald wie möglich wiederaufzubauen, und auch noch einige attraktive Kinder an der Hand, die gern bereit waren, sich in den Zeiten der gräßlichen Not bei ihr zu etablieren. Es wäre ihnen gutgegangen, denn die vielen ständigen Kunden, die bei ihr ein- und ausgegangen waren, die angesehensten und reichsten Männer der Stadt hatten sich erboten, ihr mit den guten Beziehungen, welche diese Herren hatten, mit Material, Stoffen und Lebensmitteln und behördlichen Genehmigungen auszuhelfen. Sie hatte schon dies Haus erwerben können, das eines Kunden, der es vorzog, in seinem Landhaus hinter den Hügeln zu wohnen, und dies Haus war für die Zwecke eines bescheidenen Anfangs wohl geeignet; zwar waren die Fensterrahmen zersplittert, einige rauchgeschwärzte Mauern mußten erneuert werden, jedoch die Installation funktionierte, das war die Hauptsache. Aber da kam die Besatzung, die Amerikaner aus Texas bekundeten ein lebhaftes Interesse für ihr Vorhaben, und es wäre sehr wohl möglich gewesen, aus den amerikanischen Beständen einiges zuzuweisen. Die Amerikaner überschwemmten die Stadt sehr bald mit den Uniformstükken und selbst Stiefeln und Mänteln, so daß fast jeder Japaner in amerikanischem Uniformzeug herumlief. Die Boys waren Madame lieb und wert, sie kannte sie, sie hatte einst in Yokohama ein Etablissement geleitet, bevor sie sich in Hiroshima selbständig machte. Die Boys waren immer gute Gäste und Kunden, immer lustig und freigebig, aber da waren die Mädchen, auch sie hatten gegen die Besatzer nichts einzuwenden, im Gegenteil, aber Madame mußte weiter denken, auch in ihrer Verantwortlichkeit für ihre lieben Kinder. Da war es nämlich gewiß, das ein von den Amerikanern frequentiertes Haus für die angenehmen ständigen Kunden nicht mehr in Frage kam, und, schlimmer für die Mädchen: sie würden als Ami-Mädchen nie wieder japanische Kundschaft finden!

So beschied sich Madame also und richtete dies Hotel ein, das Madame allein bewirtschaftete, ihr hatte der Pika-Don auf einen neuen Weg der Existenz geholfen, und nun lud sie den

Herrn und die Dame als besonders angenehme Gäste zu einem kleinen Imbiß vor der Abfahrt ein.

Der Imbiß war exquisit, und Yuriko und ich lachten noch im Zuge über das «viele Bier», denn ich hatte nicht verabsäumt, Madame, dies Prachtexemplar des japanischen Lebens, in ihrer Wollust der Gastfreundschaft durch freudiges Zugreifen zu ehren und sogar versprochen, wiederzukommen, mit Yuriko selbstverständlich, und beide Damen lachten herzlich, als ich der Vermutung Ausdruck gab, Madame habe ein Auge auf Yuriko geworfen und erwäge, mit diesem Goldkind wieder ihr eigentliches Gewerbe zu beginnen, und mich in diesem Falle als Rausschmeißer zu engagieren, ich hätte die abschätzenden Blicke von Madame auf Yurikos niedliche Figur und meine kräftige Statur wohl bemerkt.

Natürlich vermochte ich nicht, Yuriko zu bewegen, mit mir zusammen den Pullman-Zug zu benutzen, sie beharrte auf ihrem Zug minderer Klasse, und so blieb mir nichts anderes übrig, als trotz ihres Protestes zu ihr in den Wagen zu steigen, der keine numerierten Plätze hatte und sehr besetzt war. Aber es gelang uns, zwei Plätze nebeneinander zu ergattern. Ich saß am Fenster, dieser Zug hatte keine Klimaanlage und sehr schwache Beleuchtung. Kaum hatte der Zug sich in Bewegung gesetzt, als die Passagiere begannen sich auszuziehen, Männlein wie Weiblein. Ich blickte diskret zum Fenster hinaus, da saß Yuriko neben mir in einem hübschen Nachtkimono und hatte die Schuhe ausgezogen wie die anderen Gäste auch. Sie kramte in ihrem kleinen Beutel, versenkte ihre Kamera in ihm und zauberte dann ein Reisefläschchen mit vorzüglichem Duftwasser hervor, das unter dem Namen 4711 bekannt war.

Es war wirklich drückend heiß im vollbesetzten Waggon, und Yuriko wandte sich mit einigen Worten an die Herren, die hinter mir saßen und es sich zum Schlafen bequem gemacht hatten. Auch diesen Herren war es angenehm, wenn ich das Fenster öffnete und den Fahrwind in den Wagen ließ. Yuriko hatte ihren Kopf an meine Schulter gelegt und schlief. Ich spürte ihren frischen Atem an meinem Hals und betrachtete, was ich von ihrem kleinen Gesicht sehen konnte und rührte mich selbst dann nicht, wenn der Wind eine Strähne ihres Haares mir in die Augen wehte. Und ich dachte an die kleine Locke des Mädchens Hiroko, das so freimütig von seinem Leben erzählt hatte und ebenso freimütig von dem meinen wissen wollte.

Ich wußte gar nichts vom Leben meiner kleinen Yuriko, und alle meine Fragen verfingen sich in der Einfachheit ihrer Antworten. Aber von mir wußte sie alles, ohne mich danach auch nur einmal gefragt zu haben. Was ihr Mr. Pinkerton auch erzählt haben mochte, es stand ja in meinen Büchern, nur eben, daß ich verheiratet war und vier Kinder hatte, das stand nirgends, und Yuriko wußte es doch. Shinohara hatte mich glauben machen wollen, alle Japaner hätten ein Hobby und alle ihre Fragen an die Fremden umkreisten eben dieses Hobby, so daß die Fremden dies für das Puzzlespiel der Geheimdienstperfektion halten mußten. Jeder Fremde in Japan wurde überwacht, das hatte ich oft genug gehört, ich hielt niemals viel von der Pest der Geheimdienste und hatte mit großer Freude vernommen, daß Chruschtschow und Kennedy bei einer Gelegenheit, die zu einer Sternstunde der Menschheit hätte werden können, den Vorschlag Chruschtschows: «Schaffen wir beide doch unsere Geheimdienste ab!» wenigstens diskutierten. Nun, es wurde nichts daraus, und das elende Gerangel um eine friedliche Koexistenz der beiden Weltmächte mit ihren «Blöcken» mochte sehr wohl an der Verwirrung durch die plattfüßigen Informationen der grauen Gespensterdienste gescheitert sein. Aber nehmen wir einmal an, der japanische Geheimdienst habe sein Auge auf den Delegierten für Westdeutschland geworfen, vielleicht sogar auf Mr. Pinkerton, dann war es fein eingefädelt, ihm eine gewisse Frau Yoshida, Vorname Yuriko, durchgefallene Dolmetscherin für Deutsch, zuzugesellen – vielleicht mit dem Versprechen, die hoffnungsvolle junge Dame werde mit Leichtigkeit das Vertrauen, das persönliche Vertrauen dieses in mehr als einer Hinsicht bemerkenswürdigen Mannes erlangen, dem ein gewisses Liebesbedürfnis nachgesagt werden kann – wes das Herz voll ist, fließt leicht der Mund über. Daß die Wahl des japanischen Geheimdienstes gerade auf Yuriko fiel, mußte als ein Meisterstück betrachtet werden. Und ob ich auf die liebenswürdigen Künste meiner Mata Hari hereingefallen bin! Und wie gerne bin ich dabei, das Spiel mitzumachen! Spielen wir es doch durch, mit allen Schikanen, einschließlich des bekannten «Umdrehens» der Agenten ...

«Dreh dich um, Yuriko, ich muß dir was zeigen.» Es ist vier Uhr, und wir befinden uns zur Hälfte unserer Reise genau in der großen Schleife, an deren einem Ende die Fabrik steht ... Da steht sie, hellerleuchtet.

«Yuriko! Was machen die Leute da unten in dem großen Saal, üben die militärisches Auf- und Hinlegen?»

Yuriko rekelt sich und schaut über meine Schulter zum Fenster hinaus und sagt verschlafen: «Gymnastik! Arbeitsbeginn! Das japanische Leben!» und sinkt auf ihren Sitz zurück.

«Aha! Danke schön! Nachbarin, Euer Fläschchen!»

Yuriko kramt in ihrem Beutel, da ist das Fläschchen und da ist auch eine Fotografie. Sie gibt sie mir. Der Delegierte für Westdeutschland vor der Ruine von Hiroshimas Sehenswürdigkeit. Wann hat sie das Foto entwickelt? Und wie und wo?

«Nun hast du ein Foto von mir und ich keins von dir!»

Yuriko: «Sie werden eines haben, wenn Sie an mich denken sollen.»

Ungreifbare, unbegreifbare und unangreifbare Mata Hari!

«Yuriko, sieh mich an! Yuriko, woher weißt du, daß ich verheiratet bin und vier Kinder habe?»

«Who is who?» Und nach einer kleinen Pause: «Hobbies: Pfeifen und Kinder!»

Donnerkrach und Sirenengeheul: Der Gegenzug.

Yuriko leise: «Ihre liebe Frau, sie ist hübsch?»

«Ich finde sie sehr hübsch.»

«Wie hübsch?»

Ich beuge mich über sie: «Yuriko, sieh mich an!» Sie tut es und reißt die Augen groß auf. – «Yuriko, du hast die gleichen Augen, dunkel und groß und mit goldenen Fünckchen!»

«Ja?»

«Ja!»

«Und die Dame aus Kuba?»

«Die ist nicht hübsch, nur schön!»

«Und Hiroko?»

«Hiroko ist die schönste Frau, die ich kenne!»

Und Yuriko nickt und sagt: «Die Arme! Sie träumt vom Heiraten...»

Und ihr Kopf sinkt an meine Schulter, ihr frischer Atem fächelt meinen Hals. Gute Nacht, kleine süße Mata Hari, ich werde dir alles sagen, was du wissen willst.

Der Delegierte der DDR war mit Unterstützung seines Dolmetschers, Shinohara, sehr fleißig gewesen und hatte die Punkte herausgearbeitet, die in der abschließenden Resolution des ständigen Kongresses enthalten sein sollten. Der Redaktionsausschuß stand von vornherein unter dem Schatten der Berlin-Krise, als der aktuellen Krise dieser Tagung. Der Delegierte für Westdeutschland nahm die Ausarbeitung des Kollegen aus der DDR als Unterlage, nachdem schon Professor Shinohara aus seiner genauen Kenntnis deutscher Verhältnisse bestimmte Beweisführungen des Delegierten der DDR auf ihren realen Gehalt zurückgeführt hatte, die in der ursprünglichen Fassung durch allzu kühne Formulierungen propagandistischer Tendenz Verwirrung hätten stiften können. Der Delegierte für Westdeutschland versicherte auf Ehrenwort, daß die westdeutsche Generalität in keiner Weise blutdürstig sei. Daß zum Kalten wie zum heißen Krieg immer zwei Parteien gehörten und daß er hoffe, die demokratische Volksarmee der DDR sei im Ernstfall mindestens von dem gleichen militärischen Angriffsgeist beseelt wie die Staatsbürger in Uniform der deutschen Bundesrepublik.

Nun einigten sich die beiden deutschen Delegierten, jeden einzelnen Punkt mit den anderen Delegierten durchsprechend, auf acht Punkte, welche auf solche Art das eigentliche Kernstück der Resolution bilden sollten:

«Die Resolution über die Berlin-Frage – die ein Teil der deutschen Frage ist – fordert im einzelnen:

a) die Neutralität West-Berlins bei Nichteinmischung in das Gesellschaftssystem und ungehindertem Zugang zur Stadt, garantiert durch die Vier Mächte und von den Vereinten Nationen unterschrieben,

b) die Vernichtung aller atomaren und nuklearen Waffen in Deutschland,

c) die allgemeine Abrüstung in beiden deutschen Ländern,

d) die Neutralität Deutschlands und die Nichtzugehörigkeit beider Länder zu einem Militärbündnis,

e) einen von beiden deutschen Ländern unterzeichneten Freundschafts- und Nichtangriffspakt,

f) die Anerkennung der jetzigen Grenzen Deutschlands im Osten und Westen als endgültig und bindend bis zum Friedensvertrag,

g) die Lösung aller die Deutschen betreffenden Fragen durch Abmachungen unter beiden deutschen Ländern, denen die Verbündeten beider Länder beitreten,

h) von den Teilnehmern des Zweiten Weltkrieges unterschriebene Friedensverträge mit beiden deutschen Ländern.

Diese Vorkehrungen stellen das Instrumentarium dar, mit dem den Vorkehrungen und Intentionen des Potsdamer Vertrages heutzutage Rechnung getragen werden kann. Falls sie angenommen und durchgeführt würden, könnte die sogenannte deutsche Frage, und damit die Berlin-Krise, beigelegt werden. Wenn sichergestellt wird, daß im Herzen Europas ein friedliches Deutschland existiert, garantieren diese Punkte, daß kein Weltkrieg mehr in Europa ausbrechen kann.»

Der Delegierte von Polen erhob sich und rief aus: «Aber das ist doch der Rapacki-Plan, und der wurde von der Bundesrepublik abgelehnt!»

Der Delegierte für Westdeutschland erwiderte, der Rapacki-Plan sei ein diskutabler Vorschlag gewesen, auf den leider kein gleichwertiger Gegenvorschlag erfolgt sei. Das Gute sei des Besseren Feind, und so lange nichts Besseres vorläge, müßte das Gute weiterverfolgt werden.

Der Delegierte der Sowjetunion, ein Herr der russischen Botschaft in Tokyo, bemerkte, nichts habe die Sowjetunion so lebhaft bedauert wie die Ablehnung des Rapacki-Planes, und wünsche sich nichts so sehr wie ein friedliches Zusammenleben des deutschen und russischen Volkes, das seit der Schlacht auf dem Peipus-See im Jahre 1242 bis zum August 1914 keine deutschen Eroberer im eigenen Lande gehabt habe und nie wieder zu sehen wünsche.

Der Vorsitzende und Chairman Endicott (Kanada) stellte aufatmend die einmütige Annahme der Resolution fest und hoffte, der afroasiatische Redaktionsausschuß sei ebenfalls soweit.

Er war soweit, die beiden Ausschüsse traten zusammen.

Aber der Delegierte für Westdeutschland bat noch einmal um das Wort und meinte, daß in der Frage der Grenzen (f) die endgültige Entscheidung doch wohl klar erst in den Friedensverträgen gefällt werden könne. Hierzu meinte der Delegierte der DDR, was die Ostgrenzen beträfe, sei das doch eigentlich und allein Sache der an ihnen beteiligten Staaten Polen und DDR.

Jetzt aber platzte der Sudan. Der temperamentvolle Herr forderte die Deutschen auf, sie sollten endlich ihre Querelen miteinander allein austragen. Jetzt müßten die Fragen des Kolonialismus endgültig geklärt werden.

Der Delegierte für Westdeutschland platzte leider auch. Er rief den Afroasiaten zu, sie seien doch gar nicht mehr im Status des Kolonialismus, sie bildeten doch unentwegt freie und unabhängige Staaten, sie seien sogar in der UNO vertreten, die beiden einzigen, nur hier vertretenen Länder, die noch einem klaren Kolonialstatus unterworfen seien, seien die Bundesrepublik und die DDR ...

Dem Delegierten für Westdeutschland sprang Sansibar bei und berichtigte: Der Kolonialismus alter Prägung sei in der Tat durch eine imperialistische Kolonialherrschaft neuerer und gefährlicherer Prägung, durch die anderen amerikanischen Methoden abgelöst. Der Unterdrückte kannte früher seine Peiniger und Ausbeuter, er lebte im Zustande der Vergewaltigung, jetzt aber lebt er im Zustande der Korruption. Das Geld, das die einzelnen afrikanischen Staaten zur Entwicklung ihrer wirtschaftlichen Kräfte erhalten sollten, diene einzig dazu, die modern kolonisierten Länder darüber hinwegzutäuschen, daß diese ja in ihren Territorien nach Willkür und Wirtschaft der Imerialisten zu deren Interessen aufgeteilt und ausgebeutet würden. Die neuen Staaten Afrikas und Asiens seien nach dem Willen der Großmächte Staaten der Demokratie, die es den Großmächten erlauben, die Opposition in den Maßen zu unterstützen, die den Mächten selber dienten, mit Geld und mit Waffen, und so sei es unausbleiblich, daß es zu Revolutionen komme, zu Staatsstreichen, zu Militärdiktaturen endlich, die von den Mächten am leichtesten gelenkt werden könnten.

«Erst wenn wir das imperialistische System mit Erfolg am Boden zerstören können, dann können wir auf einen dauerhaften Frieden hoffen. In Afrika wie in Asien werden die Marionettenregierungen von den USA bewaffnet, um die Bevölkerung zu unterdrücken, jene USA, die von der Verteidigung der ‹freien Welt› reden – einer ‹freien Welt› ohne ‹freie Menschen›!»

Der Delegierte für Westdeutschland sah voraus, welche Diskussionen sich noch entwickeln werden, und ging ein Bier trinken. Mit ihm ging Polen und die Tschechoslowakei.

Die große Schlußversammlung fand in dem gleichen Saale statt wie die Hauptversammlung. Und wie in jener war die geräumige, mehrstöckige Halle überfüllt. Die Delegierten hatten vollzählig auf einem großen Podest der Stirnseite des Saales Platz genommen. Viele von ihnen waren in der meist bunten Tracht ihrer Heimat erschienen, die russische Delegation wirkte, geschlossen placiert, besonders eindrucksvoll. Während Professor Yasui die Resolutionen verlas, glaubte ich öfter den Namen Berlin zu hören, und da die Berlin-Krise in der letzten der zu verlesenden Resolutionen behandelt wurde, mußte dieser Teil der Schlußversammlung bald zu Ende sein. Polen hatte vorgesorgt und unter dem Stuhl ein Bierchen hervorgeholt, das er mir anbot. Es war wieder drückend heiß in dem Saal, Polen seufzte und sagte, es sollten noch drei Reden gehalten werden. Jetzt setzte großer Beifall ein, den Yasui mit erhobenen Händen entgegennahm, und wie ein Dirigent den Beifall an sein Orchester verweist, so verwies er den Dank an die Delegierten, die aufstehen mußten, und sich verlegen verneigten.

Die erste Rede war die eines Nordkoreaners, der, wie mir Herr Shimizu in großen Zügen verdolmetschte, im Namen der etwa 100000 Nordkoreaner sprach, die bei Beginn des Korea-Krieges zufällig in Japan waren und nun, nach zehn Jahren, von den amerikanischen Behörden immer noch nicht die Erlaubnis erhalten hatten, in ihre Heimat zurückzukehren.

Zu meiner Überraschung sprach nun der Delegierte der USA. Ich war während der ganzen Zeit des Kongresses um diesen Mann herumgeschlichen, hatte aber ebensowenig Gelegenheit gefunden wie wirkliche Lust, mit ihm ins Gespräch zu kommen. Der Hauptdelegierte der Amerikaner war ein führender Gewerkschaftler, aber auch Autor mehrerer Bücher von der soziologischen Sorte und das «Haupt eines provisorischen Komitees für Co-Operationen mit dem Japanischen Rat», was immer dies auch sein mochte. Er wirkte, mit rundem kleinen Kopf auf großem unbehilflichen Körper, mit braver Brille, Glatze und verlegener Zurückhaltung in keiner Weise wie ein Amerikaner der gewohnten Art. Nun also sprach er, sein Englisch mußte ins Japanische übertragen werden, und Herr Shimizu übersetzte es mir ins Deutsche:

Schrecklich und unentschuldbar sei der erste Atombombenangriff auf Hiroshima gewesen, und wir müßten daran denken, daß eine Wasserstoffbombe heute das fünfzigfache an Explosionsgewalt besäße wie die A-Bombe. Eine einzige H-Bombe könnte ganz New York oder Moskau oder London oder Tokyo vollständig zerstören, und der Strahlenbefall wirke auf einen Umkreis von Hunderten von Meilen.

Und nun konfrontiere die Welt in Berlin eine andere internationale Krise mit der Drohung eines neuen Krieges und die einzige Hoffnung sei, die beteiligten Regierungen kämen durch friedliche Verhandlungen zur feierlichen Erklärung, daß sie unter keinen Umständen zu nuklearer Gewalt zurückkehren würden. Die Regierung der Vereinigten Staaten trüge eine schwere Verantwortung für die gegenwärtige, kritische Lage, welche die ganze Welt umfaßt. Alle großen Mächte hätten schwere Fehler der Außenpolitik während der vergangenen 20 und 30 Jahre begangen – «Meine Freunde», sagte der Delegierte aus den USA, «wir müssen immer unterscheiden zwischen dem amerikanischen Volk und der amerikanischen Regierung. Das amerikanische Volk hat ein tiefes Gefühl für den Frieden, die amerikanische Regierung aber entwickelt eine wirtschaftliche Aktivität durch Ausgaben von mehr als 50 Milliarden Dollar jährlich für konventionelle und nukleare Waffen und andere Kriegsvorbereitungen – und so sei das Funktionieren der amerikanischen Wirtschaft endgültig bestimmt durch «these tremendous war expenditures».

Und der Delegierte aus den USA schlug vor, daß der Hiroshima-Tag, der 6. August, als internationaler Friedenstag erklärt werde...

Das war mehr, als ich jemals gehofft hatte aus dem Munde eines Amerikaners zu hören. Während des großen Beifalls für das andere als das gewohnte Amerika, trat Professor Yasui zu mir heran und sagte in großer Eile, wegen der Berlin-Krise, dem aktuellen Ereignis, sei es durchaus notwendig, daß der Delegierte für Westdeutschland das letzte Wort habe. Zugleich war, mit teuflischem Grinsen, Professor Shinohara da und sagte, er werde wieder Satz für Satz übersetzen. Ich protestierte, ich war in keiner Weise vorbereitet, aber Professor Yasui sprach schon ins Mikrophon und Shinohara nahm dem Präsidenten das Mikrophon ab und hielt es mir hin. Ich hatte nur eine blasse Ahnung, wie ich beginnen, und gar keine, wie ich die Rede beenden sollte, der Schweiß brach mir aus, Yuriko lächelte mir zaghaft Mut zu, und also begann ich.

Und hier ist die Rede. Yuriko schrieb sie mit.

«Meine lieben japanischen Freunde!

Als ich vor einigen Tagen in Hiroshima auf dem Platz stand, der vor sechzehn Jahren das tödliche Zentrum der Bombe war und der heute ‹Friedensplatz› heißt, dachte ich daran, daß heute wieder wie eine schwarze Gewitterwand der Krieg am Himmel steht.

Der Ort, an dem sich der Krieg zu entzünden droht, heißt diesmal nicht Korea – es ist nicht Vietnam und Laos, es ist nicht Algerien und Tunis, es ist nicht Suez oder Kongo oder Kuba – es ist Berlin, die Hauptstadt meines Landes, Deutschland, die im tödlichen Zentrum der Ereignisse steht.

Ein deutscher Dichter, Bert Brecht, hat einmal über das Schicksal der mächtigsten Stadt der Antike geschrieben: ‹Das große Carthago führte drei Kriege. Nach dem ersten Kriege war Carthago noch eine große Stadt, nach dem zweiten Kriege war Carthago noch bewohnbar – nach dem dritten Kriege nicht mehr auffindbar!›

Derselbe Dichter sagte einmal: ‹Es ist besser, miteinander zu reden, als aufeinander zu schießen.›

Hundert Millionen Japaner leben auf schmalen Inseln zusammengedrängt – achtzig Millionen Deutsche lebten auf engstem Raum zwischen den Völkern Europas. Beide Völker glaubten, ihre Probleme nicht mehr lösen zu können durch Verhandlungen, sondern durch einen Krieg. Wir Deutschen waren nach der Niederlage so ermattet, daß wir bereit waren, uns jeder Ordnung zu fügen, welche uns der Sieger anbot. Da fiel die Bombe von Hiroshima. Als wir die Nachricht von Hiroshima und Nagasaki erhielten, waren wir alle im Herzen mitgetroffen, im tödlichen Leiden, das über Japan gekommen war, weil nach unserer Kapitulation nun alle Kräfte der Sieger sich gegen Japan richten konnten. Wir litten mit Japan, wir fühlten Mitschuld am Unglück der japanischen Menschen.

Wir hatten bis zum Tage von Hiroshima gehofft, einer Zukunft entgegenschreiten zu können, die es unseren Kindern gestattete, glücklich zu leben. Denn unsere Sieger hatten verkündet, sie führten den Krieg gegen uns, damit es keine Kriege mehr gäbe. Friede, das war das Versprechen der Sieger an die Welt. Eine glückliche Zukunft in einer glücklichen Neuordnung der Welt, die mit der Erforschung und Anwendung der Kernenergie alle neuentstehenden Probleme friedlich zu lösen hoffte.

Und nun mußten wir uns fragen: ‹War die Atombombe von Hiroshima das Ende einer Epoche des Krieges und der Beginn einer Welt des Friedens und der internationalen Ordnung?›

Wir hatten das Vertrauen in die Versprechen der Atlantik-Charta verloren, als die Bombe von Hiroshima fiel, denn sie fiel ohne Not! Sie fiel, als Japan bereits am Boden lag. Sollte die Bombe mit ihrer unvorstellbaren Gewalt der Vernichtung wirklich der Beginn einer friedlichen Neuordnung der Welt nach einem sinnvollen Plan darstellen?

Der Präsident der Vereinigten Staaten von Amerika befahl das Abwerfen der fürchterlichen Waffe ohne Not – und er bekennt heute noch, daß er über einen ruhigen Schlaf verfüge.

Die amerikanischen Sieger haben das gesamte deutsche Volk nach unserer Niederlage behandelt, als sei das ganze deutsche Volk eine einzige Bande von Kriegsverbrechern. Der Krieg in Korea ließ die USA plötzlich für die Deutschen ihres Okkupationsbezirkes in Sympathie erglühen. Plötzlich waren wir keine Kriegsverbrecher mehr, sondern wohlgelittene Verbündete. Starke wirtschaftliche Unterstützung verwandelte sich in deutsche Beiträge zur amerikanischen Militärpolitik, die Bundeswehr wurde aufgebaut und zur stärksten Truppe der NATO – wir Deutschen durften unsere Reparationen in Kanonenfutter zahlen...

Die Zweiteilung Berlins ist nicht durch die Deutschen geschaffen worden, sie ist das Ergebnis einer Abmachung zwischen den Siegern, die provisorisch gedacht war – bis zum Abschluß eines Friedensvertrages. Aber dieser Friedensvertrag ist nicht gekommen – nach sechzehn Jahren ist Deutschland noch nicht im Besitz einer eigenen, vertraglich gesicherten nationalen Souveränität.

Soll Berlin, sollen Fragen veralteter Abmachungen, die jederzeit durch Verhandlungen gelöst werden können, Ursachen des dritten Weltkrieges werden?

Die Berlin-Frage ist jede Anstrengung in Verhandlungen, aber nicht den Tod eines einzigen Menschen wert. Niemand mit gesundem Menschenverstand kann begreifen, daß der Friede aufs Spiel gesetzt wird um der Dinge willen, um die es in Berlin geht. Auch die Regierungen der mächtigsten Staaten in der Welt erklären, sie wollten den Frieden, den sie versprochen haben. Und dann senden sie neue Truppen in ein Gebiet, welches zum Kampfgebiet wird.

Was können die Deutschen, was die Berliner – Ost oder West – dabei gewinnen? Die Atombombe, gleich, von welcher Seite sie fällt, wird Deutschland vernichten, das ganze Deutschland, Ost und West.

Die Welt, ob Ost oder West, mit größtem Recht aber wir Deutschen und ihr Japaner, die wir am meisten bedroht sind, verlangen endlich von den großen Mächten der Erde, ihre Versprechen zu halten!

Kämpfen wir, Deutsche und Japaner, die wir einst alle Kräfte bis zur Erschöpfung für den Krieg eingesetzt haben, nun mit allen unseren Kräften bis zur Erschöpfung für den Frieden!

Rufen wir den Siegern ihre eigenen Forderungen zu: Wer einen Krieg will, plant oder vorbereitet, der ist ein Kriegsverbrecher und soll geächtet und gerichtet werden! Haltet euer Wort! Wenn ihr Frieden sagt, so haltet den Frieden! Wenn ihr Abrüstung sagt, so rüstet ab! Ihr habt versprochen, miteinander zu reden, ihr habt versprochen, nicht aufeinander zu schießen. Wir rufen euch eure Parole zu:

Frieden! Frieden! Frieden!»

Nicht ich war es, der diese Rede hielt, es war die Versammlung, die Masse von 20000 Menschen, welche mir die Sätze entgegenschwemmte. Wie in der Hauptversammlung konnte ich die Inseln im Meer der Masse registrieren, die sich durch die Intellektuellen und Studenten gebildet hatten. Sobald ich einen Satz gesagt hatte und Shinohara das Mikrophon reichte, brandete dort der Beifall auf und trieb sozusagen den Applaus und die Zustimmung der anderen hinauf. Und als ich die Schlußworte sprach, konnte ich diese Inseln erkennen, dort erhoben sich die Zuhörer, und wellenartig pflanzten sich nach den pathetisch vorgetragenen Sätzen des Schlusses durch Shinohara die Bewegungen fort und wogten bis zu den Rängen empor. Nun erhoben sich auch die Delegationen, sie traten auf den Rand der Empore, und während nun von den Seiten des Saales junge Mädchen mit Blumenkränzen vor die Empore traten, umschlangen sich die jungen jubelnden Menschen in ihren weißen Hemden drunten im Saale, um im wiegenden Rhythmus schwingend das Hiroshima-Lied zu singen, während die Mädchen begannen, die einzelnen Delegierten mit ihren Blumenkränzen zu schmücken. Welch eine Regie, die in der Spontaneität ihre Perfektion erreichte. Ich suchte Yuriko, sie stand abseits zwischen den beiden Eheleuten der australischen Delegation und winkte mir zu. Ich wollte mich, von einem jungen Mädchen mit einem Kranz weißer Chrysanthemen geschmückt, zu Yuriko durch die Menge der Delegierten drängen, da begannen die Delegierten, sich zu umarmen. Ich hatte zufällig neben Polen und der Tschechoslowakei gestanden, und wir umarmten uns, ich versuchte sogleich, den Delegierten der DDR mit dem von Jugoslawien zu einer Umarmung zusammenzuführen, beide aber verstanden es, sich geschmeidig voneinander abzuwenden. So wandte ich mich wieder Yuriko zu, aber da drückte sich ein Bauch gegen meinen Bauch. Vor meinem Gesicht erschien ein langer, graugelber Bart, ein gespitzter Mund näherte sich dem meinen und drückte ihm einen nassen Kuß auf. Ich sah die kleinen, von Blutäderchen durchzogenen Augen des würdigsten Archimandriten der sowjetischen Delegation überaus gütig dicht vor mir auf mich gerichtet und – immer war mein Wort schneller als mein Takt, ich konnte nicht anders, ich mußte im Gedenken an die russischen Ostersitten sagen: «Christos wosskres!» Und da strahlten die Augen unter der großen schwarzen Haube. Ein goldenes Kreuz auf der Brust des Archimandriten preßte sich gegen meine Brust, und der würdige alte Herr rief in tiefstem Baß, der gewaltig in das Hiroshima-Lied tönte: «Wo istinu wosskres!»

Das Hiroshima-Lied war noch nicht verklungen. Ich wollte zu Yuriko, aber da war La Passionara, ich umarmte sie und wir küßten uns, und wenn ich je an der Richtigkeit meiner Behauptung, die Leidenschaft des Hassens entspräche der des Liebens, zu zweifeln keinen Anlaß hatte, in dieser einen Sekunde war ich zu meiner vollsten Zufriedenheit bedient.

Mit diesem Kuß endete auch das Hiroshima-Lied. Professor Yasui rief einige Worte in den Saal, und Yuriko winkte mir zu. Ich stürzte auf sie zu, mir endlich von ihrem Munde zu holen, was ich mit vollem Recht zu beanspruchen ständig gewünscht hatte, aber aus diesem Munde waren mir nur heftig gesprudelte Worte gegönnt, die ich im Aufbrausen der Menge nicht verstand. Schließlich packte mich Yuriko mit ihren beiden kleinen Händen an der Schulter, ich vernahm einige Worte, von denen ich nur etwas von einer Kette und tausend Kranichen verstand. Was sollte das bedeuten? Und Yuriko erklärte es mir: Soeben hatte die Schlußversammlung bestimmt, wer von den Delegierten ebendiese Kette erhalten sollte, jedes Jahr nur einer, eine Kette aus Papierkranichen von einem atomkranken Kinde geschnitten und geknüpft, und da war sie schon! Yasui führte drei junge Mädchen in japanischer Tracht auf das Podium, welche die lange, bunte, raschelnde Kette trugen und sie mir nun – ich mußte in die Knie gehen, um es ihnen zu ermöglichen – um den Hals und die Schultern placierten. Die Menge applaudierte und rief Worte, die ich nicht verstand, also mochte ich den ehrenden Beifall angespornt haben, als ich den drei jungen Mädchen nacheinander die Hand küßte, worüber sie in ein herzliches Lachen ausbrachen.

Und dann mußte ich, Professor Yasui schob mich auf den Weg, von der Empore in den Saal steigen und dann durch die ganze Halle gehen. Und so ging ich, mit der Kette geschmückt, allein durch Gassen, die sich zwischen der Bestuhlung für mich öffneten – erst in einiger Entfernung folgten mir die Delegierten, begrüßt wie ich von der dicht neben der Gasse gedrängten Menge, die suchte, mit freundlichen Worten und durch kleine Geschenke, mit Blumen und Fächern und japanischen Tüchern und Schärpen, auf denen ihre Parolen aufgetuscht waren, ihren Dank abzustatten. Und so ging ich also durch die dichte Masse der japanischen Freunde, die flache Hand über der Schulter in der Geh-Richtung wedelnd, wie ich es als japanischen Dankgruß von meinen Freunden abgesehen hatte, und ich war völlig verwirrt von diesem einzigartigen Erlebnis, ich suchte mich stärker zu kontrollieren, herauszutreten aus mir selber und mich zu betrachten. Aber es mißlang mir schmählich, was ich mir sagen mußte, ging bedenklich zu weit: ich war eitel wie ein Pfau. Es war mir eben doch gelungen, was ich mir im Augenblick vorgenommen hatte, als sich das grundlegende Mißverständnis so ernüchternd aufklärte: Ich wollte ehrlich für die Sache eintreten, die hier diese Menschen so tief bewegte, und es war mir gelungen. Das Bild des jungen, atomkranken Mädchens Hiroko war es, was mich an diese Stelle bannte, – und Toshio Muzoguchi, dem ich noch eine Botschaft schuldig war, ich klagte mich an, den einsamen Mann im Hospital von Hiroshima über all dem, was mir dann begegnet war, vergessen zu haben. Aber ich hatte seine Kopfbinde noch in der Tasche und so zog ich sie hervor und schwenkte sie über meinem Kopf – jedermann in diesem Saal mußte sie als ein Zeichen guten Willens erkennen.

Es ging kreuz und quer durch die Halle, aber als ich, wieder an der Empore angelangt, Yuriko erblickte, die mit dem verlorenen Haufen der zurückgebliebenen Dolmetscher in der Ecke stand, eilte ich auf sie zu, um sie endlich zu umarmen. Mir trat Shinohara in den Weg: «Sie sollen das Schlußwort sprechen!» Ich stöhnte ziemlich grob: «Ich kann doch dem Professor Yasui nicht die Schau stehlen!» Shinohara grinste: «Der will, daß Sie es tun!» Die Delegierten stiegen auf die Empore, und ich rief: «Was soll ich denn sagen?» Shinohara ergriff das Mikrophon: «Irgendwas, möglichst kurz! Na los! Befehl ist Befehl!» Ich wollte mich hilfesuchend an Yuriko wenden, aber sie lächelte und schob mich Shinohara zu und im gleichen Augenblick wußte ich, was ich zu sagen hatte. Ich rief ins Mikrophon: «Meine lieben Freunde!» Es trat sogleich Stille ein, und ich setzte fort: «Ich möchte an dieser Stelle meinen Dank sagen an alle, die diese Konferenz ermöglicht haben, besonders aber möchte ich den so überaus fleißigen und korrekten Dolmetschern danken ...» Applaus aus den Inseln. «Und Sie alle auffordern, es auch zu tun.» Shinohara zischte: «Das soll ich übersetzen? Kann ich nicht, bin ja selber Dolmetscher ...» Und ich zischte zurück: «Los, los! Befehl ist Befehl!»

Shinohara übersetzte, und nun sah ich zum erstenmal in Perfektion, was Yuriko mir nicht hatte erklären können: die japanische Begrüßung in Höflichkeit.

Yasui hatte die Dolmetscher an die Rampe getrieben, und sie verneigten sich, indem sie die Arme bis zu den Knien hängen ließen, die Menge verneigte sich in gleicher Tiefe, legte aber die Hände in Brusthöhe aneinander, und nun richteten alle Beteiligten ihre Blicke zueinander und wiederholten die Verneigungen, bis sie genau den gleichen Rhythmus hatten. Es richteten sich alle auf, der strenge Ritus war zu Ende. Yuriko aber stahl nun allen Dolmetschern die Schau. Sie beteiligte sich an der Zeremonie nicht, sie hob mir ihre rechte Hand zum Kuß entgegen, und ich huldigte ihr. Und damit schloß die siebte Weltkonferenz für A- und H-Bomben und für vollständige Abrüstung.

Es war nicht die liebe und vertraute Stimme meiner Yuriko, die mich weckte. Morgens um sieben Uhr teilte mir Professor Shinohara mit, in seiner Universität warteten seine Studenten auf mich, die Studenten seines germanistischen Seminars, sie seien trotz der Semesterferien zusammengekommen, um den Delegierten für Westdeutschland als den Experten nach der Bedeutung zu fragen, welche die Mauer politisch und historisch habe ... «Welche Mauer?» fragte ich erstaunt und erfuhr, daß in Berlin die Krise ihren Höhepunkt erreicht habe durch die

Errichtung einer Mauer mitten durch die Stadt, am gestrigen Tage, am 12. August ... durch die DDR natürlich ... und was davon zu halten sei ... und ob es einen Krieg gebe ... und überhaupt ... die Frühzeitungen hätten darüber berichtet ... in Schlagzeilen ... und mehr wisse er auch nicht ... er komme sogleich, mich abzuholen ... klick.

In der Hotelhalle lagen nur japanische Zeitungen aus. Auch Shinohara hatte keine englischen oder amerikanischen Zeitungen auftreiben können, von deutschen gar nicht zu reden. Ich fragte Shinohara ziemlich vergrämt, warum er eigentlich nicht den lieben Kollegen aus der DDR aufgefordert habe, vor seinen Studikern zu sprechen, der mußte doch Bescheid wissen, was mit dieser verfluchten Mauer los sei. Aber dann erfuhr ich, daß Kollege Mascher nicht greifbar war. Er hatte Schwierigkeiten. Die sonst so höflichen japanischen Behörden hatten ihn plötzlich darauf aufmerksam gemacht, daß er an diesem letzten Tag seines Visums, ausgestellt nur für die Dauer des Kongresses, und der war ja zu Ende, keine Möglichkeit habe, auf der gleichen Route in seine DDR-Heimat zurückzukehren und also interniert werde, bis ihn ein Schiff aus der DDR abhole, offenbar die erste Reaktion auf den Bau der Mauer, und Yuriko Butterfly sei mit Mr. Pinkerton unterwegs, um den Fall zu bereinigen. Die Universität, an der Shinohara sein Seminar hatte, war ein altes Gebäude, der Hörsaal ziemlich groß, Shinohara behauptete, etwa 750 Studenten in seinem Seminar zu haben. Der Saal war schön gefüllt, und in den ersten Bänken hockten ältere Herren, die Professoren, die sich wahrscheinlich auch in der deutschen Sprache üben wollten. Es war drückend heiß, und ich zog, während Shinohara einige Worte der Begrüßung sprach, mein Jöppchen aus. Da wußte ich mit einemmal, was ich zu erzählen hatte. Ich hatte mir aus dem kleinen japanischen Garten im Annex ein Blatt des Ginkgobäumchens in das Knopfloch gesteckt. Nun nahm ich es und begann damit, daß ich offen erklärte, was sich augenblicklich in Berlin mit der Mauer abspielte, darüber wüßte ich nicht mehr als jeder Zeitungleser auch. Aber all das, die ganze Berlin-Krise sei mir allein begreiflich aus der Schizophrenie dieser geteilten Stadt, ihrer Bewußtseinsspaltung. Und ich hob der Versammlung das Blatt des Ginkgobaumes entgegen und sagte, sie wüßten als Germanisten alle, daß Alexander von Humboldt von seiner Reise nach Japan Schößlinge des Ginkgobaumes nach Deutschland gebracht und an seine Freunde verteilt habe, so an seinen Bruder Wilhelm und an andere, Goethe habe sich aber gleich zwei der Pflänzchen ausgebeten, das eine für sein Gartenhaus in Weimar, das andere für das in Frankfurt. Und da stünden diese Ginkgobäume noch immer, und Goethe habe sich als Naturkundiger und Dichter sehr mit diesem seltsamen Baum beschäftigt und ein Gedicht geschrieben, welches zu den schönsten gehört, zu jenen, von denen behauptet wird, sie seien gar nicht von ihm, sondern von seiner Geistes- und Seelenfreundin Marianne von Willemer, der Suleika vom «Westöstlichen Diwan», es sei dies Gedicht, einfach «Gingo biloba» überschrieben, für mein Gefühl eines, das wie kein anderes das Westöstliche des deutschen Problemes überhaupt darstelle. Und ich begann zu rezitieren, das Blatt demonstrativ vor mich hinhaltend:

«Dieses Baums Blatt, der vom Osten
Meinem Garten anvertraut,
Gibt geheimen Sinn zu kosten,
Wie's den Wissenden erbaut.

Ist es *ein* lebendig Wesen,
Das sich in sich selbst getrennt?
Sind es zwei, die sich erlesen,
Daß man sie als eines kennt?

Solche Frage zu erwidern
Fand ich wohl den rechten Sinn;
Spürst nicht an meinen Liedern,
Daß ich eins und doppelt bin?»

Und während dieses Schlußverses spürte ich einige Unruhe, und als ich fertig war, erhoben sich die japanischen Studenten und wedelten abwehrend mit den Händen und riefen vorwurfsvoll: «Fühlst du nicht...! Fühlst du nicht...!»

Und dann war von der Mauer und der Berlin-Krise und von der ganzen verdammten Politik nicht mehr die Rede. Die Diskussion ging nur noch um die Frage, wieso es in der deutschen Sprache möglich sei «spüren» «fühlen» synonym zu setzen, und überhaupt Goethe und Marianne von Willemer und seine Vorliebe für die Kunde von der Natur und – «wenn im Unendlichen dasselbe» – (müßte es nicht heißen «das gleiche» – aber dann reimte es sich nicht) «sich wiederholend ewig fließt, das tausendfältige Gewölbe sich kräftig ineinander schließt...» (und warum kräftig in der Wiederholung?) – es war ungemein anregend für mich, die japanische Studentenjugend wußte über den alten, wie den jungen Goethe viel besser Bescheid als ich.

Aber als ich mich mit dem Gefühl, meine Zuhörer angenehm unterhalten zu haben, endlich entfernen wollte, teilte mir der tückische Professor Shinohara mit, daß ich nun im Hörsaal Nummer 7, gleich nebenan, erwartet werde – von den Studentinnen und Damen der Frauenbewegung, die das dringende Verlangen beseelte, Authentisches über die Berliner Mauer zu erfahren. Und Shinohara meinte, soweit er mich nun kenne, werde ich niemals die Stirn haben, mich den Wünschen von Damen zu entziehen...

Der Hörsaal 7 war kleiner, aber auch dort war jedes Pult besetzt, von alt und jung, und eine ältere Dame forderte die Anwesenden auf, Fragen an mich zu stellen.

Und es erhob sich sofort Yuriko.

Sie lächelte mich mit schrägen Augen an und versicherte, sie würde gern etwas über die betrübliche Tatsache erfahren, daß in allen Berichten über mein ehrenwertes Vaterland Deutschland niemals von der deutschen Frauenbewegung die Rede sei, und wie diese nun eigentlich zur Frage der internationalen Friedensbewegung stehe.

Aber, ha, ich war gerüstet. Ich hatte ja noch das Ginkgoblatt in der Hand, und so erzählte ich, daß in Preußen erst sehr spät, im Jahre 1908, die Frauen zum Universitätsstudium zugelassen wurden und daß es langer Kämpfe bedurfte, ehe dies geschah. Einer der entschiedensten Gegner des Frauenstudiums war der Germanist Gustav Roethe, der Name reimt sich auf Goethe, und wirklich gab dieser Gelehrte 1926 als erster Vorsitzender der Goethe-Gesellschaft die Neuausgabe des Volksgoethe in 6 Bänden heraus. Roethe galt an der Wilhelm-von-Humboldt-Universität in Berlin als eine Art Literatur-Papst, der mit lakonischer Strenge regierte. Als nun ein junges Mädchen, das erste ihrer Art, zu ihrer ersten Vorlesung im Hörsaal des Professors erschien, empfing der Allmächtige sie äußerst unwirsch und erklärte, er halte überhaupt nichts von der Frauenbewegung, die einzige Bewegung, die er von einer Frau erwarte, sei die im Bett ... (großes Vergnügen im von Studenten besetzten Hörsaal in Berlin 1908 wie nun im von japanischen Studentinnen besetzten Hörsaal in Tokyo 1961), und das Studium der Frauen störe nur das der Männer, Frauen sollten sich auf die Gebiete zurückziehen, auf denen sie etwas zu leisten vermögen und das seien nicht die des Verstandes (große Bewegung in Tokyo), aber da nun das Gesetz ihn verpflichte, diese junge Dame zu seinen Vorlesungen zuzulassen, empfehle er den Studenten, sich um die Dame überhaupt nicht zu kümmern, und der jungen Dame, sich nach dem obersten Rang des Hörsaales zu begeben, ganz hinten, und wenigstens zu versuchen, bei ihren Kommilitonen keinerlei Aufmerksamkeit für ihre Person zu erregen! Die Studenten trommelten Beifall, und das junge Mädchen bestieg die Stufen zu ihrem Platz mit klappernden Absätzen unter ihrem langen, den Boden fast fegenden züchtigen Rock und mit roten Ohren. Dann begann der Professor seine Vorlesung über eines der schönsten Gedichte Goethes, wie er sagte, Gingo biloba, im «Westöstlichen Diwan», und er erklärte, er habe, wie seine Zuhörer wohl bemerkt hätten, eine Tafel aufstellen lassen, auf welcher er zum besseren Verständnis mit Kreide ein Blatt des Ginkgobaumes aufzeichnen werde.

Und während er das Blatt zeichnete, das zweigeteilte Blatt des Ginkgobaumes, erhob sich in der hintersten, obersten Reihe das junge Mädchen und stieg mit roten Ohren und klappernden Absätzen die Stufen hinunter. Die Studenten waren ganz Aufmerksamkeit für die junge Dame, der Herr Professor ließ die Hand mit der Kreide sinken und starrte sie fassungslos an, sie schritt direkt auf ihn zu, dann aber an ihm und der Tafel vorbei, zum Fenster, das sie aufriß: – und direkt vor dem Fenster stand in all seiner Pracht der Ginkgobaum, den Alexander von Humboldt seinem Bruder Wilhelm aus Japan mitgebracht hatte (große Bewegung in Tokyo wie damals in Berlin). Es muß zu Ehren der damaligen Generation der Studenten von Berlin gesagt werden, daß ihre Begeisterung kaum eine Grenze kannte, und zu Ehren des Professors, daß er sich lachend geschlagen gab und fortan das junge Mädchen zu seiner Lieblingsschülerin erkor. Kenner dieser kleinen Geschichte von damals versicherten, daß dies junge Mädchen Luise Schröder hieß und 1945 die erste Oberbürgermeisterin von Berlin war, der heute zweigeteilten Stadt.

Und dann zitierte ich Gingo biloba nochmals und fragte Yuriko, ob sie zufrieden sei. Aber Yuriko beharrte auf der Frauenfriedensbewegung, so mußte ich erzählen, was ich von dieser wußte, und das war sehr wenig. Ich konnte mich aber retten, indem ich mit Emphase versicherte, daß an der Spitze der deutschen Friedensbewegung überhaupt eine Frau stünde, und schilderte das Leben und den Leidensweg der Frau Renate Riemeck. Aber ich fühlte, vielmehr ich spürte, ich war einer Sache auf der Spur, die nur mittelbar mit meinen Gefühlen zu tun hatte, also ich spürte, daß Yurikos unvermutetes Erscheinen und Eingreifen in die Debatte an der Universität kein scherzboldiger Schelmenstreich war, sondern im Hintersinn dem Wunsch entsprang, wirklich mit mir in ein Gespräch zu kommen. Und ich bereitete alles vor, in der Erwartung, daß sie mich nun doch in meinem japanischen Gärtchen im Annex besuchen werde.

Und Yuriko kam.

Und sie sprach von der Mauer. Madame Butterfly hatte Mr. Pinkerton auf den Weg gebracht: Er konnte, ohne die Gastfreundschaft der Japaner oder eines Nato-Landes zu mißbrauchen, über Neu-Delhi und Teheran in seine bedrohte Wahlheimat zurückkehren, und hatte Yuriko beauftragt, mir mitzuteilen, die Mauer sei jedenfalls der beste Beweis für den Friedenswillen der DDR: Wer eine Mauer errichte, tue dies zu seinem Schutz vor Aggressoren, und nicht, um jemanden anzugreifen. Ich hatte meinen Heinz Wolfram Mascher aufrichtig zu schätzen vermocht, ich mochte ihn wirklich gern, er war meinen Argumenten bedeutend mehr aufgeschlossen als ich den seinen, und er hatte mir dies nie persönlich übelgenommen. Ich hätte ihn in bezug auf seine Argumente, die Mauer betreffend, gar zu gerne an den Bau des Westwalles seinerzeit erinnert, aber er würde Verständnis dafür gehabt haben, daß ich im Augenblick nur Interesse für die Mauer hatte, auf der Yuriko und ich nun Platz nahmen. Ein Mäuerchen, mit Marmorplatten belegt, auf dem wir nun eng aneinandergelehnt dem Zirpen der Grillen und Zikaden lauschten, nachdem wir unseren dicken Goldfisch gefüttert hatten.

Neben dem Mäuerchen sproßte der junge Ginkgobaum, und Yuriko pflückte einen Strauß seiner Blätter, den sie mir in das Knopfloch meines Kamisols steckte – das Ginkgoblatt, mit dem ich so erfolgreich ausweichend operiert hatte, bat sie sich aus und betrachtete es im Schein des Mondes, während sie begann, mich über Goethe und seine Frauenerlebnisse auszufragen. Und ich erzählte ihr von dem uralten Mütterchen in Sesenheim, zu dem die Professoren kamen, weil sie in ihrer Jugend die Friederike Brion noch gekannt hatte. Ja, das war ein liebes Mädchen, immer so fröhlich und freundlich und hat den jungen Studenten aus Straßburg sehr geliebt. Aber dann, wie es so kommt im Leben, da war der Herr Goethe eines Tages verschwunden, und man hat nie wieder etwas von ihm gehört.

Yuriko fand diese Geschichte gar nicht schön. Aber sie war wenigstens mit mir einig darüber, daß Lottens einziges Verdienst darin bestanden hatte, sich in den Leiden des jungen

Werthers anzusiedeln, und einig auch über diese eiskalte Person, die Frau von Stein. Ich pries Yuriko die Christiane Vulpius, Goethes «Eroticon», wie der erhabene Dichter dies Mädchen nannte, die Schwester des Christian Vulpius mit seinem «Rinaldo Rinaldini» und den anderen Räuberromanen, aber auch hier kam Yuriko in meinem Literaturunterricht nicht recht mit, wenn sie auch die letzte Liebe des alternden Dichters zu der Ulrike von Levetzow mit mir zusammen verurteilte, Yuriko, weil Goethe elegisch zu leiden hatte, ich, weil die Ulrike sich nicht zur einzigen Frauenbewegung bewegen ließ, die der Professor Roethe den Frauen zuzubilligen geneigt war. Aber was war mit Marianne von Willemer? Das war der Angelhaken, ich wußte es wohl, an dem der Fisch zappeln sollte! Ich erzählte also von der kleinen Marianne Jung, geboren 1784, die als Ballett-Elevin in Frankfurt 1789 zum Theater kam, bis der Intendant, der Bankier von Willemer sie huldreich in sein Haus aufnahm, um sie 1814 zu heiraten. 1814 also war auch Goethe in Frankfurt und wohnte bei den Willemers zwei Jahre lang, er war nun 65 Jahre alt und mußte Marianne sehr genau studiert haben, um sie als das Urbild der «Suleika» seinem westöstlichen Diwan einzuverleiben, sie dichteten zusammen, und Marianne überlebte ihn lange, sie starb erst 1860.

Yuriko betrachtete das Ginkgoblatt lange und nachdenklich, und sie hatte eine kleine Falte auf der Stirn, als sie meinte: «Sie haben zusammen gedichtet, und ‹ist es ein lebendig Wesen, das sich in sich selbst getrennt›, da dachte sie an seine hübsche Frau und ‹sind es zwei, die sich erlesen, daß man sie als eines kennt›, da dachte er an Suleika . . .»

Wir saßen auf der Mauer, und die Grillen zirpten, und der Mond schien, der Goldfisch plätscherte, die Eidechsen raschelten. Wir sprachen von Goethe, und es hatte alles seine Richtigkeit.

Ich hatte mich auf die Reise nach Osaka gefreut, weil ich am Tage hinfahren sollte und hoffte, nun auch ein wenig von der Landschaft Japans sehen zu können, vor allen Dingen den Fudschijama. Ich sah ihn nicht, den stolzen Berg, das Wahrzeichen Japans. Ich sah auf der ganzen langen Strecke nur einen Streifen pittoresker Küste mit lebhaftem Badeverkehr, während wir unser Mittagessen verzehrten, Professor Yasui und ich. Er war nicht zufrieden mit dem Erfolg seiner Bewegung, er wollte mehr. Wir fuhren nach Osaka und Kyoto, um dort weiter für den Ständigen Kongreß zu werben, wobei ich immer das Gefühl hatte, als ob dieser Jurist und Idealist nicht sein ganzes Bestreben allein darauf richtete, die Friedensbewegung als Politikum in sein Kalkül einzubeziehen, sondern aus ihr eine neue Art Wissenschaft zu machen, ähnlich wie unsere Politologen, die eine Wissenschaft lehren, die keine ist. Meine Frage, ob die Wissenschaft vom Frieden eine Veränderung der Gesellschaftsform in einem einheitlichen Sinn in sich schlösse, war gezielt, schoß aber ins Leere. Er beklagte sich bitter über die japanischen Parteien, die sich seines Konzepts bemächtigen wollten, ohne seine Lehre begriffen zu haben, und ich weinte innerlich ein bißchen über die Tragik dieses ehrenwerten Mannes, der, wie es den Gelehrten zukommt, mit Sicherheit von der eigenen Bewegung überrollt werden wird. Aber offenbar war Professor Yasui mir gegenüber nicht mißgestimmt, er nahm mich sogleich nach der Ankunft in Osaka mit zu der Versammlung, in der er mit flammendem Idealismus seine Rede hielt und ich die meine mit der Gewißheit ihrer Wirkung. Es waren etwa 12000 Zuhörer da, aber diese waren sichtlich mehr von der älteren Generation, und die schien eben doch, dem Beifall nach, bedeutend nachdenklicher. Das sei in Osaka immer so, bedeutete mir Professor Yasui und schleppte mich anschließend in eine Pressekonferenz mit Fernsehen ... Im Gegensatz zu Tokyo schien sich die Presse wirklich für das Phänomen der Friedensbewegung zu interessieren, und Yasui führte dies auf den Charakter dieser weltoffenen Stadt mit über 3 Millionen Einwohnern zurück, der modernsten Stadt Japans, mit Handels- und Industrieinteressen und mit den größten, der Auflage nach bedeutendsten Zeitungen.

Die Konferenz dauerte Stunden. Die Presseleute quetschten

den armen Professor erbarmungslos aus, der gute, kampffreudige Mann referierte und diskutierte, und ich hatte es längst aufgegeben, den Bemerkungen meines Dolmetschers Shinohara zu lauschen, bis dieser mich darauf aufmerksam machte, daß von mir die Rede war. Einer der Journalisten war auf den Gedanken gekommen, mich zu fragen, ob ich nicht riskierte, auf Grund meiner Rede in Osaka in Westdeutschland sofort eingesperrt zu werden. Ich erwiderte, ich sei zwar bisher im Laufe der Zeit von jeder der herrschenden Mächte in Deutschland gelegentlich eingesperrt worden, von der jetzigen aber noch nicht, so daß ich manchmal im Zweifel sei, ob ich nachgelassen hätte, oder aber die augenblicklich herrschende Macht. Da die Leute darüber lachten, setzte ich hinzu, sollte für mich, wegen meines Auftretens im Hiroshima-Kongreß, zu Hause eine Zelle freigehalten werden, so bäte ich meine Freunde in Japan, darüber nicht betrübt zu sein, ich hoffte in diesem Falle, endlich die Zeit zu haben, um ein Buch über Hiroshima zu schreiben. Jetzt gab es sogar Beifall, aber doch auch noch eine dritte Frage, nämlich die, ob ich eigentlich rechts oder links stünde. So rang ich mir also auch noch das Bekenntnis ab, meine Tragik sei nicht die Alternative zwischen parlamentarischen Begriffen, sondern ich sei ein Deutscher ohne Deutschland, ein Preuße ohne Preußen, ein Monarchist ohne Monarchie, ein Nationalist ohne Nation, ein Sozialist ohne Sozialismus – und wäre ich ein Demokrat, so sei ich sicher einer ohne Demokratie. Der Fernsehkameramann fuhr mir bei diesem Speech bis dicht an mein Gesicht, zum Schluß mochte wohl von mir nichts mehr zu sehen sein als mein Mundwerk.

So sah ich nichts von Osaka, einer Stadt, von der man mir sagte, sie sei Hamburg ähnlich, und Hamburg war mir nie besonders interessant. Ich sah nur, daß ich in einem riesigen Hotelbaukasten wohnte, und der lieblichste Anblick von ganz Osaka war doch der meiner kleinen Yuriko, die ich in der Halle dieses Hotels sah.

Yuriko war auf meine Bitten mit nach Osaka gereist, aber mit Professor Shinohara in einem anderen, billigeren Zug. Nun stand sie in der Halle ganz allein mit einem prächtig aussehenden Buddhistenmönch in orangerotem Gewand und mit geschorenem Haupthaar vor einer Buddha-Statue. Nun, da wollte ich nicht stören, ich war hundemüde und freute mich auf das Frühstück, bei dem ich Yuriko sehen würde. Mein Zimmer war im obersten Stockwerk des Hotels. Es war groß und modern ausgestattet. Ich konnte nicht schlafen. Pausenlos dröhnte Gebrumm durch die Nacht, und durch die gerippten Fenster leuchteten bunte Lichter auf. Jetzt gelang es mir, den vertrackten Mechanismus zu finden und zu bedienen, mit welchem man die Fenster öffnen konnte. Direkt vor meinem Fenster lag straßenüberquer das Dach des «Osaka-Shinbum», der größten Zeitung Japans und, wie behauptet wird, auch der Welt, mit 12 Millionen Auflage. Und auf dem Dach stand ein riesiger Bursche in einem mit Leuchtmasse bestrichenen Gewande und winkte die Hubschrauber ein, die einer hinter dem anderen niedergingen, schnell mit dicken Packen Zeitungen beladen wurden und sich sofort wieder erhoben, um anderen Platz zu machen. Ich konnte mir denken, daß diese widerlichen Insekten nun über allen Orten Japans ihre Zeitungspakete abwerfen würden, damit morgen früh jeder Japaner sich über das große Maul amüsieren konnte, das ihm die gebleckten Zähne wies.

Na denn: Gute Nacht.

Die Halle des pompösen Hotels war eine Symphonie in Weiß und Gold. In den Nischen standen riesige bunte Keramik-Vasen mit Blumensträußen. Der Empfang war ein einziger Blumenladen, und Blumen säumten den goldenen Buddha, vor dem in seinem orangerotem Gewande der kahlgeschorene Bonze saß. Und vor ihm stand Yuriko.

Sie lauschte eifrig den Worten des Mönches, und einen Augenblick konnte ich glauben, Yuriko müsse die Nacht hier im Gespräch mit ihm verbracht haben. Aber am Abend, als ich sie zuletzt sah, trug sie ihr Reisekostüm mit dem grauen runden

Hut, nun aber hatte sie eine straffere Frisur, ihr Kimono aus einem dunklen, zartgestreiften Stoff wallte ihr bis zu den Getas streng hinunter. Ihr Obi harmonierte orangerot mit den Blumen in ihrem Haar, mit dem Gewande des buddhistischen Mönchs. In ihrem Kimono-Ausschnitt steckte ein Ginkgoblatt, und sie drehte einen großen, weißschimmernden Sonnenschirm in der Hand.

Ich setzte mich in den Frühstücksraum, durch dessen offene Tür ich Yuriko sehen konnte. Jetzt ließ sie ihren Schirm achtlos fallen, sie holte aus dem Ärmel ihr kleines Notizbuch und begann, eifrig mitzuschreiben, was ihr der Bonze erzählte. Da ließ sie sich überraschend plötzlich auf die Knie nieder, berührte mit beiden Händen den Boden und stand sogleich wieder auf. Der Bonze nickte ihr zu, sie kam mit ihrem Sonnenschirm in den Frühstücksraum. Ich erhob mich, küßte ihr die Hand, und sie mußte sich dreimal vor mir herumdrehen, bevor ich alles an ihr gelobt hatte. «Aber wir fahren doch in einer Stunde nach Kyoto», sagte sie, «das ist ein Kostüm, das für Kyoto paßt! Kyoto ist mein Traum.» Ich schwor ihr, daß Kyoto von Stund an und für alle Ewigkeit auch mein Traum sei.

Während des Frühstücks erzählte sie mir ihr Gespräch mit dem Bonzen. Es war ein Oberbonze, Abt eines großen Klosters, wie sie in der Rezeption erfahren hatte, ein sehr gebildeter Mann, er werde fast wie ein Heiliger verehrt. Yuriko sagte: «Bitte, Sie haben gesagt, Ihr Berlin sei eine Schizophrenie. Ich habe im Wörterbuch nachgeschlagen, Schizophrenie ist eine Krankheit, Bewußtseinsspaltung. Aber Sie haben doch von dem gespaltenen Ginkgoblatt gesprochen, und so habe ich den ehrwürdigen Mann gefragt – sie waren ja nicht da!»

Und Yuriko erzählte, diese Mönche könne jeder alles fragen, was einen bedrückt, und sie würden selten sogleich Antwort geben. Auch der ehrwürdige Mann habe gesagt, er werde meditieren, und Yuriko sollte morgens um 9 Uhr wiederkommen, er werde da sein. Und er war da. Und sie holte ihr kleines Notizbuch hervor, die Blätter waren mit winzigen japanischen Schriftzeichen angefüllt.

Nach der medizinischen Wissenschaft der modernen westlichen Welt sei Schizophrenie eine Krankheit, die Bewußtseinsspaltung also eine Geisteskrankheit. Aber das ganze Leben sei eine Krankheit. Es sei immer ein Prozeß des Aufbaus und des Abbaus zugleich, was die Störungen verursache. Der Geist der menschlichen Natur vermöge also zu teilen und wieder zusammenzufügen. Die vollkommenen Durchführungen dieses Prozesses seien die Basis des Genialischen, die Überwindung der Krankheit, die sich in den Störungen zeigt. Neben den fünf Sinnen der menschlichen Natur, den körperlichen Sinnen, gäbe es durch den Geist zwei weitere Sinne, den Schwachsinn und den Wahnsinn. Der Schwachsinn sähe zu wenige Möglichkeiten der Veränderungen, des Zusammenfügens, er bleibe im Zustand der normalen Krankheit. Der Wahnsinn aber sähe zu viele Möglichkeiten, die nicht mehr zusammengehören, das sei der anomale Zustand ...

«Und dann», sagte Yuriko, «zeigte der ehrwürdige Mann auf mein Ginkgoblatt und sagte, dies sei ein in sich geteiltes Blatt, in welchem die Möglichkeiten des Zusammenfügens im Laufe der Entwicklung immer mehr gewachsen sind. Die Blattnerven suchten einander, es zeige das Blatt dieses Baumes den Übergang vom Nadelbaum zum Laubbaum, einer anderen Erscheinung der vollkommenen, aber immer veränderbaren Natur ... Und dann», sagte Yuriko, «dann hatte dieser Mann noch hinzugefügt, und das war der Abschied: Denken Sie immer daran, wenn Sie Ihr Ginkgoblatt betrachten: alles, was Sie sich wünschen, es hängt mit Ihrem Willen zum Zusammenfügen zusammen.»

Ich sprang auf: «Yuriko, darf ich diesen Mann küssen?»

Aber der Platz vor dem lächelnden Budda war leer.

«Ja», sagte Yuriko, «ich hätte ihn am liebsten auch geküßt. Denn jetzt verstehe ich erst, was die Suleika bei Goethe so glücklich macht.»

Osaka ist, gleich wie Hamburg, die größte, modernste und langweiligste Stadt ihres Landesteils, eine Stadt, in welcher das Geld regiert und die Welt der Künste an einem Vormittag abzureiten ist. Kyoto ist das Zentrum der Künste in ganz Japan, und Osaka ist mit Kyoto durch eine moderne, elektrische Bahn verbunden, ähnlich der Stadtbahn in Hamburg, nur viel schneller. Sie schafft die 48 km in einer knappen halben Stunde, sie durchgellt schmetternd eine Reihe von Vorstädten und Siedlungsgebieten, eben das, was man neuerdings einen «Ballungsraum» nennt, in welchem die Hälfte der Bevölkerung auf dem Lande der Stadt zustrebt und die andere Hälfte ihr zu entfliehen sucht.

Ich sah also nichts Charakteristisches von Japan auf dieser Fahrt, außer, wenn es als charakteristisch gelten mag, daß Japan sich westlicher Formen vortrefflich zu bedienen vermag. Ich sprach mit meinen Freunden, dem Professor Yasui, Shinohara und Yuriko, über den japanischen Charakter und begann, ihnen vorzulesen, was ich in dem «dicken» amerikanischen Buch, das mir Mr. L. verehrt hatte, als charakteristisch für die Japaner verzeichnet fand. Da war eine amerikanische Dame, welche, als genaue Kennerin Japans gerühmt, obwohl sie nie dort war, zu dem Thema: «The Chrysanthemum and the Sword» über den japanischen Volkscharakter mitzuteilen wußte: «Die Japaner sind in höchstem Maße gleichzeitig aggressiv und friedfertig, militaristisch und ästhetisch, unverschämt und höflich, starr und anpassungsfähig, devot und widerspenstig gegen Angriffe, loyal und verräterisch, tapfer und ängstlich, konservativ und Neuerungen aufgeschlossen. Sie sind äußerst bedacht auf den Eindruck, den ihr Verhalten auf andere Leute macht, empfinden aber auch starke Schuldgefühle, wenn ihre Missetaten anderen unbekannt bleiben. Die Soldaten sind bis ins Mark diszipliniert, neigen aber auch zur Insubordination.»

Professor Yasui rief: «Aber alle Menschen sind doch so», worauf Shinohara gar teuflisch grinste: «Außer den Amerikanern natürlich». Und Yuriko setzte zu einer längeren Rede an: «Bitte, vielleicht wissen die Amerikaner gar nicht, daß sie Menschen sind wie wir alle – die Armen, sie wissen nicht, wie sie sich selbst überwinden können . . .»

Gellend und kreischend fuhr der Zug in seine Endstation ein, Kyoto.

Nippons Fahne flatterte stolz im Winde.

«Morgen, am 16. August, ist das Fest zum Gedenken an die Seelen der Ahnen in der Gestalt des Schriftzeichens ‹Groß›, auf den Hügeln wird der große feurige ‹Daimonje› entzündet», sagte Professor Yasui.

Und als ich das erste Haus in Kyoto pries, das mir besonders gefiel, sagte Shinohara: «Das ist ein chinesisches Haus, und nicht einmal ein altes!»

Und ich beschloß, mich weiterer Zeugnisse meiner mangelnden Kenntnis ostasiatischer Kunst hinfort zu enthalten, sondern immer nur zu staunen, wenn es von mir erwartet wurde. Aber Kyoto schien mir wirklich eine wundervolle Stadt in einer auserlesenen Landschaft mit vielen alten Gebäuden und anderen kulturellen Schätzen, die aus mehr als 1000 Jahren stammten. Shinohara und Professor Yasui überschütteten mich mit bedeutungsvollen Anmerkungen, ich vernahm, daß Kyoto etwa 1500 buddhistische Tempel in sich barg, und zog mit Behagen den Duft des Weihrauches in mich ein, der mich überall begleitete, wie auch das Zirpen der Grillen. Die Teezeremonie, von der in Japan soviel Wesens gemacht wird wie ebenso die Kunst des Blumensteckens, sind in Kyoto entwickelt worden. Die repräsentativsten Formen der klassischen japanischen Unterhaltung, die Nô-Spiele und «Kabuki», wurzelten in der volkstümlichen Kunst der Leute von Kyoto – und ich ging stolz an der Seite von Yuriko durch die Stadt, in ihrem Kimono und mit dem Sonnenschirm bewaffnet, den sie anmutig zu drehen wußte, wenn sie vor einem der zahlreichen, echt altmodischen Geschäfte, in denen Fächer, Puppen und japanische Altertümlichkeiten verkauft wurden, haltmachte, um sich im spiegelnden Glas der Schaufenster zu bewundern.

Mehr als 1000 Jahre war Kyoto Mittelpunkt der japanischen Nation, die Stadt wurde ursprünglich «Heiankyo» genannt, das heißt, Hauptstadt des Friedens. Die Straßen Kyotos waren schachbrettartig angelegt, viele Parks mit ihren Tempeln und Schlössern durchbrachen überall die Monotonie des ursprünglichen, um den Kaiserpalast herum konstruierten Stadtgebildes in den Begrenzungen von drei Seiten Hügelreihen. Erst im Jahre 1869, als die Zentralregierung nach Tokyo umzog, verlor Kyoto die Bedeutung als Hauptstadt und baute sich mit ihren anderthalb Millionen Einwohnern als internationales Touristenzentrum aus – sie zählt mit Stolz jährlich ihre 20 Millionen Gäste. Keine Bombe fiel in Kyoto, die amerikanischen Touristikunternehmungen waren an einer Zerstörung dieser Stadt nicht interessiert.

Kyoto war ein Traum, in dem sich alles zusammenfügte. Wir speisten in einem japanischen Club, dessen Räume durch die papierdünnen Schiebewände das Licht durchließen, nicht aber die Laute. Es war dies in Kyoto ein Künstler-Club. In dem einen Raum hingen die Bilder der berühmten Künstler der verschiedenen Sparten an den weißgetünchten Wänden. In dem Raum, in welchem wir speisten, prangten rote Handabdrücke als einziger Schmuck an der Wand. Es waren die Abdrücke der Hände der berühmtesten Sumoringer. Der Raum hatte nur wenig Mobiliar, nur ein niedriger, runder Tisch stand in der Mitte, kleine Sitzpolster umlagerten ihn. Professor Yasui stellte mich den Herren des Friedenskomitees von Kyoto vor, und Professor Shinohara versäumte nicht, an diese Herren meine Visitenkarten zu verteilen, die dankbar angenommen wurden, und mir die Karten der Herren zu überreichen. Es gab, in die Mitte des Tisches gestellt, auf einer drehbaren Platte, nach den japanischen Vorspeisen der delikatesten Art, riesige Schnitzel mit vielem Gemüse und dem unvermeidlichen Reis, und das Fleisch war so köstlich, wie ich es bislang nur bei Sukiaki genossen hatte, und während ich es aß, dachte ich mit einer gewissen Trauer an die Kuh im Reisfeld, die mich gebeten hatte, Itzehoe zu grüßen, das «viele Bier», das sie genossen hatte, führte zu frühem Tod.

Ich saß also mit untergeschlagenen Beinen neben Yuriko, die mich stützte und die, geschwinde mit ihren Stäbchen im Reis pickend, doch eben langsamer speiste als ich, der unbekümmert das Gemüse schaufelte. Aber die ganze Tischgesellschaft war schweigend intensiv in den Genuß der seltenen Speise vertieft, mir schmerzten die Beine, und so erhob ich mich, nachdem ich mit aufrichtigem Vergnügen nach der famosen und bekömmlichen japanischen Sitte kräftig gerülpst hatte, und wanderte um den Tisch, um mir die Handabdrücke der Sumoringer zu betrachten. Dabei reizte es mich, festzustellen, wie groß eigentlich die Hände dieser Giganten des japanischen Lebens waren, und ich legte meine Hand auf den ersten Abdruck, der mir erreichbar war und besonders groß erschien. Zu meiner eigenen Überraschung ragten sowohl meine Mittelhand wie meine Finger über den Abdruck hinaus – große Heiterkeit der Japaner weckte mich aus meinem Staunen. Das schallende Lachen meiner bis dahin so schweigsamen japanischen Freunde ließ mir keine andere Wahl, als auf den Spaß einzugehen, ich tat das gerne, nahm also die mir von Bildern und Filmen her bekannte Sumoringer-Stellung ein, mit gebeugten Knien und die Hände über diese hinabhängend, und hüpfte ein paarmal so, in der grotesken Art, so wie ich es für richtig hielt. Das mußte ungemein komisch gewirkt haben, denn das Gelächter steigerte sich, und es breitete sich die Stimmung warmer Sympathie aus. Als ich mich wieder auf meinen Platz niederließ, lachte auch Yuriko herzlich, und mir winkte, während munteres Geplauder auf japanisch den Raum füllte, mein Gegenüber lachend zu.

Es war dies ein etwa 35jähriger Mann mit sehr geprägten Gesichtszügen, der mir irgendwie bekannt vorkam. Ich wußte nur nicht, wo ich ihm schon begegnet sein könnte. Es mußte ein Herr vom Kyotoer Friedenskomitee sein, und ich grübelte noch über ihn nach, als Professor Yasui mich etwas fragte. Yuriko stupste mich ihrer Gewohnheit nach etwas an, um mich auf den Professor aufmerksam zu machen, und es wurde sehr still, als dieser, von einem seiner Herren auf japanisch gefragt, nun etwas zögernd und auf meine Visitenkarte, die vor ihm lag, hinweisend, erklärte, es sei den Herren bei meinem Namen aufgefallen, daß dieser dreiteilig war und ob dies etwas Besonderes zu bedeuten hatte.

Nun, mir bedeuteten die drei Buchstaben zwischen dem Vor- und dem Zunamen in der Tat etwas. Aber wie sollte ich das meinen Freunden im Fernen Osten erklären? Hilfesuchend wandte ich mich an Shinohara, der nickte mir zu und flüsterte: «Wir kennen in Japan den Stand des Adels auch!»

Natürlich! Es war so einfach. Ich sagte, dennoch etwas zögernd: «Ich gelte in meinem Lande als so etwas wie in Japan ein Samurai!»

Shinohara übersetzte sofort und seine Worte lösten lebhaftes Gemurmel aus. Der jüngere Mann mir gegenüber sah mich mit jener brennenden Aufmerksamkeit an, wie Japaner schlichthin in Erwartung der Antwort auf ihre Fragen.

Nun bohrte Professor Yasui offenbar im Einverständnis mit den übrigen Herren weiter, und ich erschrak, obwohl ich die Frage vorausgeahnt: Wie ich denn als Samurai hätte zur Friedensbewegung stoßen können ... Ich sagte, mühsam nach den rechten Worten suchend, was mich wirklich bewog in diesen Tagen einer inneren Entscheidung. Ich sagte, daß ich meiner Geburt und meiner Erziehung nach mich auch heute noch zu einem Stande bekenne, der seit 1000 Jahren in Deutschland der eigentlich staatstragende Stand war, dem Adel ohne Ar und Halm, wie Bismarck gesagt hatte: also einem Stande, der uneigennützig, durch Besitz und Herrschaft nicht gebunden, im Dienste als Krieger und Beamteter seine Ehre suchte und fand. Diese Ehre mochte manche Vorteile gesellschaftlicher Art in sich bergen, aber sie gründe sich im wesentlichen in der Erfüllung bestimmter Tugenden, die im Wesen auch des Standes der Samurai lägen, und die in ihrer Zucht und Ordnung gebunden waren an den Auftrag, den Staat zu tragen und ihn nicht nur zu verteidigen, sondern ihm auch das Gepräge zu geben im Wandel der Zeiten. Ich bekenne mich also um dieser Tugenden und nicht um ihrer Vorteile willen zu einer Haltung, die mich die Frage nach dem Sinn meiner Existenz nicht stellen ließ, solange ich handelte nach dem Gesetz, nach dem ich angetreten war. Aber die Frage stellte sich mir mit dem Ende des Zweiten Weltkrieges. «Die Bomben von Hiroshima und Nagasaki haben auch mich getroffen, sie haben mich nicht getötet, aber sie haben entwertet, was ich für das Beste hielt, sie haben verkündet, daß die Tugenden, die zu erfüllen mein und meiner Genossen unseres Standes überflüssig geworden waren. Überflüssig also der Adel der Gesinnung, die Bereitschaft, mit dem Leben einzustehen für mein Vaterland, die innere Verpflichtung zur Verteidigung, der Verzicht auf Ehre und Freiheit des Dienens also, aller Dinge, die aus zwingendem Gebot und mit strenger Forderung einst bestimmend waren und im Wort gültig – alles das wurde nun mit dem einen Schlag des Pika-Don zur leeren Floskel – und hier unterbrach ich die Übersetzung Shinoharas und rief: «Was soll das Kriegertum, seine Tugenden und seine Ehre noch für einen Sinn haben, wenn es möglich ist, die letzte Entscheidung durch den Druck auf einen Knopf herbeizuführen, mit dem irgendein Krawattenhändler im sicheren Betonunterstand nach seinem Verstand die Welt untergehen lassen könnte!»

Da sprang der Japaner, der mir gegenübersaß auf, seine Gestalt krümmte sich wie zu einem Sprung, und er rief: «Auch ich bin ein Samurai ... Ich habe im Dschungel gekämpft ...» und dabei machte er die typische Bewegung, als zöge er das Samurai-Schwert aus der krummen Scheide. So sprang auch ich auf und wir trafen uns in der Mitte und schüttelten uns die Hände, und ich dachte: Und ich habe nicht im Dschungel gekämpft, ich armer trauriger Samurai. Und ich muß den Irrtum aufklären, das Mißverständnis durch die großen Worte, dieser Mensch wird es viel besser sagen können, mir und den japanischen Herren vom Friedenskomitee von Kyoto, was den Krieger von Geblüt und Gemüt zum Friedensbekenntnis zwingt. Die Herren vom Friedenskomitee versammelten sich um meinen Samurai und mich, und ich begriff, daß sie mich aufforderten, mit ihm eine Schale Sake zu leeren. Ich wußte nicht, ob dies ein Akt der Verbrüderung war, aber ich nahm ihn als solchen, und während wir tranken, stimmten die Japaner rund um den

Tisch das Hiroshima-Lied an, wir wiegten uns im Rhythmus des Liedes, und ich sang mein «La, la, la» kräftig mit. Wir tranken Sake, den heißen japanischen Reiswein, der mir überhaupt nicht schmeckte, und dann vernahm ich durch Geflüster und Geraschel, daß hier etwas zu meinen Ehren vorbereitet werde. Natürlich erwartete ich das Röslein, Röslein rot, aber dann sangen wir «Der Gott, der Eisen wachsen ließ» ... in Text und Noten das Geschenk des Friedenskomitees von Hiroshima an das von Kyoto ... samt Säbel, Schwert und Spieß.

Kyoto, die alte Stadt, scheint sich mit der Moderne in einer Art flüssigen Kompromisses einigen zu wollen. Hier fand keine Massenversammlung statt, keine Massenkundgebung, sondern eine Veranstaltung, in der sich das Politische mit dem Musischen auf eine höchst natürliche Weise einte. Auch dieser Saal in Kyoto war eine Sporthalle, diese erinnerte in der Konstruktion und in der Ausschmückung an eine Festhalle. In der Mitte des Saales befand sich ein Schwimmbecken, von Blumen umrahmt und mit blaublitzendem Wasser gefüllt. Da war auch ein Podium, welches fast die ganze Breite des Saales einnahm, aber es war nur wenig erhöht, und eine Empore für irgendeinen Vorstand, Chairman oder ein Komitee gab es eben nicht. Auch das Publikum war anders als in Tokyo oder Osaka. Es war elegant, die Damen trugen ihre hübschen, vielfältigen, immer originell bunten Kimonos, aber auch die Männer jeden Alters waren nicht modern uniformiert, in hellen Hemden und schwarzen Hosen, sondern waren entweder westlich gekleidet oder ebenso wie die Damen in japanischen Trachten.

Ich saß mit Professor Yasui und Shinohara etwas abseits und studierte das Programm, das mir Shinohara übersetzte. Da waren drei Reden vorgesehen, aber sie waren umrahmt von Musikstücken japanischen und abendländischen Charakters, und zwischen den Reden sollten künstlerische Darbietungen das Publikum in aufnahmefreudiger Stimmung unterhalten. Das Orchester hatte sich hinter dem Podium placiert, das Zirpen japanischer Musik mit seltsamen Instrumenten leitete das

Fest ein, und dann sprach Professor Yasui, er rezitierte den Report des japanischen Rates zum eben dahingegangenen Kongreß. Ich mutete Shinohara nicht zu, mir die Rede zu übersetzen, und suchte im Kranz der buntgeschmückten Damen meine Yuriko ausfindig zu machen. Aber es war vergebliche Mühe, zu viele Schönheiten waren zu bewundern, und dunkle, strenggeschnittene Kimonos waren zahlreich vorhanden.

Das Mikrophon stand in der Ecke des Podiums, es war von einem Blumenaufbau verdeckt, und Professor Yasui konnte, als er seine Rede beendete, einen äußerst kultivierten Beifall ernten, der von Musik untermalt wurde – mit verstärktem Instrumentarium, auch moderne westliche Instrumente setzten ein –, und diese Musik leitete den Auftritt einer jungen Frau in japanischer Fischertracht ein. Diese Frau war, wie Shinohara flüsterte, die im Augenblick berühmteste Sängerin und Tänzerin in Japan. Und sie tanzte und sang eines der schönsten und ältesten Sujets: Es war die Freude eines Fischermädchens, das einen sooo großen Fisch gefangen hatte. Nichts als das, weder die Pantomime noch das Lied deuteten an, wie sie den Fisch fing, sondern nur wie groß er war, und sie sang und tanzte, das naive Fischerkind, nichts als die Freude – diese Freude füllte das ganze Podium aus und strahlte in den Saal, in die große Menge der Zuhörer und von diesen strahlte sie zurück, die Freude malte sich auf jedem Gesicht, eine einzige, große, fröhliche Familie sang und tanzte mit bis in den Himmel hinein, jede Variation der Freude, mit so großer Kunst und Anmut vorgetragen, wie ein Schreiten in einer Prozession teilte sich mit, das blaue Wasser blitzte im Rhythmus und die Blumen erhoben fröhlich ihr Haupt, ganz Japan, die ganze Welt jubelte über das Glück, den großen Fisch gefangen zu haben.

Ich war verzaubert, und Professor Yasui machte ein Gesicht, als ob er den Göttern danke, auch einen so großen Fisch gefangen zu haben wie seine Philosophie. Nun nickte er mir zu, und ich suchte Yuriko, um ihr zuzunicken. Aber ich sah sie nicht.

Im Beifall verstärkte sich das Orchester, die japanische Melodie erstarb in neuen Tönen, ein Piano kam hinzu, und nun lauschte der ganze Saal hingegeben Beethoven, dem ersten Satz des Klavierkonzertes Nummer 5 in Es-Dur, vollendet gespielt. Dann sollte ich also meine Rede halten, ich hatte mir sogleich vorgenommen, die Aggressionen mancher Stellen in meiner Rede, die ich nun nachgerade auswendig hersagen konnte, im Ton zu mildern, wo es immer ging, und bat Shinohara, das in seiner Übersetzung gleichfalls zu tun. Und so gerüstet trat ich ans Mikrophon, und gleich, als ich die Anrede sprach, sah ich Yuriko. Sie saß hinter dem Becken in der ersten Reihe, neben ihr mein neuer Freund und Bruder, der Samurai, und neben diesem saß ein japanisches Mädchen im gleichen strengen dunklen Kyoto-Kimono, das nun einen großen silbernen Fächer anmutig bewegte. Der Kimono reichte auch ihr bis auf die Getas, und die langen Ärmel verbargen ihre linke Hand – aber neben ihr war das Gestell deponiert, das silberglänzende mit der blauen Handpolsterung.

Es war Hiroko.

Und nun erst wußte ich, es war mein Samurai, der mir im Hospital von Hiroshima bei der Auswahl der Blumen für Hiroko geholfen hatte. Jetzt war es leicht für mich, den rechten Ton zu finden. Ich sprach zu keiner Masse, sondern zu Hiroko und meinen guten Freunden, ich sprach sozusagen begütigend, warmherzig fast, mit echter Trauer von Berlin, wie ich es wirklich empfand, und selbst Mr. Truman hätte sich nicht beklagen können über das Mitleid, das ich ihm wegen der verzeihlichen Verwirrung spendete, und Shinohara schüttelte in seiner Übersetzung an dieser Stelle betrübt sein greises Haupt. Und so endete ich auch statt mit einer drohenden Gebärde wie mit einer flehentlichen Bitte an die Sieger, endlich ihre Versprechen zu halten ...

... Und wartete keinen Beifall ab, sondern dankte dem gefälligen Publikum, indem ich sofort, von den Blumen gedeckt, vom Mikrophon abtrat, um um das Becken herum und direkt und zielsicher auf Hiroko zuzusteuern und ihr die Hand zu küssen, die den Fächer zusammenfaltete und mir mit ihm über meine Wangen strich.

Und das Orchester – ein großes Symphonieorchester, mit einem großen Chor und vortrefflichen Solostimmen, setzte ein mit «Freunde, nicht mehr diese Töne ...» und dem Finale der 9. Symphonie. «Freude schöner Götterfunken, Tochter aus Elysium», und ich saß nun zwischen Hiroko und Yuriko, die sofort und anmutig ihren Platz gewechselt hatte, und lauschte glückselig «Seid umschlungen Millionen» und dachte an die Millionen Japans und «diesem Kuß der ganzen Welt», und schloß jetzt erst mein eigenes Vaterland mit ein.

Pause.

Buntangestrahlte Fontänen erhoben sich aus dem Blumenrand des Beckens, begleitet von japanischer Musik. Die Menge erhob sich und verstreute sich promenierend im Saal und rund um das Becken. Unsere kleine Gruppe blieb natürlich aus Rücksicht auf Hiroko sitzen, aber da trat eine ältere Dame im Kyoto-Kimono-Look auf uns zu, sie begrüßte Hiroko herzlich und reichte ihr ein kleines Päckchen. Hiroko bedankte sich sehr, und während die Dame sich entfernte, überreichte Hiroko es mir und sagte, während Yuriko es eifrig übersetzte, dies sei ein Souvenir, das Madame Komako Misao, die Vorsitzende der Gesellschaft der durch die Atombombe Verwundeten in Kyoto, für den ehrenwerten Gast aus Deutschland bitte, anzunehmen. Ich öffnete ein Pappschächtelchen und entnahm ihm ein Stück geschmolzenen Dachziegel, und Yuriko berichtete, es sei zwar streng verboten, aus Hiroshima irgendwelche Stücke an sich zu nehmen, doch hätte ein Geigerzähler ergeben, daß dies Stück nur durch die Hitze deformiert und geschmolzen, aber nicht strahlenverdächtig sei. Auf dem Ziegelstück war mit weißer Farbe aufgetragen «No more Hiroshima», und Hiroko ließ mir durch Yuriko sagen, es sei der Wunsch der Madame Misao, daß mir mitgeteilt werde, diese inzwischen weltweit bekannte Parole habe zuerst ein junger Amerikaner der Besatzung spontan nach seiner Ankunft in Hiroshima in dieser Form an eine zertrümmerte Haustür geschrieben. Yuriko bedankte sich in meinem Namen für das seltene Erinnerungsstück, ich aber wandte mich nun an meinen Samurai und bat um Entschuldigung, daß ich Fräulein Hiroko bei meinem Besuch im Hospital in Hiroshima lästig gefallen sei, es sei aber ehrliche Anteilnahme und keine Touristenneugierde gewesen – er unterbrach mich lebhaft und sagte, für Hiroko sei es eine große Freude gewesen, einmal mit anderen Menschen als denen im Hospital frisch vom Herzen weg plaudern zu können. Dr. Shigeto habe Hiroko für zwei Tage Urlaub nach Kyoto bewilligt, damit Hiroko das Fest des «Daimonje» in der Stadt ihrer Schulzeit feiern könne. Und nun bat mich mein Samurai, die schöne Gelegenheit zu benutzen und mit ihm und Hiroko zusammen am morgigen Tag das Fest mitzuerleben.

Das wollte ich freilich gern. Professor Yasui und Shinohara wollten am Abend nach Tokyo zurückfahren, so beschloß ich im Einvernehmen mit Yuriko, noch einige Tage, solange mein Geld reichte, in Kyoto zu bleiben, und nach Hiroshima mußte ich sowieso noch einmal, um meinen armen Kranken im Saal 7 zu besuchen. Ich hatte auf der Fahrt nach Kyoto schon alles abgesprochen, Yuriko hatte mein Geld nachgezählt, tadelnd mit dem Kopf geschüttelt: Das viele Bier, und mich darauf vorbereitet, daß der arme Ständige Kongreß nicht die Mittel habe, um mich und die arme Yuriko über die Tage des Engagements hinaus zu bezahlen.

Und dann, während ein großes japanisches Ballett in japanischen Gewändern hinreißend moderne Folklore tanzte, plauderte Hiroko «frisch» mit uns.

Dies merkwürdige Mädchen, das mir während unserer ganzen Unterhaltung mit ihrem silbernen Fächer, einem Geschenk unseres Samurai, der sie von Kind auf kannte, Kühlung zufächelte, mußte die Zeit ihres Studiums sehr produktiv angewandt haben. Was sie sagte, war immer originell und manchmal verblüffend in der Kühnheit ihrer Schlußfolgerungen. Ich hatte ihr meine Bewunderung über das Orchester ausgedrückt, das die Musik Beethovens so eindrucksvoll gemeistert habe, sie erzählte sofort, dies Orchester und der Chor – ein Laienchor – hätten gerade in Moskau konzertiert, und auch die Russen seien begeistert gewesen und hätten gefragt, wie es möglich sei, daß die westliche Musik von jedem japanischen Orchester ohne weiteres reproduziert werden könne und daß es noch keinem europäischen und amerikanischen Orchester gelungen sei, japanische Musik wiederzugeben. Ich mußte Hiroko zugeben, daß auch ich in der japanischen Musik nur das Gezirpe von Grillen vernähme, sie lachte sehr, und dann entwickelte sie ihre Theorie. Sie sagte ausdrücklich, es sei ihre Theorie und könne eigentlich von Nichtjapanern auch nicht verstanden werden. Die Japaner hörten in ihrer Musik Harmonien, Melodien und Töne, die von andern Völkern nicht vernommen werden können, vielleicht manche ostasiatischen ausgenommen. Die japanische Musik gehöre einfach einer anderen Höhen- und Tiefenordnung der Töne an, japanische Ohren hörten also mehr, die ganze mögliche Skala der Musik, Ultraschallwellen, deren Umfang fremden Ohren nicht zugänglich sei. Ich rief aus, das spräche ja für die These, daß Hunde höhere Töne hörten und produzierten als die Menschen – und Yuriko weigerte sich, dies zu übersetzen, es sei sehr unhöflich, die Japaner mit diesen Tieren gleichzusetzen. Hiroko wollte unbedingt wissen, was Yuriko verschweigen wollte, schließlich aber, als Yuriko verschämt mitteilte, was ich gesagt hatte, lachte Hiroko und erzählte, das sei keineswegs eine Beleidigung für das japanische Gemüt, Hunde seien sehr geschätzte Tiere, welche die Macht des Guten verkörperten. Der Hund diene als Beschützer der Frauen und Kinder, und das Zeichen für Hund werde den Kindern mit roter Farbe auf die Stirn geschrieben, und frühere Mikados hielten sich eine besondere Leibwache, die von Zeit zu Zeit bellen mußte, um böse Einflüsse und Teufel zu vertreiben. Yuriko griff das auf und erzählte in lieblichem Durcheinander von Japanisch und Deutsch von einer Reise, die sie nach Hokkaido gemacht hatte, der nördlichen großen Insel Japans, in welcher die Ainus ihre Heimstatt gefunden hätten, und dort spielten die Hunde, viele Hunde der seltensten Rasse die Rolle der guten Geister des Hauses. Hiroko vermochte prächtig zuzuhören, ich fürchtete aber, Yuriko werde etwas ausschweifend erzählen und flüsterte ihr zu, sie sei im Vorteil, Hiroko könne keine so schönen Reisen machen – worüber meine kleine Yuriko sehr erschrak und schwieg, bis der Präsident des Friedenskomitees eine kleine, offenbar sehr humoristische Ansprache hielt, auf welche wieder Tänze und Musikdarbietungen folgten, bis Hiroko etwas müde wurde.

Nachdem wir uns von Professor Yasui und Shinohara verabschiedet hatten, die nach Tokyo zurückkehrten, gingen die beiden Mädchen zu Bett, aber mein Samurai und ich saßen noch beieinander und opferten dem Geist des Bushido.

Bushido, das war der Weg des Rittertums der japanischen Samurai. An seinem Beginn stand das Versagen des Kaisertums, das sich in der göttlichen Verehrung durch das Volk der japanischen Stämme immer mehr von den Bedürfnissen dieses Volkes trennte. Immer mehr lebte der Hof den eigenen Bedürfnissen, der Eleganz und Kultiviertheit, seine Autorität schwand gegen Ende des 12. Jahrhunderts – die eigentliche Oberherrschaft mußte von den großen Familien ausgeübt werden, die sich bekämpften, bis endlich die Regierungsgewalt in den Händen einer einzigen Familie war, und deren Haupt Yorimoto richtete eine Art Militärregierung ein, das Shongunat, dem die gesamte Verwaltung unterstand. Dem Kaisertum blieb die Pflege der Kultur, der Religion, der Künste, der friedlichen Lebensweisen, zu ihr im Gegensatz betonte das Shongunat die militärischen Tugenden, das spartanische Leben, die Disziplin, und diese Tugenden wurden genannt der Geist des Bushido. Diese Zweiteilung der staatlichen Aufgaben hat Japan zusammengehalten, 700 Jahre lang. Wenn die Herrscherfamilien des Shongunats wechselten, gab es Kämpfe, die Gefechte der Samurai im ganzen Mittelalter, aber es ging immer um die Erhaltung dieses durch Bushido geprägten Zustandes. Und es konnte nicht ausbleiben, daß Bushido auch schließlich auf das Gebiet des Kulturellen übergriff, nicht, indem es das Kulturleben zu beherrschen suchte, sondern sich ihm anzupassen und so eigentlich das zu prägen, was wir heute unter dem japanischen Stil verstehen, in der Kunst wie im Leben, dem Drang zur Einfachheit, zur Zurückhaltung. Nur so konnte sich Japan durch die Jahrhunderte wechselnder Shongunate unter dem Siegel des Kaiserhauses sich selbst genügen, und von sich aus bestimmen, was an Fremdem aufgenommen werden konnte und sollte und was nicht.

Es war im Geist des Bushido, daß man bei der gewaltsamen Öffnung der Häfen durch die Amerikaner im vorigen Jahrhundert begriff, daß Japan stärker werden müsse durch Annahme der Mittel, welche die Gegner hatten stärker werden lassen als Japan, und es war der Geist des Bushido, der in Tshushima siegte und begriff, daß Japan damit endgültig in die Weltgeschichte eingetreten war, und schließlich war es auch Tsimushima Geist des Bushido, mit westlichen Einrichtungen, wirtschaftlichen Möglichkeiten und politischen Ordnungen zu experimentieren. Japan konnte die Demokratie mit ihrem Parteiengefüge ohne weiteres einführen: Als die weltweite Depression diese Parteien unfähig zu machen drohte, bedurfte es keines gewalttätigen Umsturzes, um die Militärpartei wieder die Führung der Nation übernehmen zu lassen, und nach dem Ausbruch des Konfliktes mit China – ein Konflikt in der Folge der Weltdepression – müßten alle Kräfte auf die Führung des Krieges konzentriert werden.

Der Kaiser Hirohito hatte die Kriegspolitik der Militärpartei gebilligt. Als er sich nach dem Fall der Atombombe zur Kapitulation entschloß, nahm er vor den Siegern die volle Verantwortung für alles, was geschehen war, auf sich, und vor dem japanischen Volke erklärte er sich konsequent bereit, auf seine Ehrungen als Tenno zu verzichten. Er handelte damit im echten Bushidogeist, und so wurde es auch beim japanischen Volk verstanden und auch bei den Siegern, zumindest von dem besten Soldaten der USA, MacArthur. Infolge dieses Schrittes konnte nicht mehr das ganze Volk angeklagt und verurteilt werden nach den Gesetzen der Moral, nach welchen die Sieger zu handeln vorgegeben hatten. Das japanische Volk ehrte den Tenno weiter und gab ihm dadurch die Gelegenheit, eine Revolution von oben zu machen. Mit dem Akt der Verantwortung also hatte der Tenno die Möglichkeit gewonnen, auch die Militärpartei der Rache der Sieger zu entziehen, die nun zwar einzelne «Kriegsverbrecher» verfolgen und bestrafen konnten, aber nicht die Gesamtheit derer, die bislang den Staat trugen. Die Militärpartei hatte alle Kraft des Volkes an den Krieg gesetzt und trotzdem nicht gesiegt. Sie hatte versagt, sie hatte vor sich selbst nicht bestanden und sich damit des Rechtes und der Ehre begeben, weiterhin über die Geschicke des japanischen Volkes zu bestimmen. In der neuen Verfassung, die sich das Volk gab, ist die Militärpartei nicht mehr vertreten. Sonst aber blieb die Struktur des Staates so, wie sie in Modern times gewachsen war, das mußte heißen, die Schichten des Volkes blieben von der Oberschicht bis zur Arbeiterschaft existent, aber sie mußten, bei aller Wahrung der eigenen Interessen, diese in jedem Falle einem allgemeinen Interesse unterstellen: Der japanische Patriotismus formte die japanische Demokratie, aber nicht umgekehrt.

Kyoto ist wahrhaftig ein Traum, aber Träume sind individuell bedingt, jeder erlebt sie für sich als intimstes Alleingut. An diesem Tage, am Fest des großen Daimonje, schien auch das Erlebnis dieses Festes ganz individuell, intimstes Alleingut jedes einzelnen – die Mädchen freuten sich ihrer originellen bunten Kimonos, die Männer in ihren verschiedenen Trachten suchten das Glück ihrer Familie in der Lust, es niemandem gleichzutun. Die Kinder kannten kein anderes, als zu tun, was sie wollten, und Hiroko und Yuriko hatten sich zusammengefunden im Wettstreit, wer geschickter und schneller den Apparat handhaben konnte, der als einziges Zeichen auf Hirokos Gebrechen schließen ließ. Hiroko war schneller als Yuriko im Gebrauch des Laufgestells, aber Yuriko war freilich auch viel kleiner und hatte es schwerer, das Ding zu dirigieren. Niemand in der bunten Menge schien das Spiel dieser beiden Mädchen zu beachten, niemand beachtete die Spiele anderer. Wir besuchten einige der 1500 Tempel Kyotos, und wenn der Weg von einem zum anderen zu weit war, meldete sich, organisiert, eine Riksha, welche die Mädchen mit dem Apparat beförderte, ein Taxi nahm die beiden Männer auf, und die Riksha wurde gezogen von einem reich tätowierten jungen Mann, der, ohne sonderlich in Schweiß zu geraten, seinen Ehrgeiz dareinsetzte, sich von dem Taxi nicht überholen zu lassen.

Yuriko hatte mich gelehrt, ohne es jemals zu erläutern, einfach durch ihre Zielstrebigkeit, daß hinter der Überraschung über die perfekte japanische Organisation im Plan ein Sinn verborgen lag, hinter den zu kommen ein reizvolles Spiel verlangte. Ich konnte mich getrost der Führung durch meinen Mentor überlassen, der sicher genau wußte was er wollte, und ebenso sicher sein konnte, am Ende alles getan zu haben, was mir Lust und Freude bedeuten mochte, und damit sozusagen durch Vordenken das Nachdenken zu erleichtern. Da war ein Tempel besonderer Art, den wir als erstes besuchten. In einer großen Halle aus Holz, deren Dach auf einem offenen Gebälk auflag, so daß immer frische Luft einströmen konnte, standen die 1001 Statuen der Göttin der Gnade. Es waren goldene oder wenigstens vergoldete Statuen, die eine genau wie die andere, und sie waren in dichten, geschlossenen Reihen aufgebaut. Ein überwältigender Anblick in der Tat. Aber ich wehrte mich instinktiv gegen eine Verehrung, die durch die Massenhaftigkeit, und sei sie noch so kunstvoll und in jeder Einzelheit verehrungswürdig, ihre Impulse erhielt. Man kann auf eine Fahne schwören, aber nicht auf einen Fahnenwald. Ich versuchte, meinem Mentor zu erklären, was mich bewegte. Er verstand sofort, was ich meinte, und sagte, die Göttin werde verehrt, weil sie etwas spende, nämlich die Gnade. Tausend Menschen könnten die Göttin um Gnade bitten, jeder einzelne für sich in seinem besonderen Falle – es seien 1001 Statuen da, die eine vertrete die Göttin in eben diesem besonderen Fall ...

Wir waren allein im Raum, wir hörten die Mädchen, wie sie lachend und kichernd rund um den Tempel liefen und rollten, und mein Samurai trat auf eine der Statuen zu, auf irgendeine, es mußte die eine sein, stellvertretend für alle, er verneigte sich und legte die Hände aneinander. Dann löste er sich und sagte lächelnd: «Ich bat um eine besondere Gnade, eine, die nur mir zuteil werden soll.»

Wir traten ins Freie und fingen die Mädchen ab. Und Yuriko erklärte mir, es sei eine alte japanische Sitte, um den Tempel herumzulaufen und sich alles das zu wünschen, wonach man sich am tiefsten sehnt, das gehe dann – vielleicht – in Erfüllung.

Die Riksha fuhr vor uns her. Von Zeit zu Zeit stieß der Rikshamann einen gellenden Ruf aus, um von der buntbewegten Menge auf den Straßen durchgelassen zu werden, das Taxi folgte gemütlich.

Ich war so taktlos, dem Freund zu sagen, mir sei aufgefallen, daß er hinke. Er schob das Hosenbein seines zweigeteilten Kimonoanzuges hoch und zeigte mir einige tiefe Narben. Er sagte, er habe auf den Philippinen gekämpft und vor Singapur. Beim letzten Gefecht auf der heißumkämpften Insel Okinawa sei er verwundet und ausgeflogen worden. So habe er überlebt, während seine Kameraden im Geist des Bushido gekämpft hätten bis zuletzt. Er sagte lächelnd: «Es war keine sehr schwere Verwundung, und eben das ist der Grund, warum ich manchmal stärker hinke. Immer dann, wenn ich daran denke, daß ich überlebt habe.» Er setzte nach einer kleinen Pause fort: «Sie sind mir kein Fremder mehr, seit Sie gesagt haben, Sie bekennen sich zu den Tugenden Ihrer Kaste, nur, Sie sagten, diese Tugenden seien durch die Atombombe überflüssig geworden. Ich wollte Ihnen gleich antworten, aber ich wußte, ich würde noch die Gelegenheit finden, Ihnen zu sagen, daß sie nicht überflüssig geworden sind. Auch der Geist des Bushido ist nicht überflüssig geworden, er muß nur auf die Macht verzichten, nicht auf die Haltung. Der Bushidogeist ist ja nicht so sehr Gesetz und Regel für den Samurai, er ist nicht einmal in verbindlichen Dokumenten festgelegt, sondern er ist eine Haltung, von der man sich nicht entbinden kann. Ich bin allein, und allein muß ich mir das Feld suchen, auf welchem die Tugenden, von denen Sie sprachen, noch gültig sind. Die Kriegerkaste ist von der Macht verbannt. Das entbindet mich nicht von der Verpflichtung, für den Frieden zu kämpfen gegen die Entartung des Krieges durch die Bombe, denn ich habe überlebt. Sie verstehen mich?»

Ich verstand ihn, und ob ich ihn verstand!

Wir waren zum Kiomizu-Tempel gefahren, dem ältesten Tempel von Kyoto, wenn nicht gar von ganz Japan. Es wurde dieser Tempel im Jahre 790 erbaut, was mich zu der stolzen Erklärung bewog, daß meine Familie zu jener Zeit damit beschäftigt war, auf einer Lagune Eichenbäume mit dem Wipfel nach unten einzurammen und somit Venedig zu gründen, was meinen Samurai sichtlich amüsierte. Der Tempel war – ein weitläufiger Komplex – ganz aus rotem Holz errichtet, auf einem Hügel, an dessem Abhang riesige Bäume ihre Wipfel bis zur Anlage des Tempels reckten. Hiroko vermochte nicht, in einem Anlauf den Weg zum Hügel zu bewältigen. So schoben wir sie lachend hinauf. Droben hingen einige Bronze-Gongs. Hiroko ergriff sofort einen der Stränge und zog mit aller ihrer Kraft. Der Gong ertönte mit gewaltigem Getöse. Es war sehr lustig, wie nun viele den Glocken zueilten, sich an die Stränge hängten und ein Konzert veranstalteten, das nun kein Ende mehr nahm.

Vor dem Tempeleingang stand ein altertümlicher Brunnen, bewacht von einem bronzenen Drachentier, das aus zahnbewehrtem Maul das klare Wasser in den Brunnen spie. Mit bereitgelegten Schöpfkellen nahm jeder der in den Tempel Eintretenden Wasser und spülte sich den Mund.

Hiroko und Yuriko – und viele Mädchen schlossen sich an – kreisten wieder um den ganzen Tempel. Es mußten gar viele Wünsche zu erfüllen sein. Auf einem der Tempelhöfe war ein bronzener liegender Stier zu sehen, immer wieder traten Frauen an diese Statue heran und berührten verschiedene Stellen des dahingestreckten Leibes. Ich stand mit Yuriko in diesem Hof, als Hiroko heranglitt, sie verhielt an dem Stier, sie streichelte dessen Lenden und eilte lachend weiter, aber Yuriko lachte nicht, sie blickte mich mit großen Augen an – unser

Freund trat hinzu, und er erklärte, daß die alte Frau, die gerade die Schultern des Stiers betastete, hoffte, von ihrem Rheuma geheilt zu werden.

Um den Tempel herum entfaltete sich das Volksfest. Buden waren aufgebaut, in denen Lampions, Papierfahnen und Fächer und allerlei Festwimpel verkauft wurden, aber auch Bonbons und schnell zubereitete Kuchen und Gerichte.

Etwas abseits stand im Winde ein Baum, um den sich die Leute scharten. Es war ein dornenreicher Baum auf geweihtem Boden, die Leute schrieben ihre Wünsche auf kleine Zettelchen und spießten diese auf die Dornen, und wenn ein Windstoß kam, flogen die Zettel hoch in die Lüfte – zum Himmel –, oder sie taumelten den Abhang hinunter. Hiroko füllte sofort ein Zettelchen aus, und wir folgten ihrem Beispiel. Der Zettel mit den Wünschen Yurikos flog im Winde aufwärts, aber dann taumelte er dem Abhang zu. Es gelang mir, ihn abzufangen. Natürlich brannte mich der Wunsch, zu erfahren, was sie sich wünschte. Ich hielt den Zettel in der Hand, und da sah ich Yurikos Augen. Sie starrte mich entsetzt an. Ihre Hand fuhr an ihre Nase – und so faltete ich meinen Zettel, auf den ich nur das Wort «Yuriko» geschrieben hatte, um den ihren und befestigte beide zusammen und miteinander verbunden auf den Dorn. Lange Zeit rührte sich nichts, die Zettel von Hiroko und meinem Samurai flatterten zögernd und verschwanden schließlich, ohne daß wir sehen konnten, wohin. Da endlich flogen auch unsere Zettel, sie flogen hoch, hoch, über dem Dach des Tempels in den Himmel hinein, und Yuriko lächelte. Wir aßen in den Buden einige Kleinigkeiten, die uns so gut schmeckten wie allen Kindern alle Volksfestschleckereien. Und wir fuhren in den Nachmittag hinein.

Wir hatten die Göttin der Gnade besucht, wir hatten Buddha unsere geheimen Wünsche vorgetragen, nun fuhren wir einem Prunkstück der japanischen Landschaft zu, von der ich bis jetzt nur meinen kleinen Garten im Annex genossen hatte.

Yuriko saß nun im Taxi neben mir, sie hatte den Platz mit dem Kavalier Hirokos getauscht. Ich wußte nicht, wer den

Tausch gewünscht hatte, und wollte nicht fragen. Ich sagte, ich sei so fröhlich in der Stimmung dieses fröhlichen Festes. Yuriko drückte mir die Hand, sie sagte leise: «Haben Sie gesehen? Hiroko hat den Stier nicht am Bein gestreichelt...» Und nach einer kleinen Pause: «Hiroko wünscht sich ein Kind!» Yuriko hatte Tränen in den Augen und ihr Kinn zitterte. Ich sagte: «Nicht weinen, Yuriko, sonst weine ich mit...» Yuriko schluckte und sagte dann trocken und sachlich: «Wir fahren jetzt zum Kiokakuji-Tempel, wo man sich nichts wünschen kann außer Ruhe, den hat vor vielen hundert Jahren ein kaiserlicher Hofbeamter gebaut, um dort zu meditieren.»

Von einem Hügel gesehen, der schon außerhalb der Stadt lag, öffnete sich überraschend eine japanische Landschaft, wie sie wohl den Träumen des kunstliebenden kaiserlichen Hofes entsprach – ich verglich unwillkürlich mit meinem Gärtchen im Annex: Da waren, nur in ihrer natürlichen Größe die seltsamen, intensiv grünen und rötlichen Bäume und Büsche, gruppiert um einen tiefblauen See, in dem sicherlich dicke Goldkarpfen schwammen. Kleine geschwungene Brücken führten über die Zuwässer, Klippen gliederten das Ufer, als seien sie künstlich angelegt – das waren sie sicher auch, und alle Wege, schön bekiest, führten über Hügel und am See entlang zu einem strahlenden Mittelpunkt.

Das war der «Goldene Pavillon», ein Tempelchen, dreistökkig, und ganz mit Blattgold bedeckt. Dies Kleinod blinkte und glitzerte in der Sonne, ein bronzener Phönix am Dach symbolisierte, was mir Yuriko erzählte: Dies Prunkstück kaiserlicher japanischer Kunst, 1394, wurde 1955 von einem wahnsinnig gewordenen Mönch angesteckt und verbrannt. Der Unselige fand, daß solcher Prunk für eine Religion der Armut nicht angemessen sei. Der Tempel wurde sofort und in allen seinen Details genauso wieder aufgebaut, wie er Jahrhunderte hindurch geprunkt hatte.

Aber die Ruhe fanden wir nicht, die der Tempel versprochen hatte. Gleich uns hatten Tausende von fröhlichen Menschen sie gesucht. Sie fuhren in Kähnen über den See und bewegten sich andachtsvoll, aber unbekümmert, auf allen Wegen, und wir waren froh, auf moosigem Fels einen Platz zu finden, auf dem wir lagern konnten. Das Moospolster war dick und pelzig, wir blinzelten in die Sonne, nur Hiroko vergnügte sich tätig; sie versuchte, einen Hund, einen dicken Köter ganz unbestimmbarer Rasse, zum Bellen zu bringen, um, wie sie lachend versicherte, den für Fremde unhörbaren Unter- und Obertönen zu lauschen und sich an ihnen wie an japanischer Musik zu ergötzen. Yuriko versicherte, daß ihr Katzen lieber seien, nicht nur um ihres Schnurrens und des leisen Miauens willen. Und ich stimmte ihr zu, sie selber war ein Kätzchen, das einzige Haustier der Menschen, das sich in seiner Natur nicht geändert habe und absolut souverän geblieben sei. Yuriko fand sich als Kätzchen angemessen charakterisiert, und als ich erzählte, daß ich zu Hause mit meiner Familie das Spiel pflegte, die Menschen, denen wir begegneten, mit den Tieren zu identifizieren, deren Charakter und Körperbild ihnen ähnelten, wollte Yuriko wissen, welchem Tier ich zuzuschreiben sei. Aber ich hoffte, das von ihr zu erfahren. Wir waren uns sofort einig, das Hiroko nur mit einem Paradiesvogel vergleichbar sei, aber Hiroko protestierte, sie wollte kein Paradiesvogel sein, sondern ein Kranich, ein ganz gewöhnlicher japanischer Kranich, und ich sei ein Hund, der oft zur Unzeit bellte, aber immer wisse, warum, mit Ober- und Untertönen, die niemand so leicht verstand – nun protestierte ich, aus gutem Grund. Ich bin zeitlebens gegen Hundegebell allergisch gewesen. Schließlich mußte ich bekennen, daß ich von meinen Freunden als Mungo charakterisiert wurde. Was ein Mungo sei, wußte nur mein Samurai, er erklärte, das sei ein Tier der Marderfamilie, das einzige Tier, das den Kampf mit giftigen Schlangen aufnähme, was die beiden Mädchen nicht recht befriedigte, bis ich erklärte, daß der Mungo auch «Ichneumon» genannt wurde, und hier stimmte Yuriko mit einer Begeisterung zu, die hinwiederum mich nicht recht befriedigte.

«Und er ist ein Bär!» rief Hiroko und wies auf unseren Freund. «Man muß ihm das Fell kraulen, sonst brummt er.»

«Der Bär ist mein Wappentier!» sagte ich stolz, «das einzige Raubtier, das die Herde nicht sucht, sondern seinen Umkreis von fremder Herrschaft reinerhält – einsam schweifendes Raubtier also ...» – und als der Bär in unserem Kreise diese Charakteristik lächelnd akzeptierte, beschlossen wir, ihn nur so zu nennen. Das Thema «Bär» war ergiebig, er sei gutmütig, gemütlich, aber man wisse nie, wann er mit einem blitzschnellen Schlag seiner Pranken seinen Gegner niederschmetterte, und als ich daran erinnerte, daß auch mein Berlin den Bären im Wappen führte, grüßten wir uns als Kampfgefährten, und der Bär brummte nachdenklich, nun wisse er, wo und wie wir den Abend verbringen sollten, bis der große Daimonje am Himmel aufflammen wird.

Sumo wird zum erstenmal im ersten Jahrhundert unserer Zeitrechnung erwähnt. Aus der Zeit des Kaisers Suinin (29 v. Chr. bis 70 n. Chr.) berichtet eine Urkunde, daß der Edelmann Taimono Kehaja, was soviel wie «Schneller Hinwerfer» bedeutet, den Kaiser bat, einen Wettkampf für ihn auszuschreiben, da er niemanden fände, der seiner Kunst gewachsen sei. Als der Kaiser dem Wunsch dieses Athleten, dem man große Klugheit und Stärke nachsagte, folgte, meldete sich Nomino Sukune, der mit Kehaja rang und diesen auch besiegte. Sukune wurde dadurch im Lande so berühmt, daß ihn der Kaiser zu seinem höchsten Beamten ernannte und ihm sogar Bildsäulen setzte.

Dieser uralte Sport, der in jener Zeit in Tempeln ausgetragen wurde und der sich in seiner Form bis auf den heutigen Tag kaum verändert hat, erlangte im Laufe der Jahrhunderte immer größere Bedeutung.

Von 858 n. Chr. an trug man regelmäßig Sumo-Ringkämpfe aus, die jedoch mehr oder weniger für den Kaiserhof veranstaltet und auch vom Mikado entsprechend gefördert wurden.

Erst im Jahre 1629, als sich der Kaiser eine eigene Ringertruppe schuf und Kämpfe zwischen den Besten seiner Ringerkaste und Vertretern des niederen Volkes arrangierte, fanden die mehrere Tage andauernden Sumo-Veranstaltungen auch außerhalb von Tempeln statt. Von diesem Tag an wurde der «Japanische Ringkampf» das, was er heute noch ist: ein Volkssport. Es bildete sich eine Berufsringerkaste mit einer eigenen Organisation heraus, die vom Hof zahlreiche Privilegien erhielt. So hatten die Sumotori die gleichen Rechte wie die Samurai, jene sagenumwobenen Ritter Japans, sie durften ein Schwert tragen, brauchten keinen Brückenzoll zu zahlen und hatten sogar die Theater unter ihrer Kontrolle. Die Mitglieder dieser Organisation legten sich Berufsnamen zu, die aus der Natur entlehnt waren, wie zum Beispiel der «Große Kraftberg», der «Schnelle Wind», der «Reißende Fluß» usw. Alle Mitglieder dieser Sumo-Organisation wurden im Jahre 1890, als der damalige Kaiser Mutso-Hito den Japanischen Verband für Leibesübungen gründete, als selbständiger Unterverband übernommen. Die Vor- und Sonderrechte der Sumotori wurden später abgeschafft. Geblieben aber ist die Vorliebe der Japaner für diesen «Sport der Fettkolosse», der nur eine einzige Gewichtsklasse kennt.

Im Frühjahr und Herbst werden jedes Jahr Turniere abgehalten, an denen die japanische Bevölkerung lebhaften Anteil nimmt und die auch stets vom Fernsehen übertragen werden. Geblieben sind auch die seit dem 16. Jahrhundert gültigen Regeln dieses eigenartigen Ringkampfes, der sich grundsätzlich von dem in aller Welt üblichen Ringkampf unterscheidet und der in Japan die beliebteste Sportart, für das Ausland dagegen die unverständlichste ist. Geblieben ist aber auch ein Bestandteil jener religiösen Zeremonien aus der Vorzeit: die Austragungsstätte. Der Sumoring, auf dem gerungen wird, hat einen Durchmesser von 3,6 Metern und befindet sich auf einem 5 Meter großen, quadratischen Podium. Die Kampfstätte ist mit einem kunstvoll geschnitzten Holzdach eines Shinto-Schreins, das von vier in den Ecken stehenden Pfeilern getragen wird, überdeckt. Diese Eckpfeiler in den Farben Weiß, Grün, Schwarz und Rot symbolisieren die vier Jahreszeiten, das Dach stellt den Himmel dar.

Noch heute gilt der Ring als heiliger Boden, der vor jeder

Veranstaltung durch einen Priester geweiht wird. Aus Ehrfurcht vor den Göttern verbeugen sich alle Japaner beim Eintreten und Verlassen der Sumo-Halle, in deren Vorhof sich ein kleiner Buddha-Tempel befindet, in dem die Sumotori vor dem Kampf ihre Andacht halten.

Obwohl die Durchschnittsjapaner klein, grazil und leicht sind, handelt es sich bei den Sumotori meist um 1,80 bis 2 Meter große, fettbrüstige, vollbäuchige Kolosse, die mit 250 bis 300 Pfund Gewicht ihre Landsleute an Körperfülle oft um das Doppelte oder gar Dreifache übertreffen. Unter ihnen gibt es sogar Athleten, die 55 cm Umfang am Oberarm und in den Waden haben! Nicht nur die Statur dieser Muskelberge wirkt eigenartig, sondern auch ihre Frisur, denn die Sumotori tragen langes Haar – ähnlich einer Frauenfrisur, mit einem am Hinterkopf sitzenden Haarknoten. Die Art dieses Schopfes kennzeichnet außerdem die Rangstufe der Sumotori.

Viele der Sumotori tragen als Schmuck über ihrer Gürtelbinde einen Behang mit langen, steifen Quasten, was ihnen beim Niederhocken das Aussehen balzender Riesenvögel verleiht.

Und nun ist es soweit. Die Halle ist trotz der hohen Eintrittspreise überfüllt. Zum Fest zu Ehren der Ahnen treten die Kämpfer an, und es sind keine Schaukämpfe, die wir sehen werden, sagte der Bär.

Jetzt kommen die Sumotori – sie gehen jeder an seinen Pfeiler, wo sie sich aus einem Schöpfkübel den Mund mit heiligem Wasser spülen, sie benetzen sich auch die Hände, ergreifen aus einem Papierschiffchen eine Handvoll Salz, das sie mit der Geste eines Sämanns auf den Boden streuen: es symbolisiert das Säubern und Reinigen von allen Schlacken des Bösen, um das Unheil abzuwehren und die bösen Geister zu vertreiben. Die bösen Geister sind in Japan überall gegenwärtig und zwingen zu größter Wachsamkeit, gerade bei den Männern der größten Körperkraft. Hier zwingt es sie zu besonderer Fairness, wie mein Bärenfreund mir zuflüsterte, jede der symbolischen Handlungen sei ein Akt der inneren Reinigung von den bösen

Lüsten der Hemmungslosigkeit des Kampfes.

Diese Fettkolosse, hinter deren Massen soviel Kraft verborgen sein sollte, widerstanden meinem Gefühl für Maße. Aber ich hatte Unrecht: da standen sie und präsentierten sich dem tobenden Publikum. Sie wurden mit einem Applaus begrüßt, der in der Tonhöhe, der Gleichmäßigkeit des Taktes jede Kundgebung bei einem Fußballänderspiel bei weitem übertraf. Hier in diesem Saal begeisterter Sportfreunde wurde zweifellos mehr anerkannt als die Darbietung. Die Männer selber wurden so begrüßt, das Ausmaß nicht nur ihrer Gestalten und ihrer so zur Schau getragenen Kraft, sondern ihre offenbar vorbildliche Wesensart. Und ich mußte bekennen, daß es mich traf, als ich mir die Gesichter dieser Männer betrachtete. Es waren rührende Babygesichter, ohne eine Spur von Brutalität in ihren Zügen. Jeder der Kämpfer stellte sich dem Publikum, klatschte zweimal in die Hände, legte dann die eine Hand in die Hüfte und streckte die andere seitlich aus als Zeichen, daß er nichts in den Händen trage, was ihm beim Kampf unrechtmäßig helfen könnte. Dann fingen die Sumotori an, sich in seltsamen Übungen zu bewegen. Aber diese Übungen dienten ebenfalls nicht einem etwaigen Aufwärmen zum Kampf, sie dienten auch nicht einer Schau, sie waren bedeutungsvolles Zeremoniell. Es mußte tatsächlich das ästhetische Element sein, welches das Unmaß der Körperkraft und Körpergröße milderte. Sie spreizten die Beine abwechselnd hoch, aber das geschah mit einer elefantenhaften Anmut, und Yuriko blickte so begeistert auf diese Fettkolosse, daß ich mich nicht enthalten konnte, zu fragen, was sie denn an diesen Bierbäuchen so Besonderes fände.

Yuriko, ohne den Blick von den Sumotoris zu lösen, sagte: «Sie sind so großartig . . .!»

Sie waren großartig. Mit ihren im Verhältnis zur Größe und Dicke kleinen Füßen und Händen, sie schaukelten balancierend wie die Bären, und mein Bärenfreund des Bushidogeistes der Samurai erklärte mir die höchst einfachen Kampfregeln. Jeder der beiden Menschengebirge aus Fett, Fleisch und Muskeln versucht, den anderen aus dem Ring zu stoßen oder aber zu zwingen, mit irgendeinem Körperteil, außer den Fußsohlen, den Boden zu berühren. Es gilt also nicht wie bei den Ringern der ganzen übrigen Welt, den Gegner auf den Rücken zu legen, sondern ihm allein mit Stoß-, Zieh-, Wurf- und Stemmkraft den eigenen Willen aufzuzwingen. Eine Kampfart, die eben große Körpermasse voraussetzt: Wer zu leicht an Gewicht in den Kampf geht, ist dem Risiko unterworfen, einfach hochgehoben und aus dem Ring getragen zu werden. Die Körpermasse also muß der Körperkraft gleichgesetzt werden, anders wäre der Kampf unfair.

Die beiden vom Zeremonienmeister zum Kampf bestimmten Sumotori sitzen, bevor der Kampf beginnt, in Hockstellung einander gegenüber, sozusagen auf allen vieren wie sprungbereite Frösche, und starren sich gegenseitig minutenlang in die Augen, klatschen von Zeit zu Zeit in die Hände und breiten die Arme aus, um zu zeigen, daß sie ohne Waffen, also fair kämpfen wollen. Wenn sie in Angriffsstellung gehen, lösen sie diese manchmal wieder, so lange nämlich, bis sie gewiß sind, daß der Zustand, in dem keine Verbindung zwischen ihrem Körper und Geist besteht, beendet ist. Es ist dies also kein Vorspiel, sondern eine Konzentration, ähnlich wie die Meditation. Gleich beim ersten Kampf sprang plötzlich der eine der Athleten ohne Warnung wie ein Kampfhahn den anderen an, dieser aber fühlte sich noch nicht kampfbereit, er rührte sich nicht, und der Angreifer ging sofort wieder in seine Hockstellung zurück. Nun griff der Schiedsrichter ein. Er beobachtete die beiden, bis er sicher war, daß der Atem beider Kämpfer im gleichen Rhythmus ging, erst dann gab er mit einem riesigen Fächer das Zeichen, der Kampf könne beginnen.

Wir sahen eine ganze Reihe von Kämpfen, jeder war anders, mancher war in wenigen Minuten beendet, andere dauerten mit dramatischen Situationen lange Zeit an. Es gibt 64 erlaubte Griffe und über 200 Arten ihrer Ausführung. Schlagen mit Fäusten, Stoßen mit Füßen und ein Griff in die verlockende kunstvolle Haarfrisur sind streng verpönt. Mein Bärenführer versicherte mir, daß noch nie ein Sumotori gegen die uralten Regeln verstoßen habe. Bei diesen Kämpfen fließt kein Blut, und selbst Nasenbluten infolge zu großer Anstrengung bedeutet Unterbrechen des Kampfes!

Ich war sehr beeindruckt. Dies schien in der Tat die fairste Sportart. Als ich dies sagte, sah mich mein Freund erfreut an. Er erzählte mir alles über diesen Geheimorden der Sumoringer, in welchem gar keine Geheimnisse walten. Er erzählte mir, daß schon bei der Geburt ein übergroßer Knabe zum Sumoringer bestimmt wird. Er wird in einem Sumo-Internat erzogen von ehemaligen Meistern der Zunft, die aber eben keine Zunft ist, sondern ein Orden mit strengsten Regeln im Bushidogeist, mit hartem Training und unerbittlicher Disziplin, die sich auf alles erstreckt, auf die strikte Ausbildung des Körpers und auch des Geistes, der Zucht in Askese, gegen alles, was verweichlicht, mit der einen Ausnahme der Nahrung. Die Sumotori sind fast zwei Meter groß und bis vier Zentner schwer. Sie erreichen das allein durch übermäßiges Essen von Hühnerfleisch, Ochsenbrust, Reis und stärkehaltigen Gemüsen in riesigen Mengen sowie durch Massagen, und für die regelmäßige Verdauung sorgt ein zwölfstündiger Schlaf, in dem die «müden Krieger» sich immer neu regenerieren. Sie festigen ihre Fettpolster zu elastischen Gummikissen durch ständiges Schlagen und Stoßen von eigens dafür konstruierten hölzernen Pfosten. Und sie ringen täglich mehrere Male.

Yuriko und Hiroko sahen den Kämpfern mit viel Spaß zu. Sie setzten das Spiel des Nachmittags im «Goldenen Pavillon» fort und benannten die Ringer mit den für sie charakteristisch erscheinenden Namen: «Dicker Kater», «Tanzbär», «Wilder Hund» und sogar «Schlangentöter», während mir der Bärenfreund von dem Kern des Bushidogeistes bei den Samurai und den Sumotori erzählte – dem Ordensgeist. Er hatte in Berlin Germanistik studiert und war erst bei Ausbruch des Krieges in die Heimat zurückgekehrt. Und als ich ihn fragte, welches Hobby er gehabt habe, lachte er und sagte: «Preußische Militaria», und wir waren uns einig, daß vom Ästhetischen her gesehen die letzte preußische Schlacht um die Vorherrschaft im

Deutschen Bund, die Schlacht von Königgrätz, einzigartig sei, sozusagen die Krönung der Kriegskunst, und was diesen Aspekt betraf, eigentlich jede weitere Schlacht überflüssig zu machen geeignet gewesen sei, was folgte, war alles schon Entartung.

So war das also. Da standen wir mit dem fröhlichen, festesfreudigen Volk von Kyoto auf den Straßen und erwarteten zum Gedächtnis unserer Ahnen die Erscheinung des Daimonje und sprachen von einer längst vergessenen Schlacht, dem Gipfelpunkt zwar der «preußischen Militaria», aber von praktischem Wert nur als Beispiel zu nutzen. Wenn ich mich als Preuße bekannte, so konnte ich mich eben doch nur zu einer einst gültigen Haltung bekennen, wie mein Samurai zum Bushido. Die politische und historische Realität Preußens war ebenso verschwunden wie die realistische Macht des Bushido, gewiß, und es war mir klar, daß weder Preußen noch Japan jemals in ihrer historischen Prägung wieder herstellbar waren: da fehlte jede Voraussetzung, ich fürchtete, sogar auch die des wohltätigen Beispiels.

Die Bekenntnisse der beiden Bärenhäuter in den menschenüberfüllten Straßen von Kyoto galten gewiß den Ahnen, aber es war klar, daß sie ihre Gültigkeit eben doch nur in der privatesten Entscheidung suchen konnten. «Ich habe überlebt», sagte der Samurai, und dies privateste Ereignis mußte wohl begründet werden. Der Samurai hinkte mehr denn je, als er bekannte, er habe nur überleben können, nicht, wie es der Geist des Bushido gebot, den Tod gesucht, weil er bereits zu zweifeln begonnen hatte.

«Wir waren keine guten Sieger!» sagte er. «Ich begann zu zweifeln, als ich sah, daß wir durch den modernen Krieg mit der Überlegenheit der Waffen über den Geist von vornherein gegen den Geist zu handeln gezwungen waren. Wir hatten auf vielen Kriegsschauplätzen gesiegt, auf denen unsere Waffen überlegen waren, aber wir waren keine guten Sieger. Wir proklamierten uns als die Vormacht Asiens im Kampf gegen die westlichen Imperialisten, aber wir waren den Völkern, deren

Länder wir erobern mußten, keine Befreier, nicht vorbildlich im Sinne des Bushidogeistes, wir bildeten uns als Vorherrschaft aus und handelten so, als seien wir selber imperialistisch geworden. Wir befreiten die asiatischen Völker nicht, sondern wir unterwarfen sie, um unserer Vorteile willen. Wir haben verspielt, nicht weil die Gebote des Bushido falsch waren, sondern weil wir uns von ihnen lösten, von dem Gesetz, nach dem wir angetreten waren!»

Er hatte sich also Gedanken gemacht, der junge Krieger, der als Hobby preußische Militaria studierte, sehr naheliegende Gedanken über ein Gebiet, von dem schon der Name kennzeichnend war, nomina sunt omina: aus preußischem Soldatentum wurde Militär, aus japanischem Rittertum die Militärpartei.

Er hatte, um überleben zu können, das Leben gegen das Sterben gestellt – die Haltung, zu der er sich bekannte, zum Kampf nicht für die Gewalt der Waffen, sondern für den Geist des Friedens, den die Waffen nicht hatten überwinden können. Es war dies eine private Entscheidung, und damit natürlich die entschiedenste, die auf dem Wege zu einer Friedensbewegung gefällt werden konnte. Aber es war im Grunde eben doch keine Entscheidung für den Humanismus, sondern mußte logisch wieder im kriegerischen Geist münden, vielleicht sogar hatte sie revolutionären Charakter: Auch der Bürgerkrieg ist ein Krieg und humanitär vielleicht der blutigste, grausamste und fürchterlichste. Nur, daß eben auch die grausamste und fürchterlichste Waffe, die A- und H-Bombe im Bürgerkrieg Freund und Feind tötete und das Vakuum hinterließ, das die Natur nicht duldet. Alle Mächte dieser Welt und alle Völker proklamieren den Frieden, und wenn es gelingt, die Atombomben zu ächten, ohne den friedlichen Weg zur Zukunft durch die Kernenergie zu stören, so müßte die superbe Wissenschaft, welche die Atombombe schuf, mit gleicher Energie nach den Mitteln suchen, den Atommüll ungefährdet aufzulösen.

Vielleicht war das Konzept des Professors Yasui, des «Ständigen Kongresses», für den der Delegierte a. D. für Westdeutschland einige wohlgefällig aufgenommene Worte gefunden hatte, wirklich das einzig Mögliche, mit allen Konsequenzen, die den Prozeß begleiten, und dann war auch der private Weg dieser Bewegung in allen Graden der Verschiedenheit doch produktiv und den Einsatz lohnend.

Von den Hügeln rundum von Kyoto stiegen Raketen hoch. Das große Feuerwerk begann. Wir standen in der Menge, die Ahnen zu ehren, mein Freund stand neben Hiroko, die, auf ihr Gestell gestützt, sich an seine Schulter lehnte, Yuriko hatte sich bei mir untergehakt. Das Feuerwerk war großartig – die Chinesen haben es vor Tausenden von Jahren erfunden und zu einer Kunst ausgebildet, welche auf die Japaner übergegangen war. Rund um den Horizont blitzte es auf, Lichtspuren tobten über den Himmel, lösten sich in gewaltigen bunten Schlachtfeldillusionen, vereinigten sich zu einer zum Himmel schreienden Apotheose des Krieges mit Donnern und Krachen. Und das Volk brach in begeisterte Schreie aus, die sich zu einem gewaltigen Jubelschrei vereinigten, als der weiße Blitz des Daimonje aufflammte, gewaltig das Schriftzeichen «Groß» an den Himmel malte ...

Der Pika-Don!

Dr. Shigeto empfing uns sofort in seinem altersmüden Büro. Yuriko hatte die Kopfbinde des Toshio Muzoguchi gewaschen und gebügelt, und ich bat Dr. Shigeto, seinen Patienten auf Saal 7 besuchen zu dürfen, um mein Versprechen zu halten und ihm nach meinen Kräften den erbetenen Trost zu spenden. Ich sei zwar nicht in dem Sinn ein Christ, wie es der arme Atomkranke wohl voraussetzte, doch hoffte ich, wenigstens im Gespräch mit ihm vielleicht doch Worte zu finden, die ihm den Mut machten, nach dem es ihn verlangte.

Ich verlor mich immer weiter in Worte, die mir den Mut zu nehmen drohten, denn Dr. Shigeto hörte mich schweigend und mit unbewegtem Gesicht an.

Endlich, nach einer Pause, in der, wie man zu sagen pflegt,

ein Engel durch das Zimmer ging und Yurikos Arm neben dem meinen zu zittern begann, sagte Dr. Shigeto:

«Toshio Muzoguchi ist tot. Er starb an dem Tage, als Sie die Kette der tausend Kraniche erhielten.»

Er starb zu der Stunde, als ich, die Kette um Hals und Schulter und seine Kopfbinde schwenkend, durch die Massen der Schlußversammlung irrte.

«Er starb plötzlich – ohne die Tröstungen seiner Religion ...» sagte Dr. Shigeto. Er faltete die Hände, als wolle er beten, aber es war eine Geste der Konzentration. Er sagte: «Es war ein hoffnungsloser Fall. Wir erkannten die Ursache seines Todes zu spät, die Diagnose nutzte uns nichts, wir wissen bis heute noch nicht die Mittel der Heilung, die Therapie ... Es ist so, daß wir sechzehn Jahre nach dem Pika-Don glauben konnten, wenigstens alle Folgeerscheinungen der Strahleneinwirkung zu kennen, freilich, ohne sie in allen Fällen bekämpfen zu können, aber wir konnten wenigstens die eigentlichen, die ursprünglichen Strahlenschäden so weit erforschen, daß wir den Prozeß der Krankheit wenn auch nicht beenden, so doch aufhalten zu können hofften. Hinzutretende neue Erscheinungen mußten wir je nach ihrer Art mit den herkömmlichen Mitteln behandeln. Im vorigen Jahr nahm plötzlich die Leukämie in ganz Japan seuchenartige Erscheinungen an. Sie wurde überall nach den herkömmlichen Mitteln behandelt. Die Leukämie, eine der Bluterkrankungen, kann in ihrem Prozeß aufgehalten werden. Es fiel auf, daß bei dieser Seuche dies nicht mehr der Fall war.

Hier in Hiroshima kamen wir auf den Gedanken, ob diese Erscheinung nicht auch mit den Strahlenerkrankungen in Zusammenhang gebracht werden könne. Wir stellten Untersuchungen an, und wir erreichten, daß die Kranken in ganz Japan befragt wurden, wo sie sich am 6. August 1945 um acht Uhr fünfzehn früh aufgehalten haben. Es stellte sich heraus, daß alle Fälle, die sich als unheilbar erwiesen, sich zu dieser Zeit in einem bestimmten Umkreis von Hiroshima aufgehalten hatten, in einem Radius von etwa 12 Kilometern.»

Dr. Shigeto blickte uns durch seine Brillengläser eulenartig an. Er hob die Schultern hoch. Er sagte: «Nun wissen wir nur eins: Die Strahlenerkrankung wirkt unbedingt tödlich, wenn eine Sekundärkrankheit bestimmter Art hinzutritt, am ehesten eine Bluterkrankung, aber auch alle Erkrankungen, die mit Bluterkrankungen zusammenhängen, alle Krankheiten der Leber zum Beispiel...»

Dr. Shigeto sagte: «Da nützen keine herkömmlichen Behandlungen mehr, mögen die Krankheiten noch so früh erkannt worden sein. Toshio Muzoguchi war einer der leichtesten Strahlenfälle. Wir hofften, ihn nach jahrelanger, günstiger Behandlung bald entlassen zu können, in häusliche Pflege. Wir wußten zu spät, daß eine Sekundärkrankheit sich anmeldete. Einer unserer amerikanischen Ärzte hat entdeckt, daß man das Nahen der neuen Krankheit erkennen kann – es zeigen sich in den Augen des Patienten graue Flecken –, bei Toshio Muzoguchi erkannten wir die Richtigkeit der Diagnose. Aber es war zu spät, wir wußten, daß es zu spät war...»

Ich bedankte mich, mühsam nach Worten suchend, bei Dr. Shigeto für seine Auskünfte, klagte mich an, zu spät zu Toshio Muzoguchi gekommen zu sein und bat, mir die Adresse eines katholischen Geistlichen zu geben, den ich bitten wollte, eine Seelenmesse für den Toten zu lesen. Dr. Shigeto ließ sogleich durch einen Krankenwärter nach der Adresse forschen, dann sagte er, er habe sich gefreut, als er gelesen habe, die Kette der tausend Kraniche sei mir «verliehen» worden. Er sagte lächelnd: «Die Arbeit an diesen Ketten war eine Erfindung eines amerikanischen Arztes in Hiroshima, eines Psychologen. Wir wollten unsere atomkranken Kinder mit Dingen beschäftigen, die ihnen Lebensmut verleihen konnten. Am Ende war es eine Art fröhlichen Wettstreites zwischen ihnen, wer zuerst 1000 Kraniche zur Kette gefaltet und geknüpft hatte. Es war gar keine leichte Arbeit, sie verlangte Aufmerksamkeit, Fleiß und Fingerfertigkeit, aber diese kleine Arbeit erfüllte ihren Zweck. Viele gaben auf, aber zu einer Zeit, als erkennbar war, sie würden so weit geheilt, als es möglich war. Eigentlich haben nur wenige das Ziel erreicht, das haben wir dann mit einer kleinen Feier verbunden, bei der die Kette dem Friedenskomitee von Hiroshima überreicht wurde – und sie wurde also jährlich einmal vom «Ständigen Kongreß» an den «Würdigsten» verliehen. . . !»

So war das also! So trat es wieder an mich heran – der Hintersinn, der in Japan in jeder Handlung und in jedem Wort zu finden war. Ich hatte so oft darüber nachdenken müssen, daß ich mir die Formulierung zurechtlegen konnte; ich glaubte, in diesem Hintersinn schlechthin die einzige mögliche «Kritik der reinen Vernunft» erkennen zu können. Und die Kette der tausend Kraniche lag achtlos zusammengeknüllt in meinem Zimmer im Annex in Tokyo, vielleicht hatte sogar Hiroko an ihr gebastelt und geknüpft . . .

«Aber nein», sagte Dr. Shigeto, «Hiroko kann ja ihren linken Arm nicht recht betätigen, sie hätte es auch nicht nötig, ihren Lebensmut zu bewahren, sie zeigte ihn, indem sie ihre Gebrechen praktisch zu überwinden suchte – und es gelang ihr, soweit es überhaupt gelingen kann . . .»

Und Dr. Shigeto sagte, als wir uns verabschieden wollten, wir sähen uns noch einmal am Nachmittag – Hiroko war bei ihm gewesen und habe erzählt, daß sie mit uns in Kyoto den Daimonje gefeiert habe, und sie hatte ihn gebeten, uns zu sagen, sie würde sich freuen, unseren Abschied von Hiroshima mit ihr zusammen ein wenig festlich zu gestalten . . . «Und auch ich bin eingeladen», sagte Dr. Shigeto, «wir sehen uns in dem kleinen Tempel, der dem Hospital für solche Gelegenheiten dient.»

Im Trubel des Festes hatten wir uns von Hiroko nicht recht verabschieden können, wir hatten die Absicht, nach dem Besuch im Saal 7 gleich nach Tokyo zurückzufahren. Nun mußte Yuriko wieder rechnen. Es stimmte, der Haufen Yen-Scheine war recht zusammengeschmolzen. «Das viele Bier» war aus den Bons ersichtlich, die ich gebündelt in meiner Brieftasche trug. Als ich sie Yuriko wies, entdeckte sie das Foto Lenas, besichtigte es lange und gab es mir ohne ein Wort zurück. Nun ging vom traurigen Rest der Geldscheine noch die Summe für einen schönen Strauß Chrysanthemen ab, den wir Hiroko zu überreichen für unumgänglich hielten; dafür mußten wir uns mit einem sparsamen Essen in einem kleinen japanischen Restaurant in der Nähe des Hospitals bescheiden.

Als wir den Tempelraum betraten, war noch niemand zugegen. Der Raum war eigentlich nur ein Zimmer, in dem sich nichts befand als ein weißer Tisch mit drei Beinen, auf dessen Platte drei japanische Bilder zusammengefügt waren: Unter Kieferbäumen ein paar recht alter Leute, zu deren Füßen Schildkröten mit langen grünen Schwänzen zu sehen waren, in der Höhe schwebten Kraniche über einem Nest mit Jungen in den Fichten, in deren Schatten Bambus- und Pflaumenbäume standen. Yuriko musterte die Bilder vor dem Tisch und machte ein etwas verwundertes, aber aufmerksames Gesicht. Sonst war nur noch neben einigen niedrigen japanischen Sitzgelegenheiten ein viereckiger Ständer aus Lackarbeit da, auf dem einige verschieden große Lackschalen standen.

Nun trat Dr. Shigeto ein, er lächelte uns zu und begrüßte dann das aus einer anderen Tür tretende Paar: Unser Samurai trug überraschenderweise ein altertümliches Samuraikleid, sehr pompös und skurril, mit allerlei Umhängen und einem weiten langen Rock aus bunter Seide, und Hiroko war in einen Kimono aus scharlachrotem Krepp gehüllt, der prächtig bestickt war, darüber trug sie einen weißen, mit zarten Blumen dekorierten Damastmantel, und der Samurai hatte eine merkwürdige, runde, mit einem um das ganze Gesicht von einem geflochtenen Band befestigte Kappe auf dem Vorderkopf, während Hiroko ihr hochgestecktes Haar mit Nadeln aus Bernstein, Schildpatt und Korallen geschmückt und straff durch einen kleinen Kamm aus Goldlack gekrönt und zusammengehalten trug.

Dr. Shigeto trat auf Hiroko zu und überreichte ihr ein kleines, gekrümmtes Schwert nach Samurai-Art – und Yuriko trat gleich mit gespanntem Gesicht auf den Samurai zu und drückte ihm den Strauß Chrysanthemen in die Hand. Er lächelte

Yuriko freundlich zu, und nun trat hinter dem Paar die ältliche Krankenschwester vor, die es mit Kunst verstanden hatte, das silbern blinkende Laufgestell für Hiroko dergestalt zu führen, daß das junge Mädchen in seiner großen Pracht dies Instrument ganz verbarg.

Ich wußte nicht, was ich tun sollte. Yuriko umklammerte, ohne die Augen von der Szene zu wenden, meinen Arm und hielt mich zurück. Sie flüsterte: «Dies ist eine Hochzeit!»

Hiroko und mein Samurai lächelten mir beide zu. Die Krankenschwester füllte eine kleine Lackschale aus einer kostbaren Sake-Kanne und reichte sie dem Bräutigam, der den dampfenden Sake in drei Zügen trank, um die Schale dann neugefüllt der Braut zu überreichen. Auch Hiroko trank in drei Zügen, und dies geschah mit einer mittleren Schale und dann mit einer großen – dreimal drei Schalen wurden so jeweilig mit drei Schlucken geleert.

Yuriko ließ meinen Arm los und lief zu Hiroko und umarmte und küßte sie.

Ich blickte zum Bräutigam, der mir lächelnd zunickte. Dann trat auch ich zu Hiroko, um sie auf die Stirn zu küssen. Sie lächelte, als ich ihr Gesicht in beide Hände nahm und in ihre Augen blickte.

Und ich sah in ihren Augen die grauen Flecken.

Yuriko begann erst zu weinen, als wir uns um Mitternacht im letzten Zug nach Tokyo nebeneinander zum Schlafen rüsteten. Die ersten Tränen schossen in ihre Augen, als sie ihren Kimono wechselte und ich ihr dabei behilflich sein wollte. Aber dann lagen wir eng beieinander auf der rückwärts geneigten Bank, sie hatte mir 4711 über die Stirn gestrichen, dabei war mir ein Tropfen in die Augen gekommen, und es brannte bis zum Weinen. Yuriko ergriff meine Hand und hielt sie fest während der ganzen langen Fahrt und flüsterte mir ins Ohr, den Kopf auf meiner Schulter. Sie erzählte mir alles, was sie wahrgenommen hatte in schluchzendem Durcheinander, wie um es von ihrer kleinen, großen Seele zu reden, und wenn sie zu mir sprach, dann duzte sie mich, ohne daß es ihr sprachliche Schwierigkeiten zu machen schien.

Der weiße Tisch im Tempelraum hatte es ihr angetan, sie hatte sofort begriffen, es war der Shima-dai, auf dem das Land ewiger Jugend und ewigen Glückes dargestellt ist. Das alte Paar Togasako war symbolisch wegen seiner ewigen Treue berühmt, die Schildkröten mit den langen, grünen Schwänzen wegen ihrer Lebensdauer, sie sollte 10000 Jahre betragen, die Kraniche waren Sinnbilder langen Lebens und Gedeihens, und das Trinken des San-ku-do, des «dreimal drei neunmal»-Bechers Sake, war die Zeremonie der Eheschließung. Das kurze Schwert überreicht der Vater der Braut, damit sie mit diesem ihre Ehre verteidigt bis zum Tode ... «Ich wußte, daß ich nun die Chrysanthemen dem Bräutigam überreichen sollte, sie sind das Sinnbild für die Treue bis zum Tode.»

Die japanische Hochzeit kennt keine Worte des Gelübdes, es ist alles Bildsymbol. «Und ich durfte nicht weinen, ich mußte fröhlich sein, sonst hätte ich mein Gesicht verloren, es wäre unhöflich gewesen und ... ich wußte, daß du auch nicht weinen wirst, sondern nur, wenn du mich weinen siehst ...»

Wir waren fröhlich gewesen den ganzen Abend, das Mahl war festlich und schön. Es gab eine Suppe von Venusmuscheln, «denn die Schale dieser Muscheln ist das Sinnbild für eine glückliche und unzertrennliche Verbindung, weißt du – wie das Ginkgoblatt –, und dann der Kranich, den die Krankenschwester servierte, der ist eine sehr kostbare Speise – und Hiroko sagte mir, dies Mahl solle uns immer an den Kranich Hiroko erinnern und an unsere Scherze vom ‹Goldenen Pavillon› ...»

Nun mußte ich Yuriko die Tränen abwischen. Sie weinte hemmungslos und preßte sich an mich. Wir waren ganz allein im überfüllten Waggon. Wie ganz aus der Ferne schmetterten die Gegenzüge vorbei, und Yuriko flüsterte: «Wir haben alle für den Ichneumon das japanische Leben gespielt! Und ich bin so froh, du hast es verstanden! Du warst so großartig!»

Ich war so großartig. Ich mußte den Bärentanz tanzen. Nicht den aus den germanischen Urwäldern, sondern den Tanz des Sumoringers aus Kyoto – und ich tat es, ich hob dabei ein Bein, schaukelte mit dem ganzen Leibe, und ich breitete die Arme aus, um zu zeigen, daß ich keine Waffen anwenden würde – nie mehr –, und alle lachten, wie sie in Kyoto gelacht hatten, sie lachten.

«Du hast die grauen Flecke in Hirokos Augen gesehen, ich auch. Wir wußten es. Alle wußten es seit dem Tode des Mannes im Saal 7. Ja, Dr. Shigeto wußte es und hatte es uns gesagt, damit auch wir es wissen, und der Bär wußte es und Hiroko weiß es auch – der Kranich!»

Wir träumten beide wachend von Hiroko, aber als wir in Tokyo anlangten, erfuhr ich, daß «alles geregelt» werde, alles für den letzten Tag in Japan, den letzten mit Yuriko, den Tag der Abreise.

Am Hauptbahnhof wurden wir von Seiei Shinohara erwartet und von Dr. Shimizu und seiner Frau. Der junge, schweigsame Herr Yoshida war auch da, aber er packte lächelnd meine komische Wurst aus Reisstrohmatten und verschwand damit, um sie im Annex abzustellen. Yuriko fuhr zur Post, ein Telegramm aufzugeben. Wir frühstückten auf dem Hauptbahnhof.

Wir aßen zu Mittag im Annex, aus der gefalteten Serviette fiel das Trinkgeld, das ich der schweigsamen Aufwärterin, die ich einst Silentia nannte, jetzt gegeben hatte. Yuriko rechnete mit gerunzelter Stirn, stöhnte ein wenig und bewilligte nur zwei Flaschen, die ich mit meinen Gästen teilen wollte, die aber nicht angenommen wurden, ich trank sie auf ihr Wohl: Kambei.

Ich hatte nicht eine einzige deutsche Mark mehr, die Yen reichten noch für die Geschenke, die ich für meine japanischen Freunde kaufen wollte, und ich äußerte den Wunsch, mit ihnen ein Warenhaus zu besuchen.

Es war ein großes Warenhaus, es war sehr elegant aufgemacht, die Verkäuferinnen trugen alle eine schicke Uniform, und die Modellpuppen in der Abteilung Damenmode waren alle groß, blond und schlank, sie hätten auch in Paris und Amerika, charmant lächelnd und mit anmutiger, aber gefrorener Geste, die teuren Kleider tragen können. Nur die Modellpuppen für Kimonos waren von hübscher kleiner, japanischer Statur, und von japanischer Natur – das Lächeln wie die Geste.

In der Wäscheabteilung sah ich unter den Damenhemden eines, das ich einst Lena gekauft hatte, aus Seide, mit hübschem braunem Stickmuster um den Ausschnitt, und ich wollte es erstehen, aber es war natürlich zu groß für Yuriko. Und als ich es Yuriko anlegte, um zu sehen, ob es ihr paßte, begriff Yuriko sofort. Sie machte ihr Kaninchenschnäuzchen, ohne die kleine Nase mit der Hand zu verdecken, sah mich mit ihren größten Augen an und rief: «Oh, bitte, nein!» Und Herr und Frau Shimizu erklärten eindringlich, es sei nicht üblich und nicht höflich, wenn der Scheidende Geschenke machte, Geschenke zum Abschied seien Souvenirs und müßten von den Gastgebern überreicht werden, und sie überreichten mir die ihren, Bonbons für die Kinder, Fächer und Tücher und kleine japanische Puppen. Freund Shinohara überreichte mir ein paar Getas, sehr hübsche Getas, die größten, die im Laden seiner Frau verfügbar waren, sie würden vielleicht meiner jüngsten Tochter passen. Und mir überreichte Shinohara mit der teuflischsten aller Möglichkeiten des Lächelns einen sehr bekannten Buddha, der überall, besonders in der Werbung, zu sehen war und nur aus einem Kof bestand mit teuflischem Gesichtsausdruck. Es war der Kopf eines Schriftstellers, der neun Jahre lang mit untergeschlagenen Beinen an einem Buche geschrieben hatte, und als es fertig war und er sich erheben wollte, waren seine Beine abgefault.

Yuriko aber war mir eifrig behilflich, immerzu rechnend, den größten aller angebotenen Kimonos von der einfachsten Art und ohne Obi, einen Schlafkimono, «für deine hübsche Frau» auszusuchen, und ganz Japan stand um mich herum und lächelte wohlgefällig, als ich das Ding kaufte.

«Küß die Hand, gnädige Frau, und auf Wiedersehen, meine Freunde!»

Yuriko packte mir im Annex meine Handtasche, meine Wäsche war gewaschen und gebügelt, die Strümpfe waren gestopft und die Geschenke, obenauf die Kette der tausend Kraniche, sorgfältig verpackt – die Tasche war prall gefüllt. Yuriko bestellte ein Taxi und machte sogleich den Fahrpreis für Lufthafen und zurück aus. Das Taxi kam, als ich den Goldfisch zum letztenmal gefüttert hatte, er hob sein stumpfes Maul aus seinem Teich und sah mich freundlich an. Ich pflückte mir einige Ginkgoblätter, und neben dem Taxi stand mein schweigsamer Dolmetscher, der junge Herr Yoshida, mit dem ich noch nie ein Wort gewechselt hatte. Er ergriff meine Handtasche und setzte sich zum Chauffeur. Ich saß während der Fahrt zum Lufthafen neben Yuriko, und sie hatte ihren Kopf auf meine Schulter gelegt. Wir schwiegen. Was sollte auch noch geredet werden?

Es war alles geregelt. Yuriko gab mir den Rest meiner Sen. Ich wollte ihn in einen Blechkasten stecken, der im Warteraum befestigt war für irgendwelche wohltätigen Zwecke. Aber Yuriko schob einige Scheine für mich zurück: «Für Bier», sagte sie, es war für zwei Flaschen Bier. Herr Yoshida stellte meine Handtasche neben eine Säule, schüttelte mir kräftig die Hand und sagte: «Bitte, kommen Sie bald wieder!», und war verschwunden. Der Warteraum war voll von Reisenden. Die Maschine stand schon bereit. An die Säule gepreßt sah Yuriko mich an. Ich sah in ihren Augen die goldenen Fünkchen, ich sagte: «Yuriko, ich habe dir nach europäischem Brauch die Hand geküßt, du hast mich über alles belehrt, was in Japan Sitte ist. Nur noch eine Frage! Ist es wahr, daß man in Japan nur den Schmetterlingskuß kennt?»

Yuriko sagte: «O nein, wir küssen schon ganz richtig!» Sie schlug plötzlich die Arme um meinen Hals und hob sich an mir hoch und küßte mich.

Es war ganz richtig, es war so, wie ich es mir geträumt hatte. Ich hielt sie in meinen Armen und sah sie an. Unter dem Ausschnitt ihres weißen Blüschens sah ich die Kante ihres Hemdes, eines seidenen Hemdes mit braunem Stickmuster. Nun packte mich Yuriko am Aufschlag meiner Joppe, sie steckte ein kleines, schmales Päckchen in meine Brusttasche, dann warf sie noch einmal die Arme um meinen Hals und küßte mich.

Das war mehr als richtig.

Sie sagte leise: «Bitte, grüße deine hübsche Frau von mir!» Und küßte mich zum drittenmal.

Sie flüsterte: «Komm wieder – auf bald!» riß sich los und rannte aus dem Warteraum.

An der Pantry empfing mich der Steward der Maschine der Air France, er sah auf die Liste und sagte: «Sind Sie schon auf der Polarroute geflogen?»

Ich sagte: «Nein, ich bin sehr neugierig.»

Er sagte: «Ich habe für Sie den besten Platz reserviert. Hier, direkt an der Pantry, hier können Sie alles sehen.»

Ich sagte: «Das ist nett von Ihnen, aber ich bin doch sicher nicht als eine very important person akkreditiert?»

Er lachte: «Nein, aber Sie sind der einzige deutsche Passagier...»

«Sie sprechen sehr gut deutsch...»

«Ich bin Elsässer.» Er legte meine Handtasche ab, und ich sagte: «Wie sich das trifft, meine Familie stammt aus dem Elsaß.»

Er sagte: «Ich weiß, aus Kolmar. Ich bin auch aus Kolmar.»

Ich setzte mich, und er schnallte mich an und sagte: «'s nekscht Mol hen die Schwobe Chance...»

Ich sagte: «Ach, mein Lieber, wollen wir beide es nicht lassen, wie es ist?»

«Da haben Sie recht. Wie es ist, ist immer besser, als was kommt.»

Die Maschine war ausgebucht. Da waren noch zwei Stewardessen, die sich lebhaft mit den Passagieren unterhielten.

Wir starteten, und nach kurzer Zeit sah ich Tokyo, die nächtliche Riesenstadt, unter mir liegen. Ein rötliches Karbunkel-Gefunkel im trüben Dunst. Ich war zwei Wochen in Japan gewesen und hatte den Fudschijama nicht gesehen. Als ich mich losschnallte, fühlte ich Yurikos Abschiedsgeschenk in der Brusttasche meines strapazierten Jöppchens. Es war in buntes Seidenpapier gehüllt und mit Schleifchen verschlossen. Mir fielen 12 japanische Eßstäbchen in die Hand. Jedes Paar war verschieden, geschnitzt, mit bunten Intarsien eingelegt. Sie waren von einem Papierstreifen zusammengehalten, auf dem stand: «Für den Freund, seine hübsche Frau und die vier Kinder!» Und dann war da noch ein schmales Buch in blauem Leinen. Ich schlug es auf, es trug den Titel: «Hokkaido-Fahrt» und war von Cornelia Ziellinski-Kanokogi, und ein Zettelchen von Yuriko lag dabei: «Diese Schriftstellerin» – und dies Wort war durchgestrichen und darüber stand «Verfasserin» – «ist meine liebste Deutsch-Lehrerin für Deutsch.» Und winzig klein der Zusatz: «In japanisch übersetzt Suleika.» Es war das Tagebuch der Reise einer deutschblütigen Japanerin nach der nördlichen Insel Japans, der schönen Ferienfahrt einer alten Dame mit ihrer Begleiterin, einem jungen, japanischen Mädchen, das ich sozusagen automatisch mit meiner kleinen Yuriko identifizierte. Sie hatte so hübsch von dieser Reise erzählt, und nun machte ich, lesend, diese Reise mit und dachte an Yuriko-Suleika, welche die deutsche Literatur so gut kannte und in allem, was sie sagte, sich so herrlich identifizieren konnte. Ich betrachtete das Ginkgoblatt und dachte an den westöstlichen Diwan, und ich dachte an Hiroko, und ihr Gesicht näherte sich mir, und ich sah die grauen Flecken in den Augen, und die goldenen Fünkchen in denen Yurikos und schlief ein.

Mitten in der Nacht wachte ich auf, mein Blick fiel auf einen blauen Lichtschein an der Decke. Die französische Maschine, welche die Polarroute flog, hatte nachts ihre schwache Lichtquelle oben in der Decke, einem dunkelblauen Himmel, und hier strahlten silbern die Sterne des nördlichen Firmaments. Ein hübscher Einfall: das Himmelsgewölbe mit seinen Billionen Sternen, auf deren einem einzigen allein die Billionen Bedingungen zusammenfielen, um das einzigartige Phänomen der Menschheit möglich zu machen. Und es war eine Menschheit, die fähig und imstande war, die Welt, in der sie lebte, zu vernichten, sich selber zu vernichten in ihrer grauenhaften Hybris. Unerträglich war mir der Gedanke, daß jene, welche in der Hybris ihrer Möglichkeiten den Untergang der Welt herbeiführen, auch die Möglichkeit bedacht haben mußten, ihn in atombombensicheren Bunkern zu überleben – um aus ihrem verfluchten Samen eine neue Menschheit erstehen zu lassen, eine bis in den Kern hinein satanische Herrschaft zu errichten über das, was Gott Natur offenbarte . . .

Ich erwachte im Morgengrauen, als die Maschine ganz niedrig einige kleine Inseln überflog, um gleich darauf auf einer bis zum Meer ragenden Piste aufzusetzen und auszurollen. Ich betrat zum erstenmal den amerikanischen Boden in Anchorage.

Es war kalt und windig, obgleich die Sonne schien. In der Ferne ragte ein schneebedeckter Bergriese, der Mount McKinley. McKinley, nach ihm war der Berg genannt, war ein ganz unbedeutender Präsident der Vereinigten Staaten. Er wurde 1901 von einem Anarchisten ermordet, dem die neuen Zollgesetze des Präsidenten unsympathisch waren. Mir war der Transitraum des Flughafens in Anchorage unsympathisch, der häßlichste und schmutzigste auf der ganzen Reise. Dort sollten wir unser Frühstück einnehmen, hinter einer schmutzigen Theke stand ein schmutziger Barmensch, er schob den an die Theke herantretenden Passagieren gleichgültig eine Kanne Kaffee und einige mit gräßlichen Dosengemüsen belegten Sandwichs zu, wie der Barmixer in vielen amerikanischen Filmen. Ich verzichtete auf das Frühstück, das mir so lieblos auf der Gleitbahn der Theke entgegenrutschte, während die französischen Passagiere, die sich indigniert nach ihrem Bistro-Frühstück zu sehnen schienen, ihren Kaffee stehenließen und an den Sandwichs höchst unlustig herumkauten.

Auf zum Nordpol!

Ich sah nichts von dem Mount McKinley, dessen eisstarrende Wände wir Höhe gewinnend passieren mußten. Aber sonst sah ich alles!

Ich sah die zerschrundenen Gipfel von Alaska, in deren Schluchten noch die Schneewehen verfaulten.

Ich sah die runden Buckel der braunen düsteren Hügel.

Ich sah das Gewirr der Inseln der Arktis, sie ragten braun und unwirtlich aus der grauen See, wie die Buckel von Walen, und ich suchte, die Positionen herauszufinden, von denen die großen Nordpolforscher aufbrachen, um den Pol zu erobern.

Dann sah ich die Zone des Treibeises, Scholle an Scholle. Ich versuchte die Größe einer solchen Scholle zu berechnen, ich kannte Höhe und Geschwindigkeit der Maschine und hielt eines der Eßstäbchen Yurikos ans Fenster und zählte die Sekunden des Überfluges einer bestimmten Scholle.

Die Scholle mußte eben doch etwa 50 km lang und breit sein, und es ließ sich wohl denken, daß auf ihr ein Lager oder ein gestrandetes Schiff durch die Drift zum Packeis überwinterte.

Das Packeis war gewaltig. Es füllte das Fenster bis an den Rand, und ich sah nur die Oberfläche des Eises.

Und dann sah ich das große Farbenspiel gewaltiger noch als über dem Golf von Bengalen. Im Norden glänzte es golden in einer rosa Wolkenballung, und im Süden sah ich den dunkelvioletten Streifen, das betörende Weltall mit der silbernen Sichel des auf den Rücken liegenden Mondes, ein Anblick, den Gagarin beschrieb, ohne Gott gesehen zu haben. Dort, ganz in der Nähe mußte der Nordpol sein.

Wir überquerten die Küste von Grönland, die braune Kante mit dem weißen Schneefeld und den Gletscherströmen. Der Steward beugte sich zu mir und sagte, ich könnte dort unten einen Gletscher kalben sehen. Und ich sah einen Gletscher kalben, ich sah das abbrechende Schneefeld, ich sah das Aufspritzen des Wassers, ich sah den neuen Eisberg, der sich kugelte und drehte und dann langsam davontrieb, von riesigen Schollen begleitet.

Unter der Maschine dehnte sich nun unendlich ein Wattefeld schneeweißer Wolken. Ich hoffte, es werde das Wolkenfeld aufreißen, ich würde vielleicht von fern Island sehen können oder wenigstens die Färöer, aber der Steward kam und die Stewardessen. Der Steward kassierte das Geld für mein eines Bier, für das zweite hatte es nicht gelangt, die Stewardessen flüsterten liebreich mit den Passagieren, sie kamen auch zu mir und boten französische Parfums an und französische Seidenstrümpfe, billig, weil zollfrei!

Aber ich hatte keinen einzigen Sen mehr. Und eine rauhe Stimme verkündete, es sei geboten, das Rauchen einzustellen und sich anzuschnallen, das rote Licht flammte auf. Wir setzten zur Landung in Hamburg an. Wir stießen durch die Wolkenwand, aber unter ihr war eine zweite. Ich zählte die Wolkenwände, die grauen, nach denen sich wieder weiße präsentierten. Es waren sechs Wolkenschichten, die wir durchstießen, plötzlich sah ich im grauen Nebel die Dächer einiger Häuser dicht unter uns, wir rollten gleich danach auf der Piste des Flughafens Fuhlsbüttel aus. Ich war heimgekehrt.

In der Empfangshalle stand Lena. Ich umarmte sie, und sie sagte: «Du bist dicker geworden.»

Ich sagte: «Das viele Bier!»

Sie sagte: «Ich bekam das Telegramm, und da stand drin, ich solle Geld mitbringen.»

Ich sagte: «Ja, der alte Brauch wird nicht gebrochen», und holte meine Brieftasche heraus, um ihr die betrübliche Leere zu zeigen. Aber neben der Brieftasche war ein Umschlag, den ich gleichzeitig mit herauszog. Und darinnen war ein Bild: Yuriko stand in der Ecke vor einer mit Bildern sparsam geschmückten Wand, sie hatte eine langhaarige Katze im Arm und auf der Rückseite stand in Yurikos kleiner Schrift: «Mit meinem ge? ... ver? ... liebten Kater. Er heißt: ‹Dja, ja.›»

Lena nahm mir das Bild ab und betrachtete es eine Weile, dann gab sie mir es zurück und sagte: «Du hättest Yuriko ruhig mitbringen können, wir haben ja Platz, und sie könnte bleiben, so lange sie wollte, sie müßte sich nur am Hausputz beteiligen.»

Ich sagte: «Du weißt, man soll zarte Blumen nicht verpflanzen!»

Lena sagte: «Wie war's?»

Ich sagte: «Das Ganze war eigentlich wie ein Kriminalroman. Aber ich wußte gleich, wer der Mörder war.»

Lena sagte: «Mein Gott, kannst du denn nie vergessen, daß dir die Amerikaner ein paar Zähne ausgehauen haben?»

Ich sagte: «Ach, die Zähne sind schon lange vergessen, jetzt wird mir im Magen übel, wenn ich an sie denke.»

Lena sagte: «Magen, sehr einfach, da machen wir eine Rollkur, wenn du weißt, was das ist!»

Ich sagte: «Es ist das einzige, was ich mit Sicherheit weiß:
Sieben Buchstaben – mit einem R am Anfang und am
Ende.»

Ernst von Salomon

Die schöne Wilhelmine

Roman aus Preußens galanter Zeit

Louis Ferdinand Prinz von Preußen / Der Spiegel, Hamburg: «Je länger man dieses Buch liest, desto mehr wachsen einem die beiden Hauptfiguren Wilhelmine Encke und Friedrich Wilhelm II. ans Herz. Der Autor sieht die Heldin seines Romans ganz aus ihrer Zeit heraus. Das gelingt Ernst von Salomon in meisterhafter Weise.»

Christian Ferber / Norddeutscher Rundfunk, Hannover: «Geschrieben nach dem bewährten Rezept, in dem prall Menschliches sich mischt mit hübscher, doch genauer historischer Information. Ernst von Salomon wandte sich der entzückenden Gräfin Lichtenau zu. Sie ist die Zentralfigur eines unterhaltenden Romans, in dem das alte Berlin auftritt und das galante Berlin. Eine recht anmutige, ja spannende Lektüre – und wer läse nicht gern die Historie von einem tüchtigen Genie herzlicher Zuneigung.»

480 Seiten. Geb.

und als Taschenbuchausgabe: rororo Band 1506

Glück in Frankreich

Geschichte eines verliebten Sommers

Verliebte Sommerwochen bei St.-Jean-de-Luz im paradiesischen Südfrankreich, und die Eva heißt Majie. Ein junger Schriftsteller ist von ihr und ihrer Heimat, der Erromardie, verzaubert. In der kleinen Baskin hat er die Seele Frankreichs entdeckt, nach der er sich in den Wirren der eigenen Welt gesehnt hatte. Diese Geschichte einer nie vergessenen Seligkeit wird hier erzählt. Darf das Herz der Feder seine Geheimnisse preisgeben? Diese Frage stellt dem arrivierten Autor drei Jahrzehnte später seine Jugendliebe, als die erzählte Vergangenheit gar noch an Ort und Stelle verfilmt wird. Und mit seiner Antwort erhält die längst berühmte Geschichte ein neues, ebenso überraschendes wie liebenswürdiges Schlußkapitel.

Ein Rowohlt-Nachttisch-Büchlein

Mit 23 Zeichnungen von Wilhelm M. Busch. 208 Seiten. Geb.

Rowohlt

Ernst von Salomon

Als Taschenbuchausgaben liegen z. Z. vor:

Der Fragebogen

Einer der größten Bucherfolge der Nachkriegszeit. Ein einzigartiger kühner literarischer Einfall führt eine bürokratisch-kollektive Maßnahme ad absurdum und rundet sich im Bericht über ein bewegtes Leben zur Darstellung von 50 Jahren deutscher Geschichte.
Die Zeit, Hamburg: «Wenn es in den letzten Jahrzehnten ein Buch gegeben hat, das erregend ist, dann dies! Denn dies ist nicht nur ein Buch, das man mit brennendem Interesse liest, dies Buch brennt wirklich.»

rororo Band 419

Die Kadetten

Der Autor schildert in diesem Erinnerungsbuch die dramatischste Periode in der 200jährigen Geschichte des Königlich Preußischen Kadettenkorps: Vom Vorweltkriegsjahr 1913 bis zum Tage seiner Auflösung im Jahre 1920.

rororo Band 214

Die Geächteten

Der leidenschaftliche, in viele Sprachen übersetzte, die Wahrheit des eigenen Handelns unerbittlich erforschende Bericht eines Halberwachsenen, der sich dem Patriotismus seiner Zeit verschreibt und über Freikorps, Selbstschutz und militärische Bünde in politische Schuldverstrickung gerät. Ein Zeitdokument zur Situation Deutschlands nach dem Ersten Weltkrieg.

rororo Band 461